中央民族大学"985工程"
中国当代民族问题战略研究哲学社会科学创新基地
编委会成员

杨圣敏　马戎　郝时远　朱苏力　卓新平

少数民族受教育权保护研究

主　编　熊文钊
副主编　张步峰
撰稿人（按姓氏拼音为序）
　　陈兴巧　郭有旭　胡献旁　李晓果
　　廖敏文　毛希彤　熊文钊　张步峰
　　郑爱林　郑齐猛　郑　毅　邹　敏

中央民族大学出版社
China Minzu University Press

图书在版编目（CIP）数据

少数民族受教育权保护研究/熊文钊主编. —北京：中央民族大学出版社，2009.12
ISBN 978-7-81108-763-5

Ⅰ.少… Ⅱ.熊… Ⅲ.少数民族教育—教育法令规程—研究—中国 Ⅳ.D922.16

中国版本图书馆CIP数据核字(2009)第162670号

少数民族受教育权保护研究

主　　编	熊文钊
责任编辑	一　丁
封面设计	李志彬
出 版 者	中央民族大学出版社
	北京市海淀区中关村南大街27号　邮政编码:100081
	电话:68472815(发行部)　传真:68932751(发行部)
	68932218(总编室)　　　68932447(办公室)
发 行 者	全国各地新华书店
印 刷 厂	北京宏伟双华印刷有限公司
开　　本	880×1230(毫米) 1/32 印张:10.75
字　　数	270千字
版　　次	2010年1月第1版　2010年1月第1次印刷
书　　号	ISBN 978-7-81108-763-5
定　　价	28.00元

版权所有　翻印必究

务，也是本丛书的基本价值取向。

该套丛书主要涉及如下研究方向：（一）民族区域自治法的实践与民族区域自治制度创新研究，主要内容包括：西部大开发与民族地区经济法制建设，民族自治地方刑事法律制度研究，民族自治地方财政法制建设研究，民族自治地方环境资源法制研究，广西瑶族地区的自治制度研究，民族经济法律制度研究，俄罗斯民族文化自治与人权保障，自治条例和单行条例研究；（二）中国少数民族自治历史研究，主要内容包括：中国古代至清代少数民族"自治"研究，近代少数民族"自治"研究，新中国成立以后民族区域自治制度的历史发展研究；（三）少数民族权益保障研究，主要内容包括：少数民族权益保障基础理论研究，以及民族教育、少数民族文化保护和对少数民族权利的司法保护等具体的少数民族权益保障研究。

长期以来，中央民族大学一直以研究民族问题见长，但是，如何使学科优势转化为社会经济效益，为将中央民族大学建设成为世界一流的民族大学，成为促进我国各项民族事业发展的重要理论研究基地以及党和国家民族问题决策的思想库，通过改革管理体制和运行机制做到资源整合、学科整合、人才整合、项目整合，提升科研创新能力和核心竞争力，依然需要更多的投入和做更多的努力。

中央民族大学有着良好的学术传统，深厚的人文底蕴，在国内外有广泛的学术影响，应当肩负起中国民族法学的教学、科研的重任，应当支撑起民族法学学科在中国法学学科中的应有地位，并在国际人权（特别是少数人权利保障）、国际上民族纠纷的法律解决机制、民族区域自治与其他类型自治的比较研究等方

总　　序

"民族法理论探索"丛书是中央民族大学"985工程"中国当代民族问题战略研究哲学社会科学创新基地民族法研究中心的主要研究成果,并且由国家"985工程"专项经费资助出版。我们立足于将民族法学的基础理论与当前国家关于民族问题的相关立法、民族政策以及民族地区社会主义法制建设实际相联系,既注重理论的丰富与发展,也关注民族地区法制建设实际。在研究过程中,我们邀请了国内民族法学界较有影响的专家学者共同开展项目研究。

国内民族法理论研究已有二十余年,有了一定的学术积累,产生了一批有影响的成果,也形成了一支专业学术队伍。中国已经建立起具有中国特色的民族区域自治法律制度和民族区域自治理论体系。目前我们面临着在全球化、现代化背景下如何应对发展与创新的挑战,如何应对全球化和城市化进程中出现的新问题,如何结合形势发展,实现我国民族区域自治理论研究的与时俱进,如何通过推出高水平的研究成果,为国家民族法制建设提供政策咨询意见,如何通过研究和交流,增进世界各国对中国民族政策和民族法制建设的了解,这既是民族法研究中心的重要任面展开积极的对话，为我国党和政府正确处理国内民族问题提供切合国情的理论依据和有益借鉴。中央民族大学法学院在未来几年内将具备更加良好的办学条件，形成一支结构合理、教学科研力量雄厚的师资队伍，培养出一批民族法制理论研究和应用的高级人才，为推进民族法理论建设做出应有贡献。

在研究方法上，本丛书力图将人类学（民族学）的田野调查、社会学定量分析等社会科学研究方法与法学的规范实证分析方法相结合，充分发挥我校人类学、民族学和社会学研究的优良传统，并将其相关研究成果应用到法学研究上，既注重田野调查第一手材料的搜集，也加强从法学角度对人类学（民族学）田野调查材料进行分析，力图使本丛书研究建立在坚实而丰富的资料基础上，做到立足中国实际，理论与实际相结合。

本丛书在当前和今后一个时期具有广阔的应用前景。首先，力求探索一条适合我国国情的坚持和完善我国民族区域自治与少数民族权益保障制度的道路，为解决中国当前民族工作面临的各种问题做出理论尝试，而这对各民族长期的、稳定的、可持续的发展，促进民族团结、维护国家统一具有重要的意义。第二，有助于向世界展示我国各少数民族在社会主义现代化建设中政治、经济、生活方面的成就，展示我国各少数民族所享有的权利和自由，展示我国党和政府为促进少数民族发展与保障人权方面所做的努力，使外国人民，尤其是相关领域的专家学者和国际组织了解中国包括少数民族在内的人权的真实状况，有力回击某些西方国家的无端攻击。第三，有利于加强民族法学学科的自身建设，培养造就一支有较高理论素养、较强科研能力和敬业精神的科学研究队伍，并将形成广泛的国际国内学术联系，能持续地为国家输送高质量人才，以及为国家和政府各部门提供决策和咨询服务等，其效益、持续力是广泛久远的。第四，本丛书努力突出理论和需求的适应性，其对民族区域自治与少数民族权益保障等重大现实问题的研究，将直接为立法、司法、执法部门提供决策咨询服务，提供参考意见和材料。第五，通过本丛书的出版和发行，整合有利资源，突出学科优势，提升学科的核心竞争力，同时强化基础设施建设和办学条件的改善，使我校学生能够将强烈的使命感、对民族问题研究的浓厚兴趣与自身的学术功底相结合，为我国各民族的共同繁荣提供法律人才保证和智力支持。

徐中起

2008年5月

目 录

第一章 少数民族受教育权保护研究导论 ……………………… (1)
 第一节 我国少数民族受教育权保护研究的缘起………… (3)
 第二节 少数民族受教育权保护研究的内容和方法 …… (13)

第二章 少数民族受教育权的基本内涵 ……………………… (26)
 第一节 受教育权及其基本内涵 ………………………… (26)
 第二节 少数民族受教育权及其基本内涵 ……………… (46)
 第三节 我国对少数民族受教育权的特别保护 ………… (56)

第三章 我国少数民族受教育权保护制度的历史演变 …… (66)
 第一节 新中国成立前我国少数民族受教育的历史
    状况 …………………………………………………… (66)
 第二节 新中国成立后我国少数民族受教育权保护
    制度的发展 ………………………………………… (80)

**第四章 我国少数民族受教育权保护的制度现状及其
存在问题** ……………………………………………… (109)
 第一节 我国少数民族受教育权政策、法律保护的现状及
    意义 ………………………………………………… (109)
 第二节 我国少数民族受教育权的宪法保护制度现状及其
    存在的问题 ………………………………………… (117)
 第三节 我国少数民族受教育权的法律保护制度现状及其
    存在问题 …………………………………………… (135)
 第四节 我国少数民族受教育权的司法保护制度现状及其
    问题 ………………………………………………… (150)

第五节　我国少数民族受教育权的救济性保障……………(155)
第五章　我国少数民族受教育权实证分析………………(164)
　　　　　——以云南省昭通市和怒江傈僳族自治州的
　　　　　　中小学教育为例………………………………(164)
　第一节　少数民族受教育权的实例分析………………(164)
　第二节　我国少数民族教育落后的原因分析…………(176)
　第三节　完善保障我国少数民族受教育权的建议………(183)
第六章　少数民族受教育权的国际法律保护……………(190)
　第一节　受教育权的国际法视角………………………(190)
　第二节　受教育权在国际人权体系中的位置…………(201)
　第三节　少数民族受教育权的国际保护………………(210)
　第四节　国家保护少数民族受教育权基本责任和
　　　　　义务……………………………………………(224)
　第五节　保护少数民族受教育权的国际法律文件………(229)
第七章　少数民族受教育权保护的比较法研究…………(235)
　第一节　普通法系国家少数民族受教育权的法律
　　　　　保护……………………………………………(235)
　第二节　大陆法系国家少数民族受教育权的法律
　　　　　保护……………………………………………(264)
　第三节　境外少数民族受教育权法律保护的启示
　　　　　与借鉴…………………………………………(275)
**第八章　我国少数民族受教育权保护法律制度的完善
　　　　及其发展趋势**………………………………………(282)
　第一节　我国现行少数民族受教育权保护制度………(282)
　第二节　我国现行保护少数民族受教育权的法律制度
　　　　　的成就与不足…………………………………(289)

第三节　我国少数民族受教育权法律保护制度的
　　　　完善……………………………………………（314）
第四节　我国少数民族受教育权法律保护制度的
　　　　发展趋势简述………………………………（327）
后记……………………………………………………（333）

第一章　少数民族受教育权保护研究导论

　　自有人类社会以来便有教育，教育将伴随人类的存在而存在，也将伴随人类社会的发展而发展，是人类社会不断完善、发展的前提。教育既是一个历史范畴，也是一个永恒的范畴。随着人类社会的发展，教育将越来越显示出其在个人完善和社会发展中的重要价值。然而，作为人的完善的重要机能，作为社会生存和发展必要条件的教育，在人类发展的各个不同历史时期，其在受教育者之间的分配是极不相同的。受教育权从少数人的特权到多数人的权利再到一种普遍的人权，经历了一个复杂的历史演进过程；受教育权在社会发展过程中从其依附性的增长到相对独立的发展，显现了其在社会生活中越来越重要的价值。沃尔泽认为："每个人类社会都教育它的儿童，它未来的新成员。教育表达的可能是我们最深切的希望：在时间中继续、延续、持续下去。它是一个为社会生存而制定的计划，因此，它总是与它所设计的社会相联系。"[①] 杜威认为："人是社会的动物……人的社会性的心脏在于教育。"[②]

　　自 1919 年《魏玛宪法》首次明确受教育权开始，受教育权作为一项宪法基本权利陆续为世界各国宪法所承认和保障。受教

---

　　① ［美］迈克尔·沃尔泽著：《正义诸领域——为多元主义与平等一辩》，褚松燕译，译林出版社 2002 年版，第 261 页。

　　② ［美］杜威著：《哲学的改造》，许崇清译，商务印书馆 1958 年版，第 100 页。

育权在现代社会已经成为一项普遍的法定权利，同时还是国际人权公约保障的一项重要人权。《世界人权宣言》、《经济、社会、文化权利国际公约》等国际法性文件和条约都对受教育权进行了规定，由此可见受教育权在国际人权保障体系中的重要地位。20世纪80年代以来，许多国家普遍重视教育法制的建设，进行教育改革，进一步完善了教育法律法规，以提高教育质量，促进公民的终身学习。我国四部宪法也都确定了公民的受教育权，1982年宪法对受教育权的保障程度出现了飞跃性进展。十一届三中全会以来，我国高度重视保障公民的受教育权，制定和颁布了一系列教育法律法规，特别是1995年3月18日《中华人民共和国教育法》的颁布，极大地促进了对受教育权的保障，揭开了我国依法治教的新篇章。

伴随着对受教育权高度重视以及受教育权保障的发展，世界各国都开始更多地关注少数民族受教育权问题，坚持多元化原则来推进对少数民族受教育权保障制度的发展和完善。不管是英美法系的美国、英国等国家还是大陆法系的德国、日本、法国、俄罗斯等国家，都更加关注本国少数民族受教育权，通过法律法规等形式保障本国少数民族的受教育权，以实现受教育的普遍性原则。不仅各国对本国少数民族受教育权开始重视，在国际性条约中也可以看到关于少数民族受教育权保障的相关法律文件。如联合国大会通过的《公民权利和政治权利国际公约》，公约第27条规定："在那些存在着人种的、宗教的或语言的少数人的国家中，不得否认这种少数人同他们的集团中的其他成员共同享有自己的文化，信奉和实行自己的宗教或使用自己的语言的权利。"尽管这个条款并没有对少数民族受教育权做了明确的规定，但我们可以从中得出对少数民族受教育权重视的考虑。

在我国，国家一直都很重视对少数民族地区经济政治文化的发展，因此，对于少数民族受教育权的关注给予了极大的重视，不仅从宪法层面对其加以规定，而且其他一系列的法律、法规、单行法规或者自治条例也进行了规定，从而保障少数民族地区教育事业的发展，使各少数民族人民都能得到良好的教育，享受我们国家法治教育政策，促进少数民族地区的政治经济文化的发展，从而促进全国各族人民的共同繁荣与富强。

第一节 我国少数民族受教育权保护研究的缘起

一、我国少数民族受教育权保护研究的现状

新中国成立以来，我国对实现少数民族受教育权的问题非常重视，在不断探索和总结有关制定少数民族教育方面的一些政策的同时，也及时通过立法程序，把这些政策上升到宪法和法律的高度上来。现行《宪法》第4条规定："国家保障各少数民族的合法权利和利益，维护和发展各民族的平等、团结、互助关系。"第122条规定："国家从财政、物质、技术等方面帮助各少数民族加速发展经济建设和文化建设事业。国家帮助民族自治地方从当地民族中培养各级干部、各种专业人才和技术工人。"《教育法》中规定："国家根据少数民族的特点和需要帮助各少数民族发展教育事业。"《民族区域自治法》第37条规定："民族自治地方的自治机关自主的发展民族教育，扫除文盲，举办各类学校，普及九年义务教育，采取多种形式发展普通高级中等教育和中等职业技术教育，根据条件和需要发展高等教育，培养各少数民族专业人才。民族自治地方的自治机关保障就读学生完成义务教育阶段的学业。办学经费和助学金由当地财政解决，当地财政困难的，上级政府应当给予补助。"第55条规定："上级国家机关应当帮助各民族自治地方加速发展经济、教育、科学技术、文化、卫生、体育等事业。"第71条规定："国家加大对民族自治地方

的教育投入,并采取措施,帮助民族自治地方加速普及九年义务教育和发展其他教育事业,提高各民族人民的科学文化水平。国家招收新生的时候,对少数民族考生适当放宽录取标准和条件,各级人民政府和学校应当采取措施帮助家庭经济困难的少数民族学生完成学业。"另外,国家还制定大量的有关法律、法规、规章和规范性文件,不但对少数民族受教育权给予立法上的保障,而且还对侵犯少数民族受教育权的责任问题作了相应处罚规定。

对少数民族受教育权保障的研究,基本上还是在研究受教育权中附带进行研究。我国目前关于少数民族受教育权的专著还没有,论文主要有:潘高峰《试论我国少数民族受教育权及其保障》(载《西南民族学院学报》2002年第4期);刀福东、胡发稳《云南省25个世居少数民族受教育状况分析》(载《红河学院学报》2005年第1期);丁月牙《少数民族教育平等问题及政府的教育政策选择》(载《民族教育研究》2005年第2期)。由此可见,对少数民族受教育权研究的人很少,而且不深入,还没有人对少数民族受教育权进行全面细致的论述。由于少数民族受教育权的研究相当稀少,导致了对于少数民族受教育权保障的研究也极为欠缺。从理论上说,国家政策、法律等加强了我国少数民族受教育权的重视,必然会促使学者们对少数民族受教育权的研究。但是,从实际的现状出发,尽管我们国家在宪法层面上对关于少数民族受教育权进行保护做了明确的规定,在理论上,我们学界对少数民族受教育权保护研究并没有跟上国家政策与法律的步伐。理论上的研究还比较欠缺。理论上的欠缺也极大地限制了少数民族受教育权保障研究的发展。现在学界对少数民族受教育权保障的研究存在以下几个缺陷:

1. 研究深度不够。尽管理论界对受教育权保障研究已经做了相当多研究,拥有了相当多的研究成果。但是,现在理论界对少数民族受教育权保障并没有单独做研究,而基本上都是在有关少数民族教育制度这块领域内提及。比如在吴宗金教授主编的《中国民族法学》中，在研究少数民族教育制度一章中用了一节来研究国家对少数民族教育权利的保护。尽管该著作对少数民族受教育权有所研究，但通过对文本的解读，我们可以发现，作者对有关少数民族受教育权的概念、特征等都没有做出界定，该著作只是通过对法律、法规的解读从而对保护少数民族受教育权的方式、救济方式以及承担责任方式进行了简单的罗列①。然而，少数民族受教育权保障制度对于发展少数民族受教育权具有巨大的意义，如果仅是以现在这个层面发展我们国家对少数民族受教育权保障制度的话，我们认为还是有非常大的缺陷的。我们还得在更深的层面上去研究该制度，要就少数民族受教育权保障制度作一系列的专门研究。只有这样的深度才有可能为我们实践提供理论上的架构，才能更好地为实践保障少数民族受教育权制度提供更好的理论支持。

2. 研究范围比较狭窄。从我们所收集的文献来看，理论界对少数民族受教育权保障研究的范围比较狭窄，不像受教育权保障制度研究那样成熟，学者们并没有扩大对少数民族受教育权保障研究的范围，其基本上仅限于对某些地区制度的研究，同时对于国外的研究也不多。我们通过对文献的搜索，不管是著作还是论文，理论界对于国外就少数民族受教育权保障制度研究的文献寥寥无几：马明霞于 2005 年发表在《甘肃政法学院学报》上的《我国少数民族受教育权的保障与实现——以西部民族自治地区为例》论文中简单提及美国、加拿大等国家的少数民族受教育权保障机制问题；陈立鹏、孔瑛 2008 年发表在《民族教育研究》上的《美国、澳大利亚少数民族教育立法研究》一文对美国和澳

---

① 见吴宗金、张晓辉主编：《中国民族法学》（第二版），法律出版社 2004 年版，第 341—345 页。

大利亚少数民族教育立法作了相应的研究；吴明海于2004年发表在《民族教育研究》上的《俄罗斯联邦少数民族教育立法的基本原则及其法源分析》对俄罗斯有关少数民族教育进行了深入的探讨。但从这些外国少数民族教育制度来看，这些作者们并不是单独地对少数民族受教育权作专门的研究，对于这些国家少数民族受教育权保障制度的研究只是其中的一部分内容而已。对于国外少数民族受教育权保障制度研究的缺失，无疑成为我们理论界对保障少数民族受教育权研究的一大缺陷。在现代全球一体化的背景下，我们更需要借鉴国外的经验和教训来发展本国的一些制度与理论。毋庸置疑，在少数民族受教育权保障制度这一领域，我们也可以通过对国外制度、理论的学习与借鉴来发展和完善我们国家现有对少数民族受教育权保障制度的研究理论。

3. 研究体系比较混乱，不成体系。从我们现在搜索到的文献来看，不管是著作（这里的著作主要是关于受教育权的相关著作）还是论文，我们都可以看出，学者们对于少数民族受教育权保障研究并没有形成一个体系，就像上面所说，基本上都是在研究少数民族受教育权的过程中进行研究的，因此没有专门的研究成果，这就严重导致了关于少数民族受教育权保障研究不具有相应的独立性和体系性。学者们也都是各成一个研究的"点"，从不同的立场来简单地探讨相关问题，并没有形成一个"面"来研究相关问题。这些理论研究主要有：黄柳英的硕士论文《民族乡散杂居少数民族儿童受教育权利保障研究》（西南大学），以及陈兴巧的硕士论文《少数民族受教育权研究》（中央民族大学），在这两篇硕士论文中，尤其是第一篇，对少数民族受教育权作了一些独立的思考，但其研究还只是给予"点"上的研究，并没有从一个体系上作深入的研究。少数民族受教育权保障制度研究不仅仅是"点"层面上的研究，必须扩张到一个"面"的研究，这些研究只有在成为一个体系后，才会有一个专门的研究方法、思路,才能更好地提供一个理论研究的基点。因此,没有一个独立研究体系,使得少数民族受教育权研究成为一个附属性的研究领域,这就极大地损害了该理论自身的研究理论意义。

二、少数民族受教育权保护研究的意义

受教育权是现代社会中人的基本权利之一,对人的个性发展和社会发展发挥着巨大的作用。接受教育对于每个公民维护自己的独立人格与实现自由和人权至关重要。教育之所以变得日益重要,不仅是因为教育是实现社会公平的利器,是最下层的人们进入社会中上层的合法的途径之一,而且是因为接受适当的教育对于最适当地使用财产以确保适当的生活水准,对于确保人们获得令人满意的工作和在工作中发挥出色,对于最适当地使用源自财产、工作或社会保障的收益以达到相当的生活水准具有紧密的联系。"保障公民受教育权的目的在于使公民能宽容和尊重他人人权,自由发展他或她的个性和尊严,积极参与自由社会,提供其创造财富的能力,以使其能体面地生活,提高生活水准,成为对社会有用的一员。"[①] 一个人民受教育水平普遍不高的国家不可能实现政治或者经济上的繁荣,哈耶克曾经说过,民主不可能在部分文盲的人民中实现,除非在最小的地方范围内。只有通过提高公民文化水平,为公民提供开放、理性的价值和确定的目标,才能增强公民的参政议政能力,才能保障政治经济文化的繁荣。因此,对于少数民族地区公民来说,受教育权也是他们提高自身文化水平、提高个人修养的一个重要的途径。少数民族地区公民接受更多、更好的教育才能不断提升整个民族地区的文化水平,才能对发展少数民族地区经济政治文化发挥巨大的作用,缩小各民族政治、经济、文化发展的差距。因此,加强少数民族受教育

---

① 张千帆主编:《宪法学》,法律出版社 2004 年版,第 233 页。

权的保护,有利于保障少数民族地区人民受教育权的实现以更好地获得自身文化水平、自身素养的提高,也有利于实现少数民族地区经济政治文化的发展,促进少数民族地区繁荣与富强,是实施国家可持续发展的主要步骤,是建设社会主义和谐社会和科学发展观的客观需要。

第一,加强少数民族受教育权保护研究,是贯彻实施国家民族政策和民族法制的重要内容。"加强民族法制建设是进一步健全民族区域自治制度,保障民族区域自治法实施的重要手段,也是加强社会主义民主和法制建设的基本方面。"[1] 新中国成立以来,我们党和国家十分重视少数民族教育事业,为此先后制定了一系列保护少数民族受教育权的方针、政策、法律法规,并予以贯彻和实施,现已初步形成了保护少数民族受教育权的政策、法律制度体系。党和国家制定了许多繁荣发展民族教育而又行之有效的政策,有些政策已用法律、法规形式固定下来。因此,贯彻落实民族教育政策和加强民族教育法制建设是统一的。目前,我国少数民族受教育权的保护,主要是通过一系列政策和法律法规来实现的。"少数民族教育权利是法律赋予的,任何机关和个人都不得侵犯。侵犯少数民族教育权利的行为,违反了《教育法》、《民族区域自治法》等法律规定,应当依照有关法律的规定追究责任。"[2] 我们国家已经对少数民族受教育权给予高度的重视,不仅在宪法层面加以规定,还从《民族区域自治法》、《教育法》、单行法规以及自治条例等方面作出了规定,都明确规定要落实好少数民族受教育权,加强对少数民族受教育权的保障,从而发展

---

[1] 吴宗金主编:《中国民族区域自治法学》(第二版),法律出版社2004年版,第263页。

[2] 吴宗金、张晓辉主编:《中国民族法学》(第二版),法律出版社2004年版,第343页。

少数民族教育事业和保障少数民族受教育权的实现。但在实践中，由于受历史原因以及经济文化等因素的影响，在现实中，少数民族受教育权的实现并不尽如人意。少数民族地区受教育的条件欠缺以及环境的恶劣等因素都极大地影响了少数民族地区公民受教育权的实现。加强少数民族受教育权保障的一个重要途径就是要加强对少数民族教育权保护的立法，要完善少数民族受教育权保护立法，建立一个完善、系统的立法体系。这些有关少数民族受教育权保护的立法不仅是民族法制的重要组成部分，也是我们国家贯彻落实少数民族政策的重要组成部分。少数民族受教育权的政策保护和法律保护之间是相互作用、相互促进的关系，我们只有构建起多重严密的保护体系，才能为我国少数民族受教育权的全面实现提供坚强有力的保障。因此，加强少数民族受教育权的保障是贯穿于我国民族政策和民族法制始终的。在建设社会主义法治国家的进程中，贯彻民族政策和民族法制，其必然后果就是加强了对少数民族受教育权的保护。加强少数民族受教育权保护，才能推进各族人民的亲密团结和友好合作，形成全国安定团结的政治局面。

　　第二，加强少数民族受教育权保护研究，落实少数民族受教育权的实现，才能更好地实施西部大开发战略，加快少数民族和民族地区经济文化发展的步伐，更好地解决东西部发展不平衡、缩小各民族政治、经济、文化发展差距问题。西部大开发战略是我们国家走向现代化的一个必经之路，是我们国家正确处理东西部发展不平衡、发展少数民族地区政治经济文化的一个新契机。"西部大开发是中华民族发展史上的伟业。实施西部大开发战略，加快中西部地区发展，是国家关于促进我国各地区经济协调发展、推动国民经济持续增长、最终实现各民族共同团结奋斗和共同发展繁荣的重大战略决策，这是涉及我国现代化建设全局的大事，也是正确处理我国民族关系，加快少数民族和民族地区发展的重大政治问题,是在新的历史时期协调中国各民族关系的新实践。"① 教育是一个社会发展的最基本的动力之一。一个国家的繁荣,在很大程度上并不取决于国库是否殷实,不取决于公共设施是否华丽,更多的是取决于该国公民是否具备良好的文化素养。具备良好的教育背景就会有更多的科技实力,这是一个国家发展必不可少的软实力。对于少数民族地区来说也是一样,只有充分保护少数民族受教育权,保障少数民族受教育权的充分实现,加快少数民族教育文化发展,加快西部大开发战略的实现,才能促进整个西部地区的政治经济文化的全面发展,最终提高少数民族地区经济的发展、政治的发展,使少数民族地区物质文化生活水平得到提高,才能消除历史遗留下来的各民族事实上的不平等,消除由于历史原因造成的民族隔阂和民族不信任心理,促进国家的巩固和发展。"民族区域经济文化的繁荣和社会的进步,取决于民族地区教育的发展和人才的培养。民族教育不仅仅是一个单纯的教育问题,而且关系到民族平等、民族团结和共同繁荣的政治问题。"② 因此,加强少数民族受教育权保障研究,促进少数民族受教育权的实现,有利于更好地实施西部大开发战略,从而促进西部地区、少数民族地区政治经济文化发展。加强少数民族受教育权保护研究是实施西部大开发战略、促进少数民族地区经济发展以缩小各民族之间发展不平衡的本质要求。

第三,加强少数民族受教育权保护研究,是实现少数民族人权的必然需求。"由于教育对于培养一个公民的心灵和意志,对于公民获得智慧和独立性,进而对于公民获得作为一个自治公民

---

① 熊文钊主编:《大国地方——中国民族区域自治制度的新发展》,法律出版社2008年版,第1页。

② 吴宗金主编:《中国民族区域自治法学》(第二版),法律出版社2004年版,第156页。

的尊严,对于公民改善自己的不利生存环境和条件具有重要的意义,因此,教育自由应当受到绝对保障。"[①] 受教育权也是现代基本人权之一。公民的权利就意味着国家必须承担相应的义务。现代国家不仅要积极履行保障国家安全、维护社会稳定的义务,同时,必须向公民提供更多的公共服务,比如社会保障、教育以及医疗等义务。"现代国家必须承担一些积极义务,并组织一些公共事业来确保这些义务的实现,如现代国家有义务为所有人免费提供最低限度的教育","正是相对于这些国家的积极义务,我们才说人有接受救济的权利、劳动的权利和受教育的权利。"[②] 因此,各个国家在本国宪法和法律中都明确规定受教育权是公民的一项基本权利,国家有保障公民这种权利得到实现的义务。我国宪法明确规定要尊重和保护人权。在各种基本人权中,生存权是最基本的、最重要的内容,平等权和发展权是人权重要的内容,而对于生存权、平等权和发展权能否有效实现,在很大程度上受到受教育权能否有效实现的制约。在自然经济时代,人们进行劳动的工具科技成分不高,一个人没有受过正规教育,仍然可以依靠自己劳动生存和发展。但是随着知识经济时代的到来,现代社会要求每一位公民必须通过受教育具备文化知识和参政议政的意识。知识经济使社会成员按文化科学素质的高低确定其经济地位。一个公民如果具备较高的科学文化素质,则其在这个知识经济社会中就越能获得更高的经济地位,其生存权和发展权就越能实现。因此,受教育权的有效保障的程度极大地影响着公民个人的生存权、发展权等基本人权的实现。少数民族受教育权对于少数民族公民发展自身也同样发挥着巨大的作用。尤其是在那些

[①] 张千帆主编:《宪法学》,法律出版社2004年版,第232页。
[②] [法] 莱昂·狄骥著:《宪法学教程》,王文利等译,辽海出版社、春风文艺出版社1999年版,第240—243页。

边远的少数民族地区，教育不是很发达，保障对少数民族地区的发展，有着无可替代的作用。法谚"无保障则无权利"，如果仅仅是法律层面上赋予少数民族受教育权，而没有给予理论或者实践的保障，这种权利就不具有可实现性。因此，必须加强少数民族受教育权保护研究，这样才能更好地实现少数民族受教育权，才能提高少数民族公民自身素质，更有利于实现少数民族公民的基本人权。因此，加强少数民族受教育权的保护研究，无疑有助于从法律上保障少数民族平等生存权和发展权的实现。

第四，加强少数民族受教育权保护研究，有利于贯彻落实民族区域自治制度，保障少数民族自治地方的稳定。根据《宪法》及《民族区域自治法》的规定，在少数民族聚居的地方实行民族区域自治制度，民族区域自治制度是我们国家的基本政治制度之一。"民族区域自治是民族自治和区域自治的正确结合，是经济因素与政治因素的正确结合，不仅使聚居地民族能够享受到自治权利，而且使杂居的民族也能够享受到自治权利。从人口多的民族到人口少的民族，从大聚居的民族到小聚居的民族，几乎都成了相当自治单位，充分享受了民族自治权利，这样的制度是史无前例的创举。"[①] 在少数民族聚居地方实行民族区域自治制度有利于巩固和发展各民族平等、团结、互助的社会主义民族关系，从而促进各民族共同繁荣与发展；有利于保障少数民族地区人民当家做主，民族区域自治制度实现了少数民族内部事务的自我管理，有利于少数民族地区的经济、政治、文化的发展。少数民族受教育权就是少数民族自我管理本民族内部事务的权利之一。但是，由于历史的原因，当前的背景下，我国各民族、教育程度以及少数民族受教育权的实现程度还存在很大的差异，主要表现在少数民族教育资源的短缺，教育水平的落后，尤其是在边远的少

---

① 《周恩来选集》下卷，人民出版社1984年版，第258页。

数民族地区。如果这种教育的不公平长期存在,将会加剧这些少数民族自治地方政治文化的封闭性、低层次性,从而淡化该地区各民族的政治教育,影响各民族对政治体系的认同感、义务感和责任感的形成,将会有碍于少数民族地区的稳定。

第二节 少数民族受教育权保护研究的内容和方法

一、研究的内容

尽管在我国从各个方面采取措施保障少数民族受教育权的实现,但是在理论上并没有形成系统研究,在实践中少数民族受教育权保障也实施得并不尽如人意。因此,本研究想通过理论上的探讨形成一个系统理论框架,以能够指导实践,加强对少数民族受教育权保障制度。本研究的基本内容如下:

1. 少数民族受教育权基本理论的探究。少数民族受教育权是本研究的基点之一,本研究主要是为了加强对少数民族受教育权保障而展开的,毋庸置疑,少数民族受教育权基本理论必然成为研究的重点。但是,从理论界来看,对少数民族受教育权的研究可谓凤毛麟角,理论界对少数民族受教育权研究的欠缺在很大程度上限制了少数民族受教育权保障制度研究的进度。本研究从少数民族受教育权的概念、特征以及相关属性进行全方位的研究,希望能够通过增加对少数民族受教育权的理论研究,从而扩大本研究的范围,加强少数民族受教育权保障制度研究的全面性,也为少数民族受教育权保障制度研究提供一个理论研究基点。少数民族受教育权是指少数民族公民为了人格的自我发展和完善,提高参与国家政治、经济、社会、文化生活的能力而具有的要求国家提供教育机会与设施并不受侵犯的受教育自由,它属于公民的基本权利。之所以要对这个问题进行研究,是因为少数民族受教育权问题具有某些特殊性。比如,少数民族与主体民族相比,在经济、政治方面处于弱势地位,其受教育权的实现可能会遭遇经济、政治等条件方面的障碍。结构性歧视问题也可能会在少数民族教育领域反映出来。研究这些特殊问题,对于少数民族受教育权的实现具有重大的现实意义和实践意义。少数民族受教育权具有丰富的内容和多样的表现形式,按照保障受教育权的时间先后的标准,少数民族受教育权可以分为:义务教育阶段的保障和非义务教育阶段的保障,这旨在保障少数民族受教育的机会;而从保障少数民族受教育权的实际效果的角度来看,我们还必须重视少数民族教育的质量,保证受教育权在质量上的平等,即提高少数民族的素质,增强其独立性和社会适应能力,这才是保障少数民族受教育权,乃至支持少数民族地区经济、文化、社会事业可持续发展的关键。正是因为少数民族受教育权具有特殊性,民族教育工作一直是我国教育工作中的重中之重,为了培养更多少数民族的高精尖人才,从而实现少数民族文化、科技和经济的腾飞,党和政府采取了一系列特别保护措施。在法律上,通过《宪法》、《民族区域自治法》、《教育法》、《义务教育法》、《教师法》、《妇女保障法》、《未成年人保护法》等法律及《民族行政工作条例》、《城市民族工作条例》、《扫除文盲工作条例》等法规对少数民族教育工作做了保护性规定。同时,各个地方性法规、自治法规对此也作了进一步的规定,形成了一套较为完整的法律保护体系。另外,为配合上述法律规范的更好实施,中央和地方还出台了大量的优惠政策,以保障法律规定对少数民族受教育权进行保护的各项措施得以切实地、有效地落实。因此,在保护少数民族受教育权的政策上我们也采取了特殊的保护方式。

2. 从历史角度全面分析我国对少数民族受教育权保护制度历史演进。任何社会的发展必然离不开其历史,历史的积淀对于社会发展具有极大的意义。一个事物的发展都必然有其发展和演进的过程。我国少数民族受教育权保障制度也具有一个演进过程。本部分主要是通过对新中国成立前和成立后两个不同阶段我国对少数民族受教育权保障的各项政策、法律法规进行对比分析，凸显国家一直对少数民族受教育权保障制度的关注，为国家保障少数民族受教育权提供一些历史经验和教训。新中国成立前我国少数民族地区的教育在总体上是非常落后的。处于原始部落残余形态的少数民族，在受教育权利方面虽然是平等的，但落后的经济基础、文化水平，使少数民族的教育处于极其落后的状态。没有固定的教育设施，教育机构、教育方法也比较落后，是一种原始封闭型的教育。处于奴隶制、封建领主制社会形态下的少数民族，低下的经济发展水平及其社会制度的剥削本质，使得教育成为少数贵族阶级的专利，而一般的寺院教育由于其主要是宗教教育，缺乏科学知识的教育，因此基本上不具备现代教育的素质和功能。从教育目的看，则具有很强的阶级性，是为少数统治阶级服务的，一般少数民族群众的受教育权很难得到保障。新中国成立后，在中国共产党的领导下，少数民族获得了新生，享有了当家做主的权利。为了帮助少数民族发展，逐步消除历史造成的民族间的差距，促进民族团结、平等和共同繁荣，党和政府制定了一系列特殊政策，并从各方面保障少数民族受教育的权利，促使少数民族教育等得到了较快的发展。中国共产党和中央人民政府十分重视帮助少数民族发展教育事业，重视保障少数民族的受教育权，并根据少数民族地区历史特点和实际情况，提出了各个时期发展少数民族教育的方针任务，采取了一系列特殊的政策和措施来保障少数民族的受教育权。保障少数民族受教育权的教育行政管理措施的形式极其丰富，可将其归纳为两类：一类是为实施法律而制定和发布的具有普遍约束力的行为规则，即行政立法措施；另一类为实施法律和行政法规、规章而制定和采取的行政措施。其中，对受教育权保障最有力、最主要的措施有教育经费管理措施、教学工作管理措施、招生、选拔等。在中国共产党的领导下，我国在改善少数民族的受教育权状况方面，做了大量的工作，取得了举世瞩目的伟大成就。但由于经济、社会和文化发展水平的制约，还有不少有待进一步改善，以使少数民族在受教育权的享有和实现方面得到进一步的改善和提高。

3. 通过对我国少数民族受教育权保障的现状进行系统的分析，提出我国现行少数民族受教育权保障制度存在的缺陷。这部分内容主要是通过实证的方式来对政策、宪法以及法律法规中有关少数民族受教育权保障相关规定的现状进行分析，同时也对我国司法实践对少数民族受教育权保护制度现状进行系统的分析。

第一，政策中有关少数民族受教育权保障的现状分析。民族教育政策历来是党和国家民族政策的重要组成部分，一直备受重视。特别是全党工作重心转移到社会主义现代化建设上来以后，根据大力发展民族经济的时代需求，使得党和国家更加重视制定合乎民族地区特点、经得起历史检验的民族教育的方针、政策[①]。我国民族教育政策对各少数民族人民的受教育权保护和发展具有重要意义，有些民族教育政策直接是民族教育立法的先导。这些民族教育政策有利于培养各类少数民族人才，有利于少数民族公民综合素质的提高，有利于少数民族地区经济、文化事业的全面发展，有利于建立平等、团结、和谐的社会主义民族关系。党和国家的民族教育政策主要体现在：中共中央、国务院1993年2月13日印发的《中国教育改革和发展纲要》、2002年7月7日国务院颁发的《关于深化改革加快发展民族教育的决定》、2007年国务院办公厅印发的《少数民族事业"十一五"规

---

① 何波、刘旭东：《论少数民族教育政策》，载《民族教育研究》1995年第1期。

划》等文件中。

第二，法律法规中有关少数民族受教育权保障的现状分析。我国少数民族受教育权的法律保障体系可分为上下四个层次：宪法、法律、行政法规、地方法规和规章以及自治条例单行条例，形成了一个统一的相对完整的法律体系。这一法律体系自上而下包括《中华人民共和国宪法》、《中华人民共和国民族区域自治法》、《中华人民共和国教育法》、《中华人民共和国义务教育法》、《中华人民共和国教师法》、《中华人民共和国妇女权举办保障法》、《中华人民共和国未成年人保护法》等法律以及《民族乡行政工作条例》、《城市民族工作条例》、《扫除文盲工作条例》以及一些地方法规、自治条例和单行条例[①]。这些地方性法规、自治法规进一步把落实民族地区人民受教育权具体化，与上位法一起形成了一套相对完整的少数民族受教育权法律保护体系。

但是不管是立法上还是司法上的保障，都不可避免地存在些缺陷。

立法上的缺陷：

宪法中存在的缺陷：宪法没有规定对民族教育的优先发展权，未对民族教育有倾斜性的保护规定；宪法没有强调少数民族受教育的平等权；受教育权被侵犯救济体制的不完善；宪法对受教育权的规定过于抽象，对少数民族受教育权的规定更是没有提及。

一般法律中存在的缺陷：立法不足，缺少一部专门的少数民族教育法；法律保护的力度不够，很少规定相应的法律责任；法律规定得宽泛化，缺乏具体的可操作性规定；义务教育体系不健全，少数民族学生、教师流失严重；少数民族教育缺乏稳健的财

[①] 如云南楚雄州、红河州、西双版纳州等出台了相应的民族教育自治条例等法规，对保护少数民族受教育权作了原则性规定。

力支持；法律法规未能有效规制"高考移民"问题。

司法救济上存在的缺陷：受教育权诉讼中的诉讼权利义务主体的不确定性；我国没有专门的司法机构来保护少数民族的权利；对侵犯少数民族受教育权的行为，缺乏完善的责任追究制度。

因此，本章在最后提出保障少数民族受教育权的救济性保障机制，弥补现在保障机制的不足，以更好地落实我国少数民族受教育权的实现。

4.通过对西双版纳傣族自治州勐海县实证调查研究的结果，对当前少数民族受教育权保护中存在问题的原因进行分析。归结主要如下：第一，法律法规的贯彻力度不够，很多保护少数民族教育权的规定没有落到实处。虽然说目前我国有关少数民族受教育权保护的法律法规体系还有待进一步的完善，但我们本次的调查研究显示即使在现行的法律框架体系内，有关少数民族受教育权保护的法律制度仍然得不到很好的落实。这一点最明显的反映应该是关于《义务教育法》的贯彻执行情况。少数民族地区中小学在校生流失严重，已经成为少数民族地区基础教育中存在的一大基本难题。第二，教学环境恶劣、教学质量得不到保障。在我们的调查中，有些学校的个别教室属于危房，还有些学校由于缺少教师和教室而采用复式教学，缺少课桌板凳的现象也比较明显，更不用说学校教育设备陈旧，图书、仪器、电教设备陈旧的问题。此外，还有拖欠教师工资、教职工住房紧张等问题。而造成这一系列问题的主要原因则是教育经费的投入不足所致。而教育经费问题的解决则是整个少数民族受教育权保护问题解决的最核心要件。第三，思想观念落后，对教育的重视不够。少数民族公民自身思想上对教育的不重视，则是其受教育权无法保障的一个最关键的因素。由于长期封闭落后的生活环境以及自然地理环境的相对偏僻，使得少数民族的公民在思想观念上往往处于一种封闭的观念体系。第四，教育结构不合理，教育体制不够完善。办好教育事业，使得每个公民的受教育权都得到保障，没有合理的教育体制是不行的。教育结构的不合理主要体现在课程设置上的不合理，由于少数民族地区特殊的现实情况，事实上是很多学生小学或初中毕业后就不能升学了。他们学到的有限的知识在实际生活中又发挥不出太大的作用。

5. 通过比较研究和实证的方法论来论证国际法上以及一些主要国家对少数民族受教育权保障制度。第六章通过对国际法的实证分析来探讨现在国际上对少数民族受教育权以及保障制度的相关规定。受教育权是基本人权之一，也是国际人权之一，因此，在国际法上都有相当多的法律规范对其加以规定，并对受教育权的属性进行分析和研究。少数民族受教育权必然也成为国际法保护的对象。因此，通过实证分析，国际法对少数民族受教育权及其保障也作了大量的规定。有关少数民族受教育权保障的国家条约规章主要有以下相关内容：《联合国宪章》，第1条第3款、第55条主要规定了平等与不歧视原则、尊重客观事实人权和基本自由原则，国际合作原则；《世界人权宣言》，第2条、第7条、第26条主要规定了平等与不歧视原则、受教育权、教育的目的；《公民权利和政治权利国际公约》，第2条、第24条、第26条、第27条主要规定了平等与不歧视原则、儿童的基本权利、少数民族的基本权利；《经济、社会和文化权利国际公约》，第2条第1、2款、第13条、第14条主要规定了平等与不歧视原则、受教育权、国家逐步落实受教育权的义务标准；《儿童权利公约》，第2条第1款、第28、29、30条主要规定了平等与不歧视原则、教育机会平等和待遇平等原则、教育国际合作原则、儿童的受教育权、父母选择教育形式自由原则、国家逐步落实儿童受教育权的义务标准、儿童教育的目的、少数民族儿童接受教育的权利；《消除一切形式种族歧视国际公约》，第5条第5款第

5项、第7条主要规定了平等与不歧视原则、禁止教育上的种族歧视;《国际劳工组织土著和部落民族公约》(第169号公约),第2条、第3条、第21、22条、第六部分主要规定了平等与不歧视原则、教育机会平等原则、少数民族受教育权、禁止教育上的民族歧视、国家采取特别措施保障少数民族教育权的义务、少数民族教育语言权、少数民族接受双语教育及接受多元文化教育的权利、传授本民族传统知识和文化的权利、少数民族儿童受教育权;《联合国教科文组织取缔教育歧视公约》,序言、第2条第2款、第5条主要规定了平等与不歧视原则、受教育权、教育机会平等和待遇平等原则、禁止教育歧视、国家促进教育机会平等和待遇平等的义务、少数民族受教育权、少数民族设立分开的教育机构和维持分开的教育制度的权利;《联合国教科文组织技术和职业教育公约》,第2条第3、4款、第3条第2款主要规定了平等与不歧视原则、照顾特殊群体原则、技术和职业教育应根据接受技术和职业培训者在教育、文化和社会方面的状况和职业愿望进行、技术和职业教育应保证个人人格和文化充分发展。

6. 我们通过比较研究的方法对世界两大法系国家就对少数民族受教育权的保障制度进行研究,总结这些国家的经验与教训,为完善我们国家少数民族受教育权保障制度提供一个新的视角,也为我们国家加强少数民族受教育权保障制度提供一些经验和教训。在英美法系国家中,以美国为例,美国是一个法制社会,教育法制非常健全。根据美国的现行立法体制,美国的教育法同其他法一样由议会和法院共同制定,包括成文法和判例法两大系统。按照美国宪法和有关法律,除对印第安人外,国会、地方议会和各级政府均不能以扶持某一种族教育问题的名义立法或下达行政命令。因此,在美国,有关少数民族教育的立法内容,主要有三种表现形式:一是教育法律及其他法律中有关少数民族教育的条款;二是就解决"特殊人群"(无法像一般公民享受正常的生活、工作等权利的人群）的特殊需要，以保证教育平等权利的名义而制定的专门法案或条款；三是针对印第安人制定的教育法，如美国联邦 1972 年颁布的《印第安人教育法》、1975 年颁布的《印第安人教育援助法》、1988 年颁布的《部落管理学校法》等。在大陆法系国家中，以俄罗斯为例，联邦宪法赋予少数民族以平等的公民权，也就同时赋予了少数民族平等的教育权，这主要体现在以下两点：少数民族拥有平等的受教育权。《俄罗斯联邦教育法》第 5 条明确规定："俄罗斯联邦公民在其领域内的受教育权不受肤色、民族、语言、性别、年龄、身体状况、社会地位和财产、出身、居住地、宗教信仰和所属政治团体和是否受过司法审判等限制。"少数民族在俄罗斯联邦是享有平等公民权的公民，在其领域内自然拥有平等的受教育权。同时，少数民族拥有平等的语言自由权和语言教育权，尤其是有保留本族语和以本族语接受教育的权利，联邦予以必要的保障。关于语言权利问题，《俄罗斯联邦宪法》、《俄罗斯联邦教育法》都作了明确的规定。

7. 在前述研究的基础上，提出一些完善我国少数民族受教育权保障制度的建议和措施，为建立一个完整的理论体系，在实践中落实少数民族受教育权保障提供一个理论架构。

二、研究的方法

在本研究中，运用的研究方法主要包括：

（一）文献研究法

文献研究方法就是根据一定的目的，通过收集和分析文献资料而进行的研究。文献研究法是我们作研究必不可少的最为常用的方法之一，任何一项研究都必须对该领域内相关知识进行整理和分析，方能给自己的分析奠定理论上的基础。只有在对文献的分析和整理的基础上，尤其是对国内外权威资料的整理和分析，才可能使自己的研究更加全面。本研究主要通过文献、计算机检索和注释、参考文献等的追踪检索，对国内外涉及少数民族受教育权保护的有关专著、论文、法律文本、案例、教育法网站资料等进行综合研究和梳理，掌握目前已有的研究成果和少数民族受教育权保护实践情况，结合我国受教育权法律救济中存在的理论和实践问题，进行分析研究。比如在我国少数民族受教育权保护历史演变、少数民族受教育权的国际法律保护、少数民族受教育权保护的比较法研究等这些章节中，我们都采用了文献法这种研究方法，尤其是对外国对少数民族受教育权保护制度一章中有关国外的研究、国外就少数民族受教育权的法律规定以及国际法对少数民族受教育权的规定都必须通过搜索文献的方式来进行分析论证。

（二）调查、访问法

调查、访问法是社会科学研究的基本方法之一。所谓调查研究方法就是指一种采用自填问卷或访谈调查等方法，通过对被调查者的观点、态度、行为等方面系统地收集信息与进行分析，来认识社会现象及其规律的社会科学研究方法。"调查常被用来探测、描述或解释社会行为、社会态度或社会现象。"[①] 调查研究法主要由内容广泛、资料收集工具的特定性以及获取资料的及时性和全面概括性等特点而与文献研究、比较研究法相区别开来。调查研究法通过对人们客观的社会背景、社会行为活动以及主观的态度、舆论的研究，不仅可以描述社会现象的一般状态，还可以对社会现象间的关系进行分析，因此，调查研究得到广泛的运用。由于本研究涉及少数民族受教育权保障措施的现状问题，因此，调查研究方法就成了本文研究方法的一个重要组成部分。通

---

① 唐盛明著：《社会科学方法新解》，上海社会科学院出版社2003年版，第51页。

过对一些少数民族地区的深入调查研究，我们有了更多的实证的资料来佐证本研究的观点，也使得本研究更具有现实价值。本文第五章就是通过问卷调查的设计以及深入少数民族地区调查而最终得出的结果。

（三）实证分析法

实证分析法也是社会科学的一种最为常用的分析方法之一。其中心论点就是事实必须是透过观察或感觉经验，去认识每个人身处的客观环境和外在事物。"实证主义作为一种科学的态度，它反对先验的思辨，并力图将其自身限定在经验材料的范围之内。它反对提倡玄虚的精神，并把学术工作限制在分析'给定事实'的范围之内。它拒绝越出认知现象的范围，否认理解自然'本质'的可能性。"[①] 在法学领域中，实证分析法发挥着巨大的作用。其通过对法律的规则的分析以及那些影响制定规则因素的分析，从而为制定新的法律或者构建新的法律制度发挥着巨大的作用。"通过运用这种方法，分析实证主义使法律科学变成了对法律制度进行剖析的学科……它所关注的并不是分析国家制定的法律规则，而是分析导致制定这些法律规则的各种社会因素。它和分析实证主义一样，完全以经验的态度看待法律，不赞同研究和寻求法律制度的终极价值。"[②] 本文也充分采用了实证分析法学的研究方法，对我国国家现行有关少数民族受教育权以及保护法律、法规进行分析，同时也通过国际法有关少数民族受教育权保护法律制度进行分析，从而为我们完善少数民族受教育权保护制度提供实证的经验。

---

① ［美］博登海默著：《法理学：法律哲学与法律方法》，邓正来译，中国政法大学出版社2004年版，第120页。

② ［美］博登海默著：《法理学：法律哲学与法律方法》，邓正来译，中国政法大学出版社2004年版，第123—124页。

（四）历史研究方法

一个社会总不可能与其历史脱离，总要延续其历史遗留下来的文化传统，一个历史的文化积淀对于一个社会的发展发挥着极大的影响。"历史是一张没有接缝的网，社会也是一张没有接缝的网，处在这两张交织之网中的法律天然与它过去、与其他社会关系、社会生活缠绕扭结在一起，并且息息相关、血脉相通。"① 在法学研究中，历史法学派也是一个鲜为人知的法学流派，该学派主要是通过法律历史和传统的研究，认为法律是深深根植于一个民族的历史之中。"法律乃是'那些内在地、默默地起作用的力量'的产物。""法律就像语言一样，既不是专断的意志也不是可以设计的产物，而是缓慢、渐进、有机发展的产物。"② 本文也采用了历史的研究方法，通过第三章我国少数民族受教育权保护制度的历史演变来考察我国对少收民族受教育权保护的发展历史，总结我国历史上对少数民族受教育权保护的经验，以及对现在保护现状进行分析对比，从而更有利于我们以后完善和发展少数民族受教育权保护制度。

（五）比较研究法

比较研究方法是指对两个或两个以上事物或对象加以对比，以找出他们之间相似性与差异性的一种分析方法。③ 比较研究法是现代研究的一个极为重要的研究方法之一。在现代社会中，比较研究方法主要是在不同国家或者同一国家不同地区之间相同领域进行比较。研究一个国家的发展，不仅仅是对于本国发展的研究，更是要通过比较研究的方法，对国外一些先进理论和制度的

---

① 尹伊君著：《社会变迁的法律解释》，商务印书馆2004年版，第27页。
② ［美］博登海默著：《法理学：法律哲学与法律方法》，邓正来译，中国政法大学出版社2004年版，第92—93页。
③ 林聚任、刘玉安主编：《社会科学研究方法》山东人民出版社2004年版，第151页。

借鉴,从而启发对本国发展的研究,只有通过比较,才能知晓本国与他国发展的差异,才能更好地完善本国的发展。尤其使在那些落后国家为了研究发展本国的政治、经济、文化,都采取了比较研究法吸收比较发达国家的经验教训从而发展本国的政治、经济、文化。本研究也采取了比较研究方法,在第七章就通过综合比较方法对世界各国特别是大陆法系和英美法系主要国家(地区)关于少数民族受教育权保护制度理论,对各国对少数民族受教育权保护制度进行分析,得出各国对少数民族受教育权保护制度的经验对我国的启示,从而对丁完善我国少数民族受教育权保护制度提供相应借鉴意义。

第二章 少数民族受教育权的基本内涵

第一节 受教育权及其基本内涵

一、受教育权的概念

何谓公民的受教育权?按照不同的标准、从不同的角度进行归纳和总结可以给出不同的答案。如有学者从接受教育的途径和方式出发来界定受教育权,主要有以下几种观点,如:受教育权就是指"公民在各类学校,各种教育机构或通过其他途径学得文化科学知识,提高自己的科学文化业务水平的权利";[①] "所谓受教育权,是指个人在国家和社会创建的种类学校、教育机构等学习文化等各方面知识,以提高生存和发展能力的权利";[②] "受教育权,指公民有通过学校和其他教育设施和途径,学习科学文化知识和专业技能,提高文化素质、政治素质或其他业务水平的权利"。[③] 还有学者从受教育权的内容的角度来界定受教育权,如:"公民的受教育权是指公民依法享有接受文化知识教育、劳动技能教育和其他方面教育的权利";[④] 另外,还有学者围绕着受教育权的性质来认识受教育权,认为受教育权是一种自由,即"受

---

① 李步云:《宪法比较研究》,法律出版社1998年版,第541页。
② 李龙:《人权的理论与实践》,武汉大学出版社1995年版,第615页。
③ 谢鹏程:《公民的基本权利》,中国社会科学出版社1999年版,第110页。
④ 张维平:《教育法学基础》,辽宁大学出版社1994年版,第236页。

教育权问题无非是判断是否所有人都有权接受其愿意接受的教育，而这种权利的存在是毋庸置疑的。真正的问题在于确认是否所有人都有权自由选择他所喜欢的教师，而在这方面不受立法者的任何限制。"①

我们认为，从公民受教育的途径和目的方面来说明受教育权，虽能够使人较为直观的认识受教育权，但却忽略或者淡化了受教育权的"权利"性质，进而冲淡了国家的义务和责任，这一点恰恰正是当代社会中保障公民的受教育权的一个非常关键和重要的因素。而强调受教育权的"自由性"的界定方式，则在限制国家对受教育权的干涉方面"着墨太重"，这虽然可以在防止国家权力滥用于对公民受教育权的侵害方面发挥一定的作用，但在现代社会条件下，这同样也会在国家意图通过积极行使职权来保障受教育权时，束缚住其手脚，从而最终害及公民受教育权的实现。另外，从内容方面来解释受教育权，除了能说明其是公民的一项法定权利之外，并未揭示出受教育权的共同特征，这也没有起到一个概念所应发挥的作用。

综合以上分析，我们认为，公民受教育权是指公民依法享有的获得受教育机会并进入各种学校和其他教育设施学习，以促进自身个性全面自由发展的一项基本权利。

二、受教育权的特征

为了更进一步的理解公民的受教育权的概念，有必要对其特征进行一下分析。我们认为，对受教育权的特征可以从以下几个方面进行把握：

（一）受教育权的权利主体主要是公民

---

① ［法］狄骥：《宪法学教程》，王利文等译，辽海出版社、春风出版社 1999 年版，第 198 页。

从国际法上的角度来看，受教育权的主体是所有人。《世界人权宣言》的第 2 条明确规定了人权的基本原则："人人有资格享受本宣言所载的一切权利和自由。不分种族、肤色、性别、语言、宗教、政治或其他见解、国籍或社会出身、财产、出生或其他身份等任何区别。"在第 23 条至 27 条有关经济、社会和文化权利中便有"受教育权利"的相关规定。可见受教育权利是作为"人之为人应得"的基本人权。在这里，所谓的"人人"，即指"任何自然人，包括男人与女人、成年人与未成年人、本国人与非本国人、自由人与在押犯人等，概不例外。"[①] 很显然，这就意味着，受教育权同样是外国人和无国籍人所应享有的一项权利。这一点从《取缔教育歧视公约》第 3 条的规定中也有表现，该国际公约确认，在受教育权的享有和保护上，至少应将"非歧视原则"延伸至所有居住在缔约国境内的包括非本国人在内的学龄人口，而不管他们的法律地位如何。这客观上就要求"在受教育权的保障上，国家不仅要保障本国公民，同时对非本国公民的学龄人口，也应依据平等的原则加以保护。因此从未来发展来看，应当考虑对所有居住在我国，无论是否具有我国国籍的学龄人口的受教育权进行平等保护。"[②]

而从国内法上的角度来看，具体到某一国家中，则受教育权利的主体便是所有公民。我国《宪法》第 46 条规定了受教育权的主体是中华人民共和国公民，我国教育法第 9 条："中华人民共和国公民有受教育的权利和义务。公民不分民族、种族、性别、职业、财产状况、宗教信仰等，依法享有平等的受教育机会"的具体规定，进一步确认了我国公民受教育权的主体地位。

[①] 高家伟：《教育行政法》，北京大学出版社 2007 年版，第 8—9 页。
[②] 申素平：《受教育权的理论内涵与现实边界》，载《中国高教研究》2008 年第 4 期，第 15 页。

这就是说，无论公民具有怎样的民族、种族、性别、职业、财产状况或宗教信仰特征，都不影响其享有平等的受教育权。即使有些公民具有某些法律没有明文列举的情况，如身体状况是否残疾，是否是超生子女、非婚生子女或其他各种情形，均应视为包含在"等"字中的情况，同样享有法律规定的受教育权，并且具有平等性，是受教育权的权利主体。当然，这样的规定并不排斥国家在其所承担的国际条约义务范围内对居于本国范围之内的外国人和无国籍人的受教育权依法予以保障，但同本国公民相比他们无论是在数量上还是在范围上都处于少数的地位，虽然随着经济全球化程度的加深、国际交往越来越密切和频繁，这种情况将会有所变化，但从目前的情况来看，在一国范围内，受教育权的权利主体基本上主要还是其本国公民。

（二）受教育权的主要义务主体是国家

根据我国《宪法》的相关规定，受教育权是我国公民的一项基本权利。换个角度来看这意味着，国家负有保障公民受教育权的义务（职责），这可以从两个方面来看：其一，从消极意义上讲，国家不得侵害公民的受教育权，恰恰相反，保障公民的受教育权是其职责之所在；其二，从积极意义上讲，国家有义务向公民提供平等的受教育条件和机会。如我国《宪法》第19条就规定："国家发展社会主义的教育事业，提高全国人民的科学文化水平"；《教育法》的第18条也规定："各级人民政府采取各种措施保障适龄儿童、少年就学。适龄儿童、少年的父母或者其他监护人以及有关社会组织和个人有义务使适龄儿童、少年接受并完成规定年限的义务教育"；同时第38条规定："国家、社会、学校及其他教育机构应当根据残疾人身心特性和需要实施教育，并为其提供帮助和便利"，等等。当然，有了宪法和法律上的规定只是意味着公民的受教育权有了法律上的支持，但这仅仅是一种"纸面上的权利"，它并不能直接转化为"现实中的权利"，正所谓"徒法不足以自行",要想使公民的受教育权得以切实、有效的实现,还有赖于国家行政权在执行过程中给予积极的支持和帮助,国家的教育行政权是组织和发展教育事业的重要力量,应依法采取一切适当措施,逐渐达到宪法和法律中所确认的受教育权的充分实现。另外,在保障受教育权的实现的机制中,受教育权的救济机制也是必不可少的,甚至是至关重要的,没有救济机制保障的受教育权,无异于"空中楼阁",因此可以认为"无救济便无权利"。所以,通过包括违宪审查程序、诉讼程序、申诉程序、行政复议、行政强制执行和处罚等程序在内的一系列救济机制来确保凡是侵害宪法和法律所规定的受教育权的行为都应受到相应的规制、甚至是制裁是非常重要、也是非常必要的。

(三)受教育权是公民的一项基本权利

基本权利是"人们在国家政治生活、经济生活、文化生活和社会生活中的根本权利","是源于社会关系的本质,与主体的生存、发展和地位直接相关的,人生而应当有之的,不可剥夺、转让、规避、且为社会公认的",因而也可以说是不证自明的权利。"它是人们在基本政治关系、经济关系、文化关系和社会关系中所处地位的法律表现,一般由宪法或基本法确认或规定。"[①] 如我国《宪法》第46条就规定:"中华人民共和国公民有受教育的权利和义务"。那么,为什么要把受教育权确认为基本权利?它对人的生存和发展又有什么意义呢?这恐怕就和教育的目的不无关系了。根据《经济、社会、文化权利国际公约》第13条的规定,教育的目的应当是"鼓励人的个性和尊严的充分发展,加强对人权和基本自由的尊重,并应使所有的人能有效地参加自由社会,促进各民族之间和各种族、人种或宗教团体之间的了解、容

[①] 张文显:《法理学》,高等教育出版社、北京大学出版社1999年版,第90页。

忍和友谊,和促进联合国维护和平的各项行动。"由此可见,接受教育对于每个公民维护自己的独立人格与实现自由和人权至关重要。

教育之所以变得日益重要,一方面是"因为接受适当的教育对于最适当的使用财产以确保适当的生活水准,对于确保人们获得令人满意的工作和在工作中发挥出色,对于最适当的使用源自财产、工作或社会保障的收益以达到相当的生活水准具有紧密联系。"[①] 虽然说国家对于公民特别是弱势群体最低生活条件的保障非常重要,但"授之以鱼"不若"授之以渔",只有提高他们改善生活条件和环境的能力才是治本之策,而提高这种能力的最有效措施就莫过于让其接受最基本教育和智力训练了。另一方面,接受最起码的、必要的教育是一个国家实现民主政治的重要前提,因为正像哈耶克所说的那样:"民主不大可能在部分文盲的人民中实现,除非在最小的地方范围内",而且只有通过教育才能提高公民的思想、文化素质,形成开放、理性的价值观和明确的"主人翁"意识,这些对于提高公民的参政议政能力都是必不可少的。从这种意义上来讲,公民事实上所能享有的基本权利与公民的受教育程度是成正比的。

三、受教育权的本质——兼具自由权和社会权的受教育权

(一)自由权和社会权的分野

依照传统宪法学理论,权利形态的演进有自由权和社会权二元论。自由权是"免于国家干涉的自由"(freedom from state),意味着国民具有排除来自国家权力的不当干预的权利;社会权则是"接近国家的自由"(freedom to state),意味着国民参与国家政治生活和公共权力运行的自由,同时允许国家对公民私人领域

[①] 张千帆主编:《宪法学》,法律出版社2004年版,第232页。

一定程度的干预。

现代宪法中的基本权利可以大致划分为自由权和社会权。如果从宪政史的角度来看，以1919年德国魏玛宪法为近代宪法和现代宪法分野之界碑，则近代宪法上的基本权利主要是自由权，包括信仰自由、思想自由、表现自由、人身自由、经济自由（私有财产权）、通信自由等；现代宪法上的基本权利除了上述自由权之外，还产生了社会权，包括社会保障权、劳动权、环境权、受教育权等。①

从天赋人权和自然权利论的角度出发，自由权标志着基本权利的开端，是人之所以为人的固有属性，是人与生俱来的或天赋的；自由权是先于国家而存在的，标志着一个原则上不受控制和干涉的私人空间；国家的职能就在于保护个人自由，也正是由于这种职能，国家才有存在的理由。因此，自由权属于绝对的基本权利，也就是说，自由权的内容并非由宪法和法律所赋予，也并非"依照法律"予以保障；而且，任何法律干预都属于例外情况，而且属于原则上受限制、可预测的、受一般规定制约的例外情况。②

社会权从本质上来说，并非人与生俱来的不可分割的，只是当社会到了一定的历史时期，国家基于干涉社会的需要，在宪法和法律上予以规定的，这种基本权利是国家法律所赋予的，这种权利需要国家的积极作为方能够实现。因此，按照伯林的观点，自由权可以视为一种消极权利（negative right），而社会权则是

---

① 有的学者将近代宪法时期的基本权利概括为"第一代人权"，包括人身自由、精神自由和经济自由这三大自由，将现代宪法时期所新产生的基本权利概括为"第二代人权"，主要是社会权利。参见许崇德主编：《宪法》（第二版），中国人民大学出版社2004年版，152—153页。

② ［德］卡尔·施米特著，刘锋译：《宪法学说》，世纪出版集团、上海人民出版社2005年版，第175—177页。

一种积极权利（positive right）。[①]

（二）作为社会权的受教育权

受教育权作为一种基本权利被写入宪法，最早便是1919年魏玛宪法。《魏玛宪法》第一百四十五条规定："受国民小学教育为国民普通义务。就学期限，至少八学年，次为完成学校至满足18岁为止，国民小学及完成学校之授课及教育用品，完全免费。"从魏玛宪法的这一条规定来看，受教育权上升为基本权利伊始就具有浓重的社会权色彩，或者可以说，受教育权主要是作为一种社会权而被上升为基本权利的。

实际上，在德国将受教育权规定入宪法之前，从16、17世纪开始，欧洲的现代民族国家的雏形逐渐形成，为了摆脱教会对世俗政权的控制、富强国家和开展工业化，欧洲的一些民族国家日益认识到教育的重要性，颁布了强迫义务教育的法令，以增强世俗政权的统治，培养具有近现代科学文化知识的国民。例如1559威登堡公国就公布了强迫教育令。1619年魏玛的法令规定已极为详细，要求6—12岁儿童要到学校就读，否则对家长课以罚金。[②] 1871年德国统一后，于1872年颁布《普通学校法》，把6—14岁的八年初等义务教育规定为强迫义务教育，并要求已经就业，年龄在18岁以前的青年，尽可能受职业的补习教育。法国1848年颁布的《卡诺教育法案》，要求实行普及初等义务教育，强迫男女儿童入学，免费供给学生书籍膳食。1881年的《费里法案》则重申国民教育的义务性、免费性和世俗化原则。英国于1870年通过《初等教育法》，要求在各校区设立学校，对

[①] Isaiah Berlin, Four Essays on Liberty, Oxford University Press, Oxford New York, 1969, p.129。

[②] 张瑞璠、王承绪主编：《中外教育比较史纲》（近代卷），山东教育出版社，1997年版，第579页。

5—12岁儿童实行义务教育，并于1891年实行5—10岁初等教育免费制度。① 从受教育权法律化的历史演变可以看出，最先进行工业化的欧洲诸国也率先将受教育权法律化，这些国家首先认识到教育国民对于国家强盛的重要性。在这个历史过程中，教育对于实现国家目标和对于人的自我实现的工具价值是首要被强调的，因此，受教育权主要是作为一种社会权来加以规定的。最终，作为一种重要的社会权，受教育权上升为魏玛宪法上的基本权利。

受魏玛宪法的这一立法例的影响，世界上许多成文宪法都将受教育权作为一种社会权来予以规定。根据荷兰宪法学者马尔赛文（Maarseveen, H. V.）和唐（Tang, G. V. d）对142部民族国家的成文宪法所作的一项统计表明：54.4%的宪法规定了受教育权利和实施义务教育。② 例如，日本1946年宪法第26条规定：一切国民，按照法律规定，都享有按能力同等受教育的权利。一切国民，按照法律规定，都负有使其子女接受普通教育的义务。义务教育为免费教育。法国1946年宪法序文中规定，国家保障儿童及成年男女获得一般教育与职业教育及文化均等机会，并应设立各级非宗教之义务机关。1948年联合国大会通过的《世界人权宣言》第二十六条就规定："人人都有受教育的权利。教育应当免费，至少在初级和基本阶段应如此。初级教育应属义务教育，技术和职业教育应普遍设立。高等教育应根据成绩而对一切人平等开放。"我国宪法规定受教育权的主要条款是第46条，该条规定："中华人民共和国公民有受教育的权利和义

---

① 王天一、夏之莲、朱美玉编著：《外国教育史》（下册）北京师范大学出版社，1983年版，第64页。

② 转引自劳凯声、郑新蓉等著：《规矩方圆——教育管理与法律》，中国铁道出版社，第305页。

务。国家培养青年、少年、儿童在品德、智力、体质等方面全面发展。"该条宪法条款同样将受教育权作为一种社会权来规定。

作为一种社会权,受教育权包括下列内涵:首先,少年儿童有权获得免费的义务教育。"免费"的范围,各国不一。有的国家仅仅免除学费;有的国家不仅免除学费,还要免除教科书费、杂费等义务教育就学的一切费用。我国原《义务教育法》第11条规定免除学费,修订后的《义务教育法》第2条规定免除学费和杂费,教科书费等其他费用则不免。其次,教育机会平等。即《教育法》第9条规定的"公民不分民族、种族、性别、职业、财产状况、宗教信仰等,依法享有平等的受教育机会。"要实现教育机会平等,则国家负有干预的责任,正如《教育法》第10条规定:"国家根据各少数民族的特点和需要,帮助各少数民族地区发展教育事业。国家扶持边远贫困地区发展教育事业。国家扶持和发展残疾人教育事业。"《义务教育法》第6条规定:"国务院和县级以上地方人民政府应当合理配置教育资源,促进义务教育均衡发展,改善薄弱学校的办学条件,并采取措施,保障农村地区、民族地区实施义务教育,保障家庭经济困难的和残疾的适龄儿童、少年接受义务教育。国家组织和鼓励经济发达地区支援经济欠发达地区实施义务教育。"

总之,作为社会权的受教育权的实现,国家必须积极的作为和干预,为教育的实施准备充分的外部条件,例如提供充足的教育经费、维持健康的教育环境、准备良好的教育设施、聘请高水平的教师等等,从而将国家的教育水准逐步提高,满足国民的受教育需求。

(三)作为自由权的受教育权

社会权要以自由权为前提,社会权总是吸纳了自由权的社会权。这是因为,任何基本权利的出发点和落脚点都是自由的个人,而不是国家或者任何其他组织。因此,受教育权作为一种社会权，同样要以自由权作为其前提；或者说，受教育权有其自由权的内涵。

作为自由权的受教育权，其主要内涵便是教育自由。① 根据荷兰宪法学者马尔赛文（Maarseveen，H. V.）和唐（Tang，G. V. d）的统计，只有23.9%的宪法规定了教育自由的权利。② 我国宪法同样没有明确规定教育自由。但是，宪法学理论一般认为，即使宪法条文没有明确规定，受教育权必须是在国民的教育自由受保障、排除国家不当的干涉的前提下，才能得到真正的保障。③ 因此，教育自由同样是宪法上的权利，如果宪法没有明文规定教育自由，则教育自由应当被纳入受教育权的基本内涵之中。

教育自由本来的涵义就是自由教育，国民可以根据自己的意志和兴趣去学习，也可以根据自己的意志和兴趣教育子女。在公共教育和国家教育产生之前，传统教育具有浓厚的自由教育色彩。传统教育所教授的内容是前科学的知识，那是一种实践性的、具体的、意义指向明确的、富有道德内涵的、没有专业分化的知识类型，我国传统的经史子集就是这种典型的知识类型；教授的方法不仅是言传，更重要的是身教，受教育者的学习方法主要是领悟、体会并付诸实践，知行合一。16世纪以降，传统知识类型逐渐被现代科学知识所取代，这是一种祛魅的、价值中立

---

① "教育自由"实际上就是"受教育自由"或者"学习自由"，这几个词所指的内涵基本一致，都指的是自由教育，实际上是同一个事物从两个不同主体的角度来陈述；区别在于主体不同，"教育自由"是从教育者（教师或父母）的角度来谈的，"受教育自由"和"学习自由"是从受教育者的角度来谈的。本文主要讨论是自由教育的问题，因此对这几个词不做细致区分。

② 上述数据转引自劳凯声、郑新蓉等著：《规矩方圆－教育管理与法律》，中国铁道出版社，第305页。

③ 参见[日]阿部照哉、池田政章、初宿正典、户松秀典编著，周宗宪译：《宪法——基本人权篇》（下册），中国政法大学出版社，250页。

的、实证的、程式化、可还原的、超情景化的和专业分化的知识类型,这种知识既不提供价值,也不提供信仰,因为有关价值和信仰的知识被排除在知识的范畴之外而成为一种纯粹的知识,"除了科学知识外即无知识"(胡克语);受教育者被要求掌握知识的原理并加以应用,但并不要求受教育者本身实践这种知识。由于现代知识不能为受教育者提供价值和信仰,以现代知识作为教授内容的教育自然要保持价值中立,不能给受教育者灌输宗教信仰、意识形态,因为按照现代知识原理,任何关于信仰和意识形态的知识都是主观的因而是不可靠的。[①] 关于信仰和思想的问题交由个体自己解决,并被视为基本权利而在宪法中予以规定,即为信仰自由和思想自由。现代知识类型的特点构成了近现代宪法学上教育自由的一种知识社会学基础。

作为一种宪法权利,教育自由大致体现在两个方面:一方面,就其不受侵犯性来说,是一种自由权,受教育是人的一种内在的思想自由,这种内在自由应跟思想自由一样应免遭强制和国家权力的干涉;另一方面,在决定受教育内容和方法方面,一般传统上也属于自由权范畴,国家、社会团体与其他公民都不能侵犯。尤其是受教育的具体内容,应该由私主体如教师、父母等来决定。[②] 而父母所享有的教育自由权则较教师要宽泛。教师所享有的教育自由权纯粹是指为满足少年儿童的受教育权而进行教育方法上的创新、变通以及教学内容上的选择,但不得将自己所信奉的思想、信仰灌输到学生身上。正如马克斯·韦伯所言:"真正的教师会注意,不要在讲台上,把某一种立场灌输给学生,无

[①] 参见刘小枫著:《现代性社会理论绪论》,上海三联书店1998年版,第241—250页。

[②] 参见胡锦光、任端平:《受教育权的宪法学思考》,载《中国教育法制评论》,2002年第一辑。

论其方式为明讲或暗示。……先知与群众鼓动者,不属于教室的讲台。"①

父母所享有的教育自由权则是非常广泛的。虽然在现代教育公共化的情况下,仍然保留其固有的、源于血亲关系的教育自由权,这种教育自由权受宪法保护。例如德国《基本法》第3条规定:父母对其子女的抚养和教育有所谓"天赋之权利"。按照德国联邦宪法法院的解释,这项条款旨在保护家庭教育不受公权力的非法干预。②再如我国宪法第49条规定:父母有抚养教育未成年子女的义务。父母对子女所享有的教育自由权大致包括以下几个方面的内容:首先,父母可以对子女进行家庭教育。其次,父母对于公共教育,在一定条件下具有选择权、参与权及拒绝权。就选择权而言,父母可以选择将子女送入公立学校或私立学校以及特殊学校;就参与权而言,父母可以参与学校教育的过程,比如说与老师进行沟通协商对子女的教育课程的安排、校规的制定等;就拒绝权而言,在一定条件下,父母可拒绝将子女送入学校就读而进行家庭教育。其中,鉴于受教育权的社会权性质以及义务教育的强制性,父母拒绝将子女送入学校的条件十分严格,一般只有在学校的教育会给父母及其子女的其他基本权利如思想自由、信仰自由造成巨大损害的情况下,法律上才承认父母具有该拒绝权;而且,父母对子女所实施的家庭教育在内容上必须使子女能够习得将来在社会上生活的最低限度的能力,或者达到与义务教育同等程度的教育效果,且要接受国家有关机构的定

---

① [德]马克斯·韦伯著,钱永祥等译:《学术与政治》,广西师范大学出版社2004年版,第176—177页。

② 参见李道刚:《论德国家庭教育权》,载"中国民商事法律网",网址:http://www.civillaw.com.cn/weizhang/default.asp?id=21499,2007年1月17日访问。

期检查。①

(四) 对我国实定法的反思

我国《宪法》中关于公民受教育权的条款包括第 19 条、第 24 条和第 46 条。第 19 条规定:"国家发展社会主义的教育事业,提高全国人民的科学文化水平。国家举办各种学校,普及初等义务教育,发展中等教育、职业教育和高等教育,并且发展学前教育。国家发展各种教育设施,扫除文盲,对工人、农民、国家工作人员和其他劳动者进行政治、文化、科学、技术、业务的教育,鼓励自学成才。国家鼓励集体经济组织、国家企业事业组织和其他社会力量依照法律规定举办各种教育事业。"第 24 条规定:"国家通过普及理想教育、道德教育、文化教育、纪律和法制教育,通过在城乡不同范围的群众中制定和执行各种守则、公约,加强社会主义精神文明的建设。国家提倡爱祖国、爱人民、爱劳动、爱科学、爱社会主义的公德,在人民中进行爱国主义、集体主义和国际主义、共产主义的教育,进行辩证唯物主义和历史唯物主义的教育,反对资本主义的、封建主义的和其他的腐朽思想。"第 46 条规定:"中华人民共和国公民有受教育的权利和义务。国家培养青年、少年、儿童在品德、智力、体质等方面全面发展。"这三个宪法条款对于我国宪法上公民受教育权的规定构成了一个相对完备的整体。

这三个条款的共同特点是都十分强调国家在保障公民受教育权的实现的教育事业中的绝对主导地位,体现了受教育权作为一种社会权所应有的涵义。宪法第 19 条规定了国家为满足国民受

---

① 相关理论与判例请参见〔日〕阿部照哉、池田政章、初宿正典、户松秀典编著,周宗宪译:《宪法——基本人权篇》(下册),中国政法大学出版社,第 253—259 页;〔日〕藤仓皓一郎、木下毅、高桥一修、樋口范雄主编,段匡、杨永庄译:《英美判例百选》,北京大学出版社 2005 年版,82—86 页。

教育权所应承担的义务，国家对于实现国民受教育权的外部条件包括教育设施、教育机构等应予以相应的整备。与别国宪法不同的是，我国宪法第 24 条则对教育的内容和目标提出了明确的要求，并明确规定在教育中要推行马克思主义。第 46 条则是宪法规定受教育权的核心条款，明确了受教育权的基本权利地位，并再次强调了国家在教育青少年问题上的责任。

显然，就我国宪法关于受教育权的规定而言，旗帜鲜明地强调了受教育权的社会性，乃至国家性。我国的教育法律制度和法律体系正式建立在对公民受教育权的这种理解之上。《教育法》第 5 条是这样规定教育的目标的："教育必须为社会主义现代化建设服务，必须与生产劳动相结合，培养德、智、体等方面发展的社会主义事业的建设者和接班人。"《义务教育法》第 3 条规定："义务教育必须贯彻国家的教育方针，努力提高教育质量，使儿童、少年在品德、智力、体质等方面全面发展，为提高全民族的素质，培养有理想、有道德、有文化、有纪律的社会主义建设人才奠定基础。"

依照这种立法逻辑和立法思路，少年儿童接受教育是为了培养社会主义建设人才，这些人才是为社会主义现代化建设服务，因此教育以及教育所培养的人才都是实现国家现代化总体目标的一种手段。在我国现代化建设的过程中，国家积极发展教育事业，促进国民素质的提高，强调受教育权的社会权性质，这是十分正常的也是必要的。不过，在强调受教育权的社会权性质的同时，不能认为受教育权仅仅是一种社会权，而忽视其固有的自由权性质。受教育权这一基本权利绝不仅仅只是对国家的总体目标具有工具性价值，其内在的和根本的价值在于促进公民个体的自我提升和自我实现，这是受教育权作为一种自由权的意义所在。基本权利的价值是以促进个体幸福而不是集体目标为皈依的。

在教育活动中贯彻国家所倡导的健康的思想与理念，是完全必要的。不过，任何思想理念都不能变成教条对受教育者进行片面的灌输，这是有违教育自由的本性的。在我国的教育实践中，教育被视为一项积极的国家职能，甚至被认为是政府的一项内部事务，国家除了应为公民受教育权的实现提供各种设施之外，政府还应对教材选编、课程设置、课时安排、统一考试及学位授予等一系列环节进行干预和控制。由于国家负有宪法所赋予的特定的教育目的和权力，国家就必须通过控制教学内容和直接支配学校教育，来实现这一目标。中国政府介入教育的内部事务的具体运作如此之深，加上我国的民办教育的不发达，以至于中国的绝大部分教育机构都成为教育行政部门的下属机构。

然而，受教育权毕竟属于人的内在创造性思维活动，教育与一般的行政活动是不同的。因此，国家行政权力在干涉受教育权时应遵循必要的界限。如果将整个教育活动区分为外部事务和内部事务，作为社会权的受教育权主要指向的是外部事务，也就是国家所应积极干预的事务，整备教育的外部条件，为了提高整个国家教育水平可以制定纲领性的教育指导大纲，但不得规定教育的具体内容；而作为自由权的受教育权主要指向的是内部事务，涉及教育的具体内容的设计，教育方法的选择，教科书内容的选择等等，都应属于教育的内部事务，应遵循教育的内在规律，而免于国家的干预或强制。①

四、受教育权的基本内涵

前面对受教育权的概念和性质进行了介绍，接下来我们将对受教育权的基本内涵进行梳理和分析，以进一步对受教育权进行

---

① 参见［日］阿部照哉、池田政章、初宿正典、户松秀典编著，周宗宪译：《宪法——基本人权篇》（下册），中国政法大学出版社，254、260页。

剖析。对于受教育权的内容，因受各国在经济、政治、社会文化等方面的差异的影响而各有不同。可以说，受教育权的各项内容及其表现形式以及实现方式是各具特色、各有侧重的。从国际人权法文件看，受教育权包括基本教育权、初等教育权、中等教育权、高等教育权、教育选择权；一般也可以根据时间先后将受教育权划分开始阶段的受教育机会权、过程阶段的受教育条件权以及最后的受教育成功权。①

受教育机会权

我国《教育法》第9条规定："公民不分民族、种族、性别、职业、财产状况、宗教信仰等，依法享有平等的受教育机会。"这是我国法律对受教育"机会权"的规定。另外，第36条也对受教育的"机会权"做出了规定，即入学机会的平等、学业成就的平等和受教育后的就业机会的平等。这就意味着"公民只要具备一定的条件，就有权要求国家平等对待、享有平等受教育的机会，如平等进入大学接受教育的权利"② 在国外，日本《教育基本法》第3条第1款规定："所有国民必须均有与其能力相适应的受教育的机会，不因人种、信条、性别、社会身份、经济地位或门第在教育上有差别"。此外，教育机会的均等也是《日本国宪法》第13条"幸福追求权"以及第14条"法律下的平等"的重要组成部分。

受教育"机会权"包含有非常丰富的内容（如：入学升学机会权、受教育的选择权和学生身份权，等等），但首先需要保障的莫过于入学机会的平等，这是保障受教育"机会权"其他内容的最起码要求，如果连入学机会都缺乏必要的保障的话，那就没

---

① 杨成铭：《人权法学》，中国方正出版社2004年版，第291页。
② 郑贤君主编：《公民受教育权的法律保护》，人民法院出版社2004年版，第65页。

必要佇谈其他"机会权"的保障了。对于受教育"机会权"的保障，可以分别从义务教育阶段的保障和非义务教育阶段的保障两个方面来看：首先，根据我国1986年7月1日施行的《中华人民共和国义务教育法》第10条规定："国家对接受义务教育的学生免收学费"。可见，受免费教育已成为义务教育阶段受教育者的受教育权的现实内容。基于此，国家对义务教育实行免费，并运用国家强制的手段加以保障，因此能够使受教育者所享有的入学和升学机会在制度上得到切实的保障，使得在义务教育阶段不仅能够实现形式上的机会平等，而且也能尽可能做到事实上的机会平等。其次，在非义务教育阶段，就与义务教育阶段有所差别了，在此阶段并不是所有人都能实际的去接受教育。国家只是保证每个人都能获得升学入学的机会，即只为每个受教育者提供行使权利的一种可能性，获得这种机会而享受这一阶段受教育权的只能是通过竞争考验的胜出者。"法律对基本权利的承认，可能只是提供了行使这些权利的一种形式机会，而非实际机会。"① 即由国家向有接受相关教育意向者提供一种公平竞争机制，使他们能够通过这种机制平等进入。但是法律上的权利能否行使及其实现程度，总是会受到或多或少的法律以外的因素的影响和制约，由于在家庭出身、个人天赋、经济条件等方面各有不同，这就使已经处于优势地位的幸运者在已经利用了较多的社会资源而站在了起跑线的前面的情况下，每个受教育者所处的起点并不总是一样的，从而也就出现了在不平等起点下的平等进入的现象。所以，"如果说义务教育提供的是入学升学实际机会的话，非义务教育提供的则是形式机会。"②

---

① [美]E·博登海默：《法理学——法哲学及其方法》，邓正来译，华夏出版社1987年版，第283页。

② 龚向和：《受教育权论》，中国人民公安大学出版社2004年版，第41页。

受教育条件权

"受教育条件权是指受教育者有权请求国家提供受教育条件并保证其平等利用这些条件,在其利用这些条件确有困难时,有权请求政府给予资助和帮助。"[①]受教育条件权主要包括受教育条件建设请求权、受教育条件利用权和获得资助权。正如前面所讲的那样,受教育权具有社会权的性质,它需要国家通过积极作为为其提供强大的支持和保障。因此,作为公共产品或准公共产品的教育,在很大程度上依赖国家的支持。教育条件建设请求权是受教育者请求国家采取各种必要的财政措施创建各种教育设施以保障其正常接受教育的权利。教育设施的范围是非常广泛的,不局限于学校,图书馆、博物馆、美术馆、体育馆、文化宫、名胜古迹以及革命历史纪念馆都可以涵盖其中。当然,教育设施建设和国家的经济发展和财富积累有着密切的关系。受教育条件利用权则是指受教育者有权利用现有的教育设施。

相对于非义务教育阶段,对义务教育阶段公民受教育条件权的保障应当处于更加优先考虑的地位。受义务教育权作为各国宪法都明确规定的一项公民权利,它要求只要公民达到法定年龄,都可以由国家提供教育经费,免费得到一定期限的教育的权利。如我国《教育法》第37条就规定"国家、社会对符合入学条件、家庭经济困难的儿童、少年、青年,提供各种形式的资助。"在第42条中又规定受教育者有权"按照国家有关规定获得奖学金、贷学金、助学金。"在保障公民受教育条件权这一点上,无论是对经济发展水平不是很高的发展中国家,还是对经济发达的国家而言都是如此,其差异仅仅在于义务教育的保障范围,如我国义务教育保障的范围是九年(即小学和初中阶段),而欧美等资本主义经济发达国家早在19世纪初便实行了国民教育的免费制,

---

① 杨成铭:《人权法学》,中国方正出版社2004年版,第293页。

在有些国家,甚至大学教育也是免费的。也有部分发展中国家,如朝鲜、古巴等实行教育免费制。

受教育成功权

受教育成功权是受教育过程结束时的结果权利。对于受教育成功权的实现,可以从形式意义和实质意义两个方面来看。一方面,从形式意义上讲,受教育成功权包括获得公正评价和获得相应文件证明的权利。我国学业证书制度和学位制度,在《教育法》第42条中规定:"在学业成绩和品行上获得公正评价,完成规定的学业后获得相应的学业证书、学位证书。"目前社会对人才的评价标准,尤其是刚进入社会的人员,在很大程度上依赖教育机构对个人学业的评价。对辛辛苦苦学习的受教育者来说,最关心的是能否获得公正的评价,这攸关个人的前途和发展。国家统一颁发的资格资历证明具有较大的公信度,是社会认可是衡量人才的一个重要参照,此其一。另一方面,从实质意义或终极意义上讲,受教育成功权的实现意味着完善人格的形成。通过接受教育而获得的科学知识在形成完善的人格方面具有重要的价值,而且不同的知识在这方面的价值是各有侧重的。总而言之,教育让人经过文化的陶冶后更具有人性,更具有丰富的人文精神,更具有睿智的思维和超脱的品格,并培养人们对自我、对他人的自然接受与和谐共处。只有接受最基本的教育,人才能有尊严地生活,才有可能确保和谐人际关系、社会关系的形成和保持。另外,从受教育成功权之于社会发展的价值方面来看,在社会发展过程中,受教育成功权不仅是有效发展个人本质力量的直接手段,而且每一个个人受教育是整个社会发展人的本质力量的重要手段。尤其是受教育权使自由变成一种权利,为个人和社会的多样性发展提供基础性的条件。

综上所述,本节主要通过对公民受教育权的概念进行分析,继而依此引申开来,从受教育权的属性、本质、基本内涵几个方面对受教育权进行了一个较为全面的梳理和介绍。受教育权作为一项宪法基本权利，同时也是国际人权公约保护的重要人权。其具有自由权和社会权的双重特征，但我们认为其在性质上主要或者说更应该侧重于社会权方面。因为从目前的客观情况来看，公民受教育权实现与否，主要或者在相当程度上取决于国家积极义务的履行，而且这种情况将在相当长的一段时间内持续存在，而不会有根本性的改观。我们认为，对公民受教育权的保障主要应侧重于受教育机会权、受教育条件权和受教育成功权。通过对受教育权这些主要内容的研究和分析的意义和价值在于：为国家对受教育权的保障提供相应的和必要的指引，以保障国家对公民受教育权的保障措施真正切实、有效地落到实处；为公民个人素质的提高、人格的完善、适应能力和发展能力的增强创造必须的、良好的环境和条件，这反过来又会在客观上为国家和社会发展输送大量高素质的人才，进而保障国家建设所需的人力资源供应。

第二节 少数民族受教育权及其基本内涵

一、少数民族受教育权的概念和性质

第二次世界大战促进了人们人权意识的觉醒，战后以来由于全社会对人权的日益重视，各国在宪法中对基本权利和自由都给予了明确的规定。少数民族受教育权作为基本权利和人权的一种，同样规定在很多国家的宪法之中。随着对少数民族受教育权的认识、研究和理解的深入，少数民族受教育权也日益受到国际社会的关注，因为在一定的程度上，少数民族受教育权是决定少数民族享有其他宪法基本权利的基础和前提，在这种情况下，对少数民族受教育权的研究也就日益成为法学和教育等学术领域的

研究热点。现在学界对少数民族受教育权的共识性解释可以从两个方面来认识:[①] 一方面在于少数民族通过受教育权完善其人格及生存能力,获得其应有的发展;另一方面国家必须为少数民族的受教育权的实现提供均等的受教育机会与条件。

基于前面我们对受教育权的理解,我们认为,少数民族受教育权是指少数民族公民为了人格的自我发展和完善,提高参与国家政治、经济、社会、文化生活的能力而具有的要求国家提供教育机会与设施、并不受侵犯的受教育自由,它属于公民的基本权利。之所以要对这个问题进行研究,是因为少数民族受教育权问题具有某些特殊性。比如,少数民族与主体民族相比,在经济、政治方面处于弱势地位,其受教育权的实现可能遭遇经济、政治等条件方面的障碍。结构性歧视问题也可能在少数民族教育领域反映出来。研究这些特殊问题,对于少数民族受教育权的实现具有重大的现实意义和实践意义。

前一节提到受教育权兼具"自由权和社会权"的属性,对少数民族受教育权而言当然也是如此,但需要引起我们关注的是,它的实现更需要国家和社会给予更多的关注和支持。从这一意义上讲,少数民族受教育"自由权"的保障更需要通过国家和社会对其"社会权"的保障来实现。从我国《宪法》第4条规定"国家根据各少数民族的特点和需要,帮助各少数民族地区加速经济和文化的发展",这就在《宪法》层面上规定了中央在保障少数民族受教育权方面的职责,使少数民族受教育权有了国家根本法的保障。另外,《民族区域自治法》第37条则进一步详细的、全面的规定了民族自治地方在保障少数民族受教育权方面的权力和职责,它规定:"民族自治地方的自治机关自主地发展民族教育,扫除文盲,举办各类学校,普及九年义务教育,采取多种形式发

[①] 高淑贞:《论受教育权》,吉林大学博士学位论文,2007年6月。

展普通高级中等教育和中等职业技术教育,根据条件和需要发展高等教育,培养各少数民族专业人才。民族自治地方的自治机关为少数民族牧区和经济困难、居住分散的少数民族山区,设立以寄宿为主和助学金为主的公办民族小学和民族中学,保障就读学生完成义务教育阶段学业。办学经费和助学金由当地财政解决,当地财政困难的,上级财政应当给予补助。招收少数民族学生为主的学校(班级)和其他教育机构,有条件的应当采用少数民族文字课本,并用少数民族语言讲课,根据情况从小学低年级或者高年级起开设汉语文课程,推广全国通用的普通话和规范汉字。各级人民政府在财政方面扶持少数民族文字的教材和出版物的编辑和出版工作",等等。除此之外,国家在《教育法》等法律中也对少数民族受教育权的保障问题进行了规定,同时国家也出台了大量的保障少数民族受教育权的优惠政策和保障措施,对于这一点我们将在下一节中进行详细阐述。

二、少数民族受教育权的特征

(一)少数民族受教育权的主体是少数民族公民

少数民族受教育权的主体不是少数民族群体或组织,也不是一国的一般公民,而是少数民族公民。就特定的国家来说,少数民族一般是有明确指向的。总的来说,除了主体民族(多数民族)外,其余的人口皆属于少数民族。如在美国,白种人的移民及其后代(占 85.5%)构成人口的主体,是多数民族;其余非白种人少数民族主要分为四类:非裔美国人(黑人约占 12%)、西班牙裔美国人(Hispanic-American,也称拉丁人或墨西哥裔)、北美土著人(印第安人)、亚裔美国人等。[①] 在英国,主体民族是英格兰人,占全国的总人口的 78.4%,本地少数民族包

---

① 冯广兰:《19 至 20 世纪 60 年代美国民族教育政策与实践的历史特征》,载《民族教育研究》2007 年第 1 期。

括苏格兰人、威尔士人、盖尔人、犹太人、奥尔斯特人等,约占16%,外国少数民族有100多个,占人口的5%—6%。[①] 在西班牙,4000多万人口中,绝大多数居民是卡斯蒂利亚人(Castillians,即西班牙人;2000年时约占全国总人口的3/4),他们讲西班牙语(该国的官方语言)。除卡斯蒂利亚人外,该国主要有三个少数民族,即加泰罗尼亚人(Catalans,又译加泰隆人)、巴斯克人(Basques)、加利西亚人(Galicians/Gallego)。[②] 另外,从目前西方发达国家保护移民和非本国公民受教育权的实际情况来看,似乎获得公民资格的移民在教育上与传统少数民族同等待遇。而没获得公民资格的移民在教育权利方面要稍逊一筹。这尤其反映在教育媒介语方面。新来的移民可能无权要求以自己的母语为教学媒介语。不过根据《经济、社会和文化权利国际公约》第13条,"人人有受教育的权利。"

在我国,少数民族人口在比例上虽然只占很小一部分(我国有55个少数民族,人口1.06亿,占全国总人口的8.41%),但他们在促进民族繁荣、经济发展、祖国腾飞的事业中却发挥着举足轻重的作用。改革开放以来,随着我国经济发展对少数民族教育事业支持能力的增强,少数民族的教育事业得到了迅速的发展,取得了较大的进步。但与东部发达地区相比,各少数民族地区的教育质量和教育水平总体上仍然只停留在一个相对较低的水平。因此,少数民族学生受教育的状况不容乐观,仍需要国家和社会给予更多的支持和关注。

(二)少数民族受教育权具有易受侵害性

由于少数民族在国家经济和政治生活中的弱势地位,在历史

---

① 白晶、张博:《对我国少数民族教育立法的思考——以中英立法特点比较为视角》,载《前沿》2008年第2期。

② 余强:《西班牙少数民族地区的双语教育》,载《世界民族》2008年第1期。

上，少数民族在教育方面的权益欠缺保障。这尤其体现在同化教育上，这在各国的历史上都不同程度地存在。

在美国，从殖民地时期到 20 世纪 60 年代，同化主义教育传统一直控制着其少数民族教育和移民教育。在同化主义理念的指导下，儿童无论从哪里来，具有什么背景，都一律接受同样的对待：读主流社会的书，参加主流社会的考试，不考虑民族和文化差异。少数民族和新移民的文化，包括语言、习俗、宗教、传统等，受到轻视和压制。对待印第安人，美国政府企图消灭他们的文化、语言和宗教，不准他们信奉自己的宗教；向印第安儿童灌输印第安文化落后、模仿父母的生活方式羞耻等观念。而墨西哥裔的语言、文化也很少得到尊重。西南部普遍实行"非西班牙"校规，禁止墨西哥裔学生讲西班牙语。第一次世界大战期间，德语和其他外语在学校中也被禁止，德语书籍、教材被焚，德国作曲家的音乐作品被禁演。黑人则被主流民族看作是最不文明的种族，标准史书称黑人为"奴隶和黑鬼"。①

甚至在今天，美国"唯英语"语言文化（English-only linguistic culture）也仍然甚嚣尘上。在西班牙宗教法庭时期，因说自己的语言被判有罪的吉普赛人得割去其舌头。② 日本、法国不愿承认本国境内存在少数民族，少数民族的文化、语言认同也就不被承认，教育反映民族的语言和文化认同也就无法谈起。

从我国的实际情况来看，改革开放以来，我国社会阶层逐渐分化，贫富差距逐渐拉大，少数民族同样面临这一差别。少

---

① 冯广兰：《19 至 20 世纪 60 年代美国民族教育政策与实践的历史特征》，载《民族教育研究》2007 年第 1 期。

② Laitin. Language Repertoires and State Construction in Africa [M]. Cambridge: Cambridge University Press. 1992: XI.

数民族阶层差距导致了原本就处于相对不利的条件下，新的弱势群体和贫困学生大量出现。贫困阶层的扩大，随之而来的必然是贫困学生群体的扩大。高中阶段教育和高等教育实行收费制，使少数民族弱势群体的教育权利受到不同程度的影响。另外，在城市化的过程中，少数民族流动人口及其子女的教育问题被忽视。在一些西部民族地区，少数民族未成年儿童因家境所迫而辍学、务农、打工现象十分普遍。这意味着，我国在保障少数民族受教育权方面同样有较大的加大保障力度、完善相关机制的空间。

（三）少数民族受教育权实现方式上具有特殊性

这主要表现在优惠政策和特别措施方面。对此本章下一节将会讨论。此外，在当代多民族国家，少数民族学习一门国家官方语言或通用语言已经成为各国共同的做法，学习官方语言或共同语言也是少数民族成员融入大的社会、参与社会经济、政治、文化等活动并享受社会发展的积极成果的必要条件。但是，学习一门非母语的语言意味着一种时间、精力、财力的额外支出，此外还有机会成本。由于少数民族成员学习一种官方语言或共同语言促进了各民族之间的交流，因而可以说是创造了一种公共利益，为公平起见，这些支出和成本不宜由少数民族公民单独承担，而应由全社会共同承担。因此，为少数民族学习国家的官方语言或通用语言提供特别的、有针对性的公共支持就成为少数民族受教育权实现的必不可少的要素。

在我国的少数民族教育中，同样存在着语言障碍问题，各个少数民族大都有自己的语言，我国法律鼓励少数民族地区的学校用自己的民族语言教学，如根据《宪法》第4条规定："各民族都有使用和发展自己的语言文字的自由"。《教育法》第12条则进一步规定："少数民族学生为主的学校及其他教育机构，可以使用本民族或者当地民族通用的语言文字进行教学。"但在现有条件下，出于满足教学的需要，科技方面的知识的传授一般要用汉语进行，而进入高等学校之后英语的使用频率和范围又大量增加，这样在几种语言的交叉学习或使用的情况下，民族教学的语言障碍问题就显得更加复杂、更加突出了。

三、少数民族受教育权的基本内涵

根据我国宪法的相关规定，受教育权是我国公民的一项基本权利。保障少数民族受教育权平等客观上就要求：少数民族和汉族之间、少数民族之间以及同一少数民族内部的各成员之间具有同等的接受教育的权利，因为"教育对于培养一个公民的心灵和意志，对于公民获得智慧和独立性，进而对于公民获得作为一个自治公民的尊严，对于公民改善自己的不利生存环境好条件具有重要意义"[①]，从这个层面上来看，对于教育事业发展相对滞后的民族地区而言，通过加快教育事业的发展来提高少数民族人民的受教育水平以促进教育的公平，就显得尤为重要了，这也是构建社会主义和谐社会的一个重要的、不可或缺的组成部分。

少数民族受教育权具有丰富的内容和多样的表现形式，按照保障受教育权的时间先后的标准，少数民族受教育权可以分为：义务教育阶段的保障和非义务教育阶段的保障，这旨在保障少数民族受教育的机会；而从保障少数民族受教育权的实际效果的角度来看，我们还必须重视少数民族教育的质量，保证受教育权在质量上的平等，即提高少数民族的素质，增强其独立性和社会适应能力，这才是保障少数民族受教育权乃至支持少数民族地区经济、文化、社会事业可持续发展的关键。

对义务教育阶段少数民族受教育权的保障

《中华人民共和国教育法》第 2 条第 2 款规定："公民不分民

[①] 张千帆主编：《宪法学》，法律出版社 2004 年版，第 232 页。

族、性别、职业、财产状况、宗教信仰等,依法享有平等的受教育机会。"这就是说,我国要消除基于种族、性别、生理、心理和地区文化、经济等因素所造成的差别,使每个人都受到平等的教育。而这一目标的实现,首先要做的就是要保障起点上的平等,使各少数民族不因经济水平、家庭环境、教育规模与性别等因素的制约而影响其受教育的权利的实现,国家和社会应想尽一切办法尽可能地使每一个少数民族的成员得到同汉族大致均等的教育条件。由于历史的原因,少数民族大多聚居在地域广阔、人口稀少、边远贫困的西部地区。人们大多居住在山区、高原、牧区、森林地带。而且受这种因素的制约,少数民族地区的经济发展也显著落后于全国经济发展的平均水平。自然、经济状况的差异造成了少数民族教育的基础差,底子薄,这是与汉族地区教育相差甚远的主要原因。基础条件的薄弱所直接导致的就是各少数民族在受教育的起点上就缺乏必要的保障,而对起点保障首当其冲的无疑就是具有强制性的义务教育了。对保障少数民族义务教育所必需的软件、硬件给予必要的经费和政策支持是国家义不容辞的责任,因为作为我国公民基本权利的受教育权是我国公民所享有的一项平等权利,这不能因为民族差异、区域差异、经济状况的差异等因素而受到影响,国家需保证各少数民族的适龄学生在义务教育阶段不致因上述原因而失学、辍学,这是保障少数民族受教育权的最起码要求,也是保障少数民族接受更高水平教育的基础条件。

对非义务教育阶段少数民族受教育权的保障

非义务教育主要是指,国家法律所规定的义务教育阶段以外的中等教育、职业教育、高等教育等教育形式。对这一教育阶段,罗尔斯提出的以下见解不无指导意义,他认为:"差别原则强调补偿原则所提出的一些考虑。这是有关不应得的不平等要求补偿的原则;由于出身和天赋的不平等是不应得的,这些不平等就多少应给予某种补偿。这样，补偿原则就认为，为了平等的对待所有人，提供真正的同等机会，社会必须更多的注意那些天赋较低和出生于较不利的社会地位的人。"[①] 而我国在中等和高等教育入学考试中实行的对少数民族学生适当降分录取以及举办民族院校和民族班等教育政策，正与上述思想有不谋而合之处，"这些政策弥补了少数民族学生因地方基础教育薄弱而带来的平等竞争选拔中的不平等地位，使少数民族学生拥有了一个进一步发展的空间和机遇。由于历史和现实的原因，各少数民族在社会的发展中普遍处于十分不利的境地，为保障少数民族教育过程公平，国家要在政策、经费、援助等方面使少数民族地区教育均要优先于内地教育，通过给予民族教育更多的资源，加大对少数民族学生的升学与学习方面的政策倾斜，来不断提升民族教育的品质，尽快赶上或超过全国教育的平均发展水平。"[②]

对少数民族教育质量的保障

前面两点主要是从教育阶段角度来谈少数民族受教育权保障问题的，在一定意义上更侧重于强调对外在的基本条件的保障，这对于保障少数民族受教育权的实现是一个必不可少的要素。而此部分则主要讲的是教育质量的保障问题，相对于教育阶段受教育权的保障而言，它更侧重于内在的教育效果，即学生的学业完成质量的提高。可以说，后一个目标能否实现以及其实现程度，是衡量国家和社会对前两者投入是否成功或者其利用效率的一个重要指标。保障了教育阶段上的形式意义上公平，并不必然而自然的出现教育质量公平的结果，因为"教育结果是否公平在一定

---

① [美] 约翰·罗尔斯著，何怀宏等译：《正义论》，中国社会科学出版社 1988 年版，第 101 页。

② 韩刚：《教育公平与少数民族教育发展研究》，载《黑龙江民族丛刊》2007 年第 5 期。

程度上受到个人天赋、各地区教学质量、个人机遇等因素的影响,而这些都是教育过程中的不可控因素。"① 这就对我们在对少数民族教育过程中的从各少数民族的自身特点出发制定出更加有针对性的教育、教学方案提出了更高的要求,只有这样才能更好地达到教育目的、更进一步提高少数民族学生的受教育水平和自身素质,进而提高全民族的受教育水平和发展能力。这对于促进少数民族地区各项事业的发展,乃至维护国家的长治久安,保障国家经济的持续、快速、协调发展,实现社会主义现代化,进而实现中华民族伟大复兴都至关重要。因此,在对少数民族受教育权的保障程度进行衡量时,必须克服那种"本末倒置"即只重数量而不重质量,只重学历而不重能力的倾向。因为各少数民族学生自身素质和能力的提高,才是保障其受教育权的关键之所在,也是保障整个民族发展能力的重中之重。

总之,我们认为对少数民族受教育权进行保障的关键在于对教育阶段和教育质量的切实、有效的保障。这一目标的实现有赖于国家和社会对义务教育阶段和非义务教育阶段所需的各种条件的支持和帮助,更有赖于我们有针对性地提出适合于各少数民族学习特点的教育、教学方案,做到"因材施教";可以说这是关键中的关键。相对于前者而言,这一点加强和完善更具有难度、也更需要我们给予更多的关注。整体看来,保障少数民族受教育权是一项重大的系统工程,它要受到来自各个方面的主客观因素的制约,因而我们只有在不断对这些因素进行系统的分析和准确的把握的基础上提出相应的应对方案,同时坚持在教学实践中对其进行不断的修正和完善,并经过不懈的努力才能够将保障少数民族受教育权这一重要事业不断推向前进。

---

① 郑勇:《教育公平:构建和谐社会的基石》,载《河北学刊》2007年第3期。

第三节 我国对少数民族受教育权的特别保护

一、对少数民族进行特别保护的缘由

少数民族受教育权的特别保护，是指根据少数民族的特殊情况，国家为确保少数民族受教育权的实现而采取的优惠政策和特别措施，前者如高等教育的降分录取，后者如以少数民族语言授课、课程反映少数民族文化等等。①

国家之所以要对少数民族的受教育权予以特别保护，主要是出于切实满足民族平等的需要。根据我国宪法的规定"中华人民共和国公民在法律面前人人平等"，但这只是提供的一种形式上的、机会上的平等，即国家在此只是概括的承认所有人在法律上一律平等，在法律权利和义务上给予相同的对待，它要求的是社会应当为每个成员追求自己的利益、自我发展和自我完善，提供平等的机会和条件。形式平等只能就起点和条件相同者而言，对起点和条件不相同的个人或群体，要达致实质平等或结果平等，必须给予起点和条件处于劣势的个人或群体以特别的关护，赋予他们特别的权利。也就是说"如果仅有形式上的平等，可能导致实质上出现不平等，从而与旨在反对不合理的差别的形式平等的宗旨相违背。由此形式平等的保障，有赖于实质平等"，而"实质平等是指国家对形式上的平等可能导致的事实上的不平等，针对具体情况和实际需要，对特定的人群在经济上、社会上、文化上等方面与其他人群存在着事实上的差异，根据理性的、合理

---

① 周勇：《少数人权利的法理》，社会科学文献出版社，2002年4月第1版，第18页。

的、正当决定,采取适当的、合理的、必要的区别对待的方式和措施,为实现实质上的平等而采取的措施,从而在实质上为公民提供平等发展的条件,缩小仅仅由于形式平等造成的差距。"①因此,实质平等的要求是"同样的情况同样对待,不同的情况不同对待",所以实质平等所反对的只是无正当理由的区别对待,即歧视。

我国是一个有着55个少数民族的多民族国家,无论从历史还是现实看,少数民族教育都是薄弱环节。如果少数民族的教育与汉族的教育水平越拉越大,我们不能说我们的教育是公平的。这就需要国家对发展少数民族教育事业给予特殊的帮助和扶持,以促进教育公平,实现社会公平正义,这也是构建社会主义和谐社会题中应有之义。因此,"在所有人在平等基础上依从共同的规则进行互动的领域(共同领域,common domain)对起点和条件上的劣势者实施优惠政策,而在社会中那些属于民族、宗教或语言上的少数人群体成员维护其群体特性和认同的领域(分立领域,separate domain)采取特殊措施,是实现实质平等的必要条件。共同领域中的优惠政策与分立领域中的特别措施的区别在于:在功效上,优惠政策不是旨在维护群体的差异,它完全不同于旨在确保分立领域内少数人特性的展现和持续的特别措施,优惠政策是为了在共同领域中创造和恢复平等,这些措施是用来在某些情况下提供属于少数人群体个人得以利用某些权利补救其在公平竞争中所处的不利地位;其次,在时效上,优惠政策的实施是有时间性的,它是一种具有临时性的措施,一旦采取这种措施的前提条件消失或者在其设计的目的达到之后,就不应再继续实施,而特别措施相比之下则是永久性的。少数人群体的特性和认同的保持会是一

---

① 张千帆主编:《宪法学》,法律出版社2004年版,第244页。

个漫长的历史过程。"①

从我国的具体情况来看，因为少数民族由于出身、地域、环境、历史、文化等多重原因所造成的与汉族实际上的不平等是客观存在的，如果仅仅考虑机会平等，没有考虑汉族与少数民族之间的实际差距，教育公平是无法实现的。所以要有差别原则，即给予那些先天条件不利的少数民族以某种补偿，缩小以至拉平他们和汉族在出发点方面的差距。这正是我们对少数民族受教育权给予特别保护的缘由之所在。根据前述概念，并结合我国的实际情况，也可以将我国对少数民族受教育权进行特别保护的措施从优惠政策和特别措施两个方面来把握。

二、少数民族受教育权的特别保护之一：优惠政策

民族教育工作一直是我国教育工作中的重中之重，为了培养更多少数民族的高精尖人才，从而实现少数民族文化、科技和经济的腾飞，党和政府采取了一系列特别保护措施。在法律上，通过《宪法》、《民族区域自治法》、《教育法》、《义务教育法》、《教师法》、《妇女保障法》、《未成年人保护法》等法律及《民族行政工作条例》、《城市民族工作条例》、《扫除文盲工作条例》等法规对少数民族教育工作做了保护性规定。同时，各个地方性法规、自治法规也对此也作进一步的规定，形成了一套较为完整的法律保护体系。另外，为配合上述法律规范的更好实施，中央和地方还出台了大量的优惠政策，以保障法律规定对少数民族受教育权进行保护的各项措施得以切实地、有效地落实。具体而言，这些政策主要有：

---

① 周勇：《少数人权利的法理》，社会科学文献出版社，2002年4月第1版，第18—20页。

(一)在教育资金、经费方面对民族地区实行倾斜性政策

少数民族由于其特殊的历史原因以及地处"老少边山穷"地区的特殊区位,在教育上提供和注入的资金较少,再加上本身校舍、师资方面的困难,更加大了少数民族地区教育事业的发展难度。针对这一特殊情况,国家在对少数民族教育事业的发展上采取了倾斜性政策。如国家自1985年起,每年拨出1亿元作为普及小学教育基建专款,帮助这些地区解决办学经费不足的困难。其中拨给新疆、内蒙古等八个民族省、区的经费占54%以上。1990年起,国家又设立了少数民族教育补助经费,每年2000万元,专门用于民族地区发展教育事业;1995年设立的"国家贫困地区义务教育工程",中央政府投入39亿元,其中22亿元投向"普九"困难较大的少数民族人口集中的9省区。此后的10年,将继续实施该工程的二期工程,重点也是放在少数民族人口集中的西部地区,并设立专款资助中小学建房改造,发展以我国教育科研网络和卫星视频系统为基础的现代远程教育,推动"校校通"工程。[①] 2002年国务院颁布的《国务院关于深化改革 加快发展民族教育的决定》中又提出,要统筹兼顾,突出重点。要把中央财政扶持教育的重点向民族工作的重点地区、边远农牧区、高寒山区、边境地区以及发展落后的人口较少民族聚居地区倾斜。大力支持少数民族和西部地区发展现代远程教育,提高这些地区对优质教育资源的共享能力,实现民族教育的跨越式发展。

(二)对少数民族学生在入学、学习、生活方面实行特殊的优惠政策

一方面,在招生上对少数民族学生既实行择优录取又规定比

[①] 孙若穷:《中国少数民族教育学概论》,中国劳动出版社1990年版,第210页。

例适当的照顾,少数民族教育虽在党和国家多方支持下取得了很大发展,但与东南部发达地区相比仍有不足。为保证少数民族受教育的人数比例,因为我国少数民族教育的起点比较低,在中华人民共和国成立初期,许多少数民族还未建立起现代教育制度,人口中文盲半文盲占较大的比重,有的少数民族还处在原始社会末期或由原始社会向阶级社会过渡的阶段。中华人民共和国成立以来,少数民族教育虽然有了很大的发展,但与全国平均水平相比还存在一定的差距。基于这种状况,国家规定少数民族考生在高校招生录取时享受降低分数的优惠政策,目的是增加这一群体进入高等院校学习的机会,从而使他们真正获得接受高等教育的平等权利。所以,国家在对少数民族的招生,尤其是高校的招生方面采取了根据当地的实际情况适当降分录取或同等分数优先录取的方法。此外,还采取了"定向招生、定向分配"的方法解决一些边远落后地区少数民族学生教育问题。另一方面,对少数民族学生学习、生活进行特殊照顾,2002年国务院颁布的《国务院关于深化改革加快发展民族教育的决定》指出,对未普及初等义务教育的国家扶贫开发工作重点县,向农牧区中小学生免费提供教科书,推广使用经济适用型教材;采取减免杂费、书本费、寄宿费、生活费等特殊措施确保家庭困难学生就学。中央财政通过综合转移支付对农牧区、山区和边疆地区寄宿制中小学校学生生活费给予一定资助;少数民族和西部地区各级财政也要相应设立寄宿制中小学校学生生活补助专项资金。在同等条件下,高等学校少数民族贫困生优先享受国家资助政策,确保每一个大学生不因经济困难而停止学业,等等。

(三)在人才队伍的建设和培养方面对少数民族地区的优惠政策

首先,提高教师的地位和待遇,高校毕业生到某些少数民族地区工作可免除试用期,并享受边区科技人员的优厚待遇,以吸引广大高校毕业生到少数民族地区工作,为少数民族地区教育事业的发展注入新鲜的血液,增加新的动力;其次,加大民族地区民办教师转为公办教师的力度,以保障和提高少数民族地区教育工作者的待遇,调动他们为发展少数民族教育事业贡献自己力量的积极性;再次,开办了各种师资培训学校,对少数民族的各级教师进行培训。大力发展少数民族的师范类高校,设立少数民族师资培训中心以提高少数民族教师的自身素质。通过上述途径,为少数民族教育事业培养大批素质好、能力强、熟悉少数民族教育特点且愿意扎根少数民族教育的优秀人才。

三、少数民族受教育权的特别保护之二:特别措施

(一) 加强民族教育事业的领导、支持和管理

为加强对民族教育工作的领导,尽快发展民族教育,经国务院批准,教育部于1981年恢复了民族教育司,同年在召开的第三次全国民族教育工作会议上重申了1952年中央人民政府政务院的《关于建立民族教育机构的决定》,要求有关省、市、自治区依照《决定》精神,结合各地实际情况,恢复和健全民族教育行政机构。到20世纪80年代末,除西藏、新疆、宁夏三个自治区依照《决定》精神,没有另设民族教育处以外,其他已有11个省在省一级的教育机构中设立了民族教育处,地(州)、县一级教育行政部门也相应恢复了民族教育机构或指定专人负责民族教育工作,这对恢复和发展少数民族地区的教育事业,起到了积极的推动作用。另外,为保证用于少数民族教育的经费得到合理、有效的使用,1991年国务院印发的《关于进一步贯彻实施〈中华人民共和国民族区域自治法〉若干问题的通知》中指出:"国家设立少数民族教育补助专款",实行专款专用,保证直接用于少数民族教育事业。1992年国家教委民族教育司又在其颁布的《全国民族教育发展与改革指导纲要(试行)》中再次强调,

国家拨给的民族教育专项经费,要专款专用,不得挤占和挪用;除中央向地方下拨的各项教育专款要给予照顾外,有关省、自治区财政要按照《民族区域自治法》的有关规定,设立民族教育专项补助经费,其数额由省、自治区根据实际情况确定。另外,国家对民族教育事业的重视还体现在对民族院校的大力支持上,在2001年6月中央民族大学建校50周年之际,中央提出了"把中央民族大学建成世界一流民族大学"的奋斗目标;2004年,国家又将中央民族大学纳入"985工程"进行重点建设,将学校的发展推上了一个新的台阶。这无疑会进一步推动中央民族大学更加充分的发挥其在民族语言、文化的教学与研究方面的优势。为培养更多的少数民族高层次人才,弘扬少数民族语言、文化,做出更加重大的贡献。

(二)保障民族教育的基础设施条件,创办各种类型的民族学校

由于我国55个少数民族分散居住在祖国的各个地方,其民族文化和居住环境差异较大。开办多种类型的学校就成为适应每个民族的发展、保障各少数民族的受教育权的一项重要举措。十一届三中全会以来,我国在少数民族人口集中的地区恢复设立了一批民族中小学,还在人口稀少、居住分散、交通不便的少数民族牧区和山区发展了寄宿制、半寄宿制民族中小学。目前,寄宿制中小学已成为我国少数民族牧区和山区的主要的办学形式;在一些传统观念和宗教习俗影响较大的地区,为提高女童入学率,还采取单独开办女童班、女子学校的做法;在城镇重点或条件较好的中小学举办民族班;此外,在一些边远偏僻、经济贫困的地区,因地制宜地采取了早晚班、隔日制等一些非正规教育形式作为全日制正规教育形式的补充。从20世纪80年代中期开始,还采取了异地办学的特殊形式,帮助情况更为特殊的西藏少数民族发展教育事业。从实际出发,因地制宜地采取适合民族地区实际

和特点的灵活多样的办学形式，有力地促进了民族中小学教育的恢复和发展，大大提高了民族地区儿童尤其是女童的入学率和巩固率。在高等教育方面，则通过以民族院校来培养少数民族高层次人才，弘扬少数民族语言、文化，为民族地区的经济、社会和文化事业发展培养出了大量的急需人才。

（三）保障少数民族教学的顺利开展，实行民族语教学和双语教学相结合

各少数民族使用自己民族的语言文字权利是我国宪法和法律保障的一项重要权利。我国《宪法》第4条规定："各民族都有使用和发展自己的语言文字的自由"。《教育法》第12条则进一步规定："双语言文字为学校及其他教育机构的基本教学语言文字。少数民族学生为主的学校及其他教育机构，可以使用本民族或者当地民族通用的语言文字进行教学。学校及其他教育机构进行教学，应当推广使用全国通用的普通话和规范字。"2002年《国务院关于深化改革加快发展民族教育的决定》进一步强调，要尊重和保障少数民族使用本民族语文接受教育的权利，加强民族文字教材建设；编译具有当地特色的民族文字教材，不断提高教材的编译质量。要把民族文字教材建设所需经费列入教育经费预算，资助民族文字教材的编译、审定和出版，确保民族文字教材的足额供应；要大力推进民族中小学双语教学；正确处理使用少数民族语授课和汉语教学的关系，部署民族中小学双语教学工作；在民族中小学逐步形成少数民族语和汉语教学的课程体系；有条件的地区应开设一门外语课；要积极创造条件，在使用民族语授课的民族中小学逐步从小学一年级开设汉语课程。在上述法律、法规的指导下，到现在我国少数民族地区已逐步形成了"以汉语授课为主，加授民族语"、"以民族语授课为主，加授汉语"及"以民族语授课为主，逐步过渡到以汉语授课为主"的三种教学模式。这样就既照顾到了各少数民族自身的文化特点和习惯，

又保证了少数民族同胞多渠道接触各种文化知识的机会。

(四)东部沿海地区对西部少数民族地区的教育对口支援

由较发达地区对民族地区教育事业进行对口援助有着较长的历史。早在1956年教育部就在其《关于内地支持边疆省、区的师资问题的通知》中要求四川、陕西等内地省、市对毗邻边疆省、区的师资进行支援。改革开放后,随着东部沿海地区社会经济的迅速发展,其对少数民族地区教育事业的援助力度不断加大,形式也不断多样化。如:对少数民族贫困县的对口支援与协作,对西藏、新疆的教育支援与协作等。

对前一种形式,我国先后在1992年和1993年出台了《关于加强民族教育工作若干问题的意见》、《全国民族教育发展与改革指导纲要(试行)》与《关于对全国143个少数民族贫困县实施教育扶贫的意见》等规定,并在2002年《国务院深化改革加快发展民族教育的决定》中指出,按照《中央办公厅、国务院办公厅关于推动东西部地区学校对口支援工作的通知》(厅字「2000」13号)的要求,认真组织实施"东部地区学校对口支援西部贫困地区学校工程"和"西部地区大中城市学校对口支援本省(自治区、直辖市)贫困地区学校工程",使少数民族和西部贫困地区在资金、设备、师资、教学经验等方面得到帮助。在"援藏"、"援疆"方面该规定同时强调,教育对口支援工作要帮助西藏、新疆加强双语师资特别是汉语教师的培养和支教工作;进一步加强内地西藏班(校)和新疆高中班的工作,完善内地西藏班(校)、内地新疆高中班管理、评估和升学、分流办法;加大投入,提高教育教学质量,使其办学综合条件和管理水平达到当地省一级同类学校的标准;调整内地西藏班(校)招生结构,适度扩大高中和师范招生比例。

在以上规定落实的基础上,东部沿海地区对少数民族地区的援助形式已形成了重点加强师范教育和师资培养、确定对西藏七个地市的对口支援、加强西藏教育研究和中小学藏文教材建设、在内地举办新疆高中班等形式,通过这些不同形式的援助,使新疆、西藏等少数民族地区教育事业的发展和人才培养得到了坚强的支持和有力的保障,为民族地区经济社会的持续发展奠定了坚实的基础。

第三章 我国少数民族受教育权保护制度的历史演变

观察任何社会问题，都不能脱离基本的历史联系，不能忘记历史的发展。观察我国少数民族的受教育权保护制度，也是同理。如果不了解或忽视我国大部分少数民族历史上遗留下来的极其低下的生产力和经济、文化、教育发展水平，不了解或者忽视我国少数民族群众在旧社会所遭受的帝国主义、封建主义和官僚资本主义的极其严重的压迫和剥削，不了解或者忽视由于上述原因造成的我国少数民族广大群众在旧社会的极端无权状况，就不可能正确地看待新中国建立几十年来我国少数民族受教育权保护制度所获得的巨大改善，也不可能正确地评价当前我国少数民族的受教育权状况。

第一节 新中国成立前我国少数民族受教育的历史状况

一、几种不同形态的少数民族教育制度

我国是一个统一的多民族国家，56个民族共同创造了光辉灿烂的中华文明。在旧中国，由于历代统治者推行民族压迫、歧视政策，各少数民族地区社会经济发展极其缓慢，少数民族受教育权保护制度基本上处于无名无实的状况。综观中国历代中央王朝的民族观、民族政策、民族法律，虽然随着时代的发展也有发展和变化，但总的来讲，主要是维护统治阶级的利益。它有着积

极进步的一面,但也摆脱不了历史的局限性。它不是建立在民族平等的基础之上,而是带有很大的民族偏见。少数民族的生存权和政治权利等受到了剥夺和严重的威胁,受教育权无从谈起。真正意义上的少数民族受教育权制度及其保障是处于缺席状态的。中国历代政府虽都有一套关于民族事务的政策和制度,但无论是汉族还是少数民族建立的中央政权,少数民族受教育的权利保障无从可言。

要了解旧中国的少数民族教育,首先必须了解它赖以存在和发展变化的政治、经济基础或条件。这个基础或条件,既有内部的,也有外部的。就少数民族的内部情况而言,不仅各民族之间有很大差异,就在一个民族内部不同地区之间也存在差别。最主要的是,我国各少数民族在新中国成立前还处在不同的社会发展阶段。一是壮、回、维吾尔、朝鲜、满、布依、白、土家、侗、苗等三十几个少数民族和蒙古族、彝族、黎族的大部分以及藏族的小部分,其社会经济结构与汉族相同或大体相同,封建地主经济占了统治地位。二是藏族的绝大部分,以及傣、哈尼等民族仍处于封建农奴制社会。三是四川和云南大小凉山地区的彝族还存在着奴隶制度,处在奴隶社会。四是还有一些少数民族处在原始社会末期或者还保留着浓厚的原始公社制残余。这主要是云南边疆地区的独龙族、怒族、傈僳族、景颇族、佤族、基诺族、布朗族和内蒙古地区的鄂伦春族、鄂温克族以及海南岛五指山部分地区的黎族和台湾的部分高山族。与旧中国少数民族赖以存在和发展的政治、经济基础相适应,在旧中国少数民族中,同时存在着几种不同形态和不同性质的教育制度。在中华人民共和国成立前,各少数民族的教育发展十分落后,有的少数民族根本不存在现代意义上的学校教育,少数民族地区文盲率为95%。据1950年统计,在全国高等学校、中专和中小学在校生中,少数民族学生分别仅占0.9%、0.4%和2%,远低于当时少数民族人口所占的 6%的比例[1]。不同的少数民族和不同的民族地区，由于经济社会发展水平的高低差别，民族教育以各自不同的制度、内容和方式存在。

（一）原始形态教育。在新中国成立前仍处于原始社会末期或保留着浓厚的原始公社制残余的少数民族中，普遍存在着这种原始形态教育。如云南西北独龙河谷里的独龙族，怒江流域的怒族，云南西双版纳的布朗族，东北边疆的鄂温克人。[2] 保留着原始的平均主义，生产力水平低下，停在"刀耕火种"阶段。其教育特点为：教育融合在生产劳动和社会生活之中，尚未成为一项独立的社会活动，教育的目的就是为了生存的需要。从教育内容看，原始形态教育的内容，是多方面的。如有生产知识、经验和技能的教育，生活方式和生活习惯的教育，处理家族、氏族和公社内部人际关系的人伦道德教育以及原始宗教观念的教育等。这些经验、技能和知识，既是属于个体的，也是属于集体的，而且通过家庭、公社内部的教育，不断由老一代传授新一代。从教育的方式和手段看，主要是口耳相传以及对实际行动的观察和模仿。每个家庭、公社以及公社内具有丰富的生产知识、经验，熟悉社会生活各方面的知识，有威望的年长者，都肩负着对儿童、青少年进行各种教育的义务和责任。

（二）奴隶制度下以"毕摩"为中心的文化教育。新中国成立前，大小凉山的彝族还处在奴隶制社会，存在以"毕摩"为中心的文化教育。所谓"毕摩"，就是彝族中的巫师。"毕摩"既是彝族社会中的宗教职业者，如在婚丧、疾病、解决疑难问题时，

---

[1] 俸兰主编：《新世纪我国民族教育发展研究》，民族出版社 2004 年版，第 63 页。

[2] 张京泽：《新中国民族教育发展回顾和若干现实问题研究》，中央民族大学 2005 年硕士学位论文，第 2 页。

被请来打卦、占卜、祭灵、念经等；又是掌握彝文经典、通晓彝族文化的彝族知识分子。"毕摩"在彝语中也含有"教师"或"老师"的意思，他们在彝族社会中具有教育者的职能。新中国成立前的"毕摩"大多由属于"曲诺"（相当于自由农民）等级的人担任、继承。习"毕摩"者，大多是父子相传，也有的拜师受业，经师傅传授而成。彝族奴隶社会的教育，就是以"毕摩"为中心，采取父教子的家学或开馆收徒的办法，授以各种社会文化知识。①

（三）封建寺院教育。在我国，信奉伊斯兰教的有回、维吾尔、哈萨克、柯尔克孜、东乡等10个少数民族；信奉藏传佛教的有藏、蒙古、裕固、土等少数民族；信奉小乘佛教的主要是傣族。新中国成立前，伊斯兰教的清真寺和佛教寺院遍布这些少数民族地区。这些寺院，不仅是研究、传播宗教教义，进行各种宗教活动的场所，而且是传授社会文化知识的文化教育机构。从而，在这些少数民族中逐步形成了宗教和教育合一，独具特色的寺院教育系统，如回族地区清真寺内的经堂教育、新疆的宗教学校教育、藏传佛教寺院教育、傣族地区的佛寺教育。经堂教育是以清真寺为中心的宗教教育，它把伊斯兰教国家以清真寺为校舍的办学形式与我国传统的私塾教育结合起来，从而形成了中国特有的伊斯兰教经堂教育制度；在新疆，近代普通学校是20世纪二三十年代才发展起来的。因此，过去在新疆，尤其在维吾尔族比较集中的南疆地区普遍存在有以伊斯兰经典为讲授内容的宗教学校。宗教学校以培养宗教职业为目标，经各级宗教学校学习毕业后，可以担任各种等级的阿訇。佛教从印度传入西藏以至后来传播到其他藏族群众居住的地区，大约在公元七八世纪时期。后

---

① 朴胜一主编：《中国少数民族教育发展与展望》，内蒙古教育出版社1990年版，第7页。

经一千多年的发展，逐渐形成了在我国若干少数民族中广为传播的藏语系佛教系统，即藏传佛教系统，并建立了一套寺院教育制度。寺院教育制度有着系统的寺院组织机构、学习制度、学习内容等。如，西藏的甘丹寺、哲蚌寺、色拉寺、扎什伦布寺等四大寺院，都设有专习佛教经典的显宗学院和密宗学院；青海的塔尔寺和甘肃的拉卜楞寺除设有显宗、密宗学院外，还分别设有以学习天文历算、藏医药学为主的时轮学院和医宗学院。寺院教育的内容不单纯是佛教经典，其教育内容大体包括宗教教育、道德教育、文化知识经验和专业知识教育。小乘佛教开始传入我国傣族地区大约在公元6世纪。按小乘佛教的传统习惯，每个男子在一生中都要过一段出家的宗教生活，接受宗教教育。这种习俗，也给男子提供了接受教育的机会。佛寺教育的内容，除了傣文、佛经知识外，还有天文、地理、历史、文学、历法、医药等。过去傣族中具有一定文化知识的人，大多是由佛寺培养出来的。

新中国成立前的寺院教育是为封建统治阶级服务的，在教育内容中也有很多消极的东西。但是，这种寺院教育的形成和发展，又是整个少数民族教育发展史中的重要阶段和制度。它对少数民族地区的发展，对少数民族传统文化的传承，也起过积极作用。

综上所述，新中国成立前我国少数民族地区的教育在总体上是非常落后的。处于原始部落残余形态的少数民族，在受教育权利方面虽然是平等的，但落后的经济基础、文化水平，使少数民族的教育处于极其落后的状态。没有固定的教育设施，教育机构，教育方法也比较落后，是一种原始封闭型的教育。处于奴隶制、封建领主制社会形态下的少数民族，低下的经济发展水平及其社会制度的剥削本质，使得教育成了少数贵族阶级的专利，而一般的寺院教育由于其主要是宗教教育，缺乏科学知识的教育，因此基本上不具备现代教育的素质和功能。从教育目的看，则具有很强的阶级性,是为少数统治阶级服务的,一般少数民族群众的受教育权很难得到保障。①

二、近代学校教育的产生和发展

新中国成立前夕,我国少数民族中约有3000万人口,包括回、壮、满、维吾尔、苗等30多个民族,在发展阶段上同汉族地区大体相同。因此,1949年以前,近代学校教育在这些少数民族中已有所发展。在吉林省延边朝鲜族地区,1930年有私立学校167所,在校学生达11000多人;当地教会办的学校208所,在校学生10100人;美国、加拿大、德国等西方国家教会办的学校19所,在校学生1000多人。日本帝国主义入侵后办的学校37所,这类学校的学制、课本、教学等全部照搬日本的一套,强制推行奴化教育。到1945年8月日本投降时,延边朝鲜族地区共有小学341所,在校学生增加到96863人;中学有18所,在校学生达7199人,中小学生人数合占朝鲜族总人口数的14%左右。②随着近代文化教育影响的深入,对女子的教育日益被重视,各地先后兴办了女子学校。当时,女学生已占延边学生总数的5%。③1946年内蒙古地区有小学1627所,在校生137000多人,其中蒙古族学生10000多人,中等学校22所,在校生4000多人,其中蒙古族学生400多人④。辛亥革命前后,新疆少数民族中也兴办了近代学校教育,至1942年有学校1959所,在校人数283314人。青海也成立了蒙藏文化促进会和回教教育促进会,

---

① 韩敬主编:《马克思主义人权观与中国少数民族》,云南人民出版社1996年版,第125页。
② 朴胜一主编:《中国少数民族教育发展与展望》,内蒙古教育出版社1990年版,第11页。
③ 谢启晃编著:《中国民族教育史纲》,广西教育出版社1989年版,第12页。
④ 谢启晃编著:《中国民族教育史纲》,广西教育出版社1989年版,第14页。

兴办少数民族文化教育事业。但总的来看，近代学校教育在少数民族地区为数不多。

据调查，新中国成立前我国少数民族地区的教育设施是极其简陋的，教学条件也十分恶劣。例如，在青海这样一个多民族省份，1929年建省时，全省只有一所中学，有几所小学还附设在寺院里面。在少数民族居住面积占全省总面积95％以上的广大地区，到1949年新中国成立前夕只有民族小学109所，4800多名学生，而且简陋不堪。到1949年，全国少数民族中的2％左右，文盲充斥。[①] 据中央访问团1951年调查：海南岛白沙县五个黎族村寨的五百人中99％是文盲；1952年调查，湘西满族聚居的乾城县第五区94％是文盲。[②] 据统计，在新中国成立初期（1952年）有3500多万少数民族，在广大的少数民族居住区有普通高等学校11所，中等学校531所，在广大的少数民族居住区有普通高等学校11所，中等学校531所，小学5.9597所，在普通高校中有专任教师623名，中等学校中有专任教师4453人，少数民族专任教师占全国专任教师总数的2.8％左右。1952年全国少数民族有大学毕业生255人，在校大学生4475人，每10万人口中才有0.73个大学文化程度的人；有中等学校毕业生2.9279万人，在校中学生20.9394万人，每1万人口中才有8个中学文化程度的人；有小学毕业生22.56万人，在校小学生467.31万人，每10人中才有0.64个小学文化程度的人；有中等技术学校在校生2550人。1952年全国少数民族地区的文盲率达到90％。[③] 由以上统计资料可知新中国成立前少数民族教育的

---

① 谢启晃著：《民族教育概论》，广西民族出版社1984年版，第10页。
② 《人民教育》，1954年10月号《五年来的民族教育》。
③ 韩敬主编：《马克思主义人权观与中国少数民族》，云南人民出版社1996年版，第126页。

落后状况,广大少数民族群众基本上丧失了受教育的权利。

1840年鸦片战争以后,由于帝国主义的入侵,中国开始由封建社会逐渐沦为半殖民地半封建社会,随之产生了半殖民地办封建社会的文化教育。我国少数民族地区大都处在祖国边疆,既是帝国主义列强经济侵略的桥头堡,又是文化侵略的前沿阵地。随着帝国主义文化侵略的加剧,帝国主义也先后在我国少数民族地区开办学校,从而使少数民族近代学校教育逐步变成了帝国主义、封建主义、官僚资本主义同处于不同社会形态的教育的混合体。

北洋政府统治时期,在少数民族近代学校教育问题上,一方面同汉族地区一样仍以尊孔读经为主,另一方面也抄袭了一些资本主义国家的教育制度和内容,废科举,兴学校,增加自然科学等。在具体的民族教育政策方面,1913年颁布《蒙藏学校章程》,开设北京蒙藏学校,此后广西兴办广西大学和高等专科学校,宁夏兴办了清真高、初级学校。1913年黑龙江省民政公署批准《私立鄂伦春初等小学简章》,1918年10月黑龙江督军署颁布《鄂伦春国民教育简章》,先后兴办9所学校。[①]

南京国民政府时期的教育,是中国资产阶级教育发展的成熟时期,中央政府比较重视以法治教,重视边疆少数民族教育的开展。据不完全统计,自1912年到1949年,正式公布的各级各类学校教育法令、规程就有1500个之多,其中大量是在国民政府时期颁布的。[②] 1929年,国民政府颁布了所谓"三民主义"的教育宗旨。就教育行政而言,曾一度试行大学院和大学区制,失败后大学院改为教育部,隶属于国民政府行政院。1928年颁布

[①] 顾明远编:《教育大辞典》第4卷,上海教育出版社1992年版,第81页。
[②] 孙培青主编:《中国教育史》(修订版),华东师范大学出版社2000年版,第476页。

"戊辰学制",后不断修订,建构起从初等、中等到高等教育的学制系统;就学校管理而言,建立训育制度,颁布课程标准,实行教科书审查制度,实行毕业会考制度等;国民党历次大会通过的有关决议还明确了对边疆民族地区的开发和建设的法律措施,重视发展边疆教育、文化。国家在边疆地区设置学校,筹措办学经费。依照国民党三届二中全会关于优待蒙藏学生的决议,国民政府教育部和蒙藏委员会在 1930 年发布了《待遇蒙藏学生章程》。章程主要规定全国各学校收录蒙藏学生,免交学费。蒙藏委员会负责保送蒙藏学生到内地求学和分配毕业生回蒙藏地方服务。此后,对蒙藏学生优待办法逐步放宽到边疆学生。1930 年起,国民政府开始直接在边疆少数民族地区开设国立小学,如宁夏定远营实验中心小学、贵州安龙实验中心小学、西康越西实验中心学校、国立拉萨小学、青海三角城中心学校、云南奢香中心学校、西康德格中心学校等。[①] 一些民族地方政府也相继制定教育政策,发展学校教育。如黑龙江省于 1929 年成立齐齐哈尔蒙旗教育委员会,颁布《黑龙江省蒙旗委员会会章》;1934 年 11 月,甘肃教育厅制定《推进藏族教育计划》;1936 年湖南省政府批准通过《湘西苗民文化经济建设方案》。[②] 国民政府还注重使用民族文字,设立编译机关,编印民族语文书籍、教材。另外,国民政府对少数民族教育实行优惠政策。1929 年 6 月,国民党三届二中全会"关于蒙藏决议案"规定,特定国立及省之学校优待蒙、藏、新疆、西康等地学生的办法。1944 年,国民政府修改发布了《边疆学生待遇办法》,规定:凡语言文化具有特殊性质

[①] 顾明远编:《教育大辞典》第 4 卷,上海教育出版社 1992 年版,第 81 页。
[②] 吴明海主编:《中外民族教育政策史纲》,中央民族大学出版社 2006 年版,第 71 页。

地方的学生,均得享受保送升学、申请公费及常年补助费的优待。① 1946 年 12 月 25 日通过了《中华民国宪法》,第三章"基本国策"中涉及教育的条款有 10 条,其中有:国民受教育机会一律平等;6—12 岁学龄儿童一律受免费的基本教育;国家注重各地区教育的平衡发展,边远及贫困地区的教育经费由国库补助,等等。②

这些,对发展少数民族教育,保障少数民族的受教育权是具有一定的积极意义的。但我们也看到,国民政府的这些规定同时带有很大的虚伪性和欺骗性。在实施过程中始终贯穿着大汉族主义的思想,其最终目的,就是要实现对边疆少数民族地区的直接统治,并进而"弘教化",把少数民族同化于汉族中。因此,是不可能最终从根本上来保障少数民族受教育权的。

总之,近代中国近代教育的宗旨,无论是世俗教育还是宗教教育,同整个国家当时的教育一样:"只要是推行奴化教育,封建教育和资产阶级教育,是为帝国主义和国内少数统治阶级服务的。"③ 旧中国的少数民族教育事业十分落后,绝大部分民族地区学校很少,现代教育几乎是一片空白,广大少数民族群众得不到受教育的机会。很多少数民族地区,文盲占人口的绝大多数,知识分子更是凤毛麟角。许多民族地区没有一所高等学校,许多少数民族没有一名大学生。

三、新民主主义革命时期根据地的少数民族受教育权状况

中国共产党历来主张国内各民族在政治上一律平等,尊重各

---

① 徐晓光著:《中国少数民族法制史》,贵州民族出版社 2002 年版,第 372 页。
② 吴明海主编:《中外民族教育政策史纲》,中央民族大学出版社 2006 年版,第 73 页。
③ 周恩来:《在第一届全国人大第四次会议上的政府工作报告》。

少数民族在发展文化教育方面的平等自治权利，重视民族教育，注重保障少数民族的受教育权。

早在1931年7月，中华苏维埃第一次全国代表大会通过的《中华苏维埃共和国宪法大纲》和《关于中国境内少数民族问题的决议案》中，就有关于发展少数民族经济和文化教育的论述与规定。

1931年11月，全国苏维埃代表大会通过的《中华苏维埃共和国宪法大纲》中规定："中国苏维埃政权以保证工农劳苦民众有受教育的权利为目的，在进行国内革命战争所能够做到的范围内，应开始施行免费的普及教育，首先应在青年劳动群众中施行并保障青年劳动群众的一切权利，积极地引导他们参加政治和文化的革命生活，以发展新的社会力量。"[①]

1931年通过的《关于中国境内少数民族问题的决议案》是党领导下的革命政府的第一个专门的民族法制方面的重要法律文献。《决议案》共分六个部分。其中第二部分提到中华苏维埃共和国"绝对地无条件地"承认少数民族的自决权；第四部分体现的重要思想之一是：中华苏维埃共和国"必须特别注意"落后的少数民族的共和国或者自治区域内生产力的发展与文化的提高，并提出了几项具体措施：设立完全应用民族语言文字的学校、编辑馆与印刷局；政府机关使用本民族的语言文字行使职权；由当地民族的工农干部担任国家的管理工作。第六部分是关于民族问题的五点具体政纲。第三点再一次重申了："必须特别注意"落后的少数民族的共和国或者自治区域内生产力的发展，文化的提高与当地干部的培养与选拔。根据这一方针，各个革命根据地的民族教育彻底改革旧的教育制度和内容，从各个民族地区的实际

[①] 韩延龙、常兆儒编：《中国新民主主义革命时期根据地法制文献选编》第1卷，中国社会科学出版社1981年版，第11页。

出发，根据各个民族和地区的民族特点、历史特点，建立起了新的少数民族教育制度和内容，从一定程度上改善了广大少数民族群众的受教育权状况。

1930年前后，广西的左右江工农民主政府相继成立。在当时极其困难的条件下，工农民主政权仍十分重视发展文化教育事业，把对劳动人民子女实行免费教育列为政府的十大政纲之一，并积极推行各种类型的教育。一是举办各种短期培训班培养干部。二是在农村开办劳动小学，实行免费教育。三是积极开展成人教育，各乡村普遍设立夜校和妇女识字班。四是为了使瑶族少年儿童得到接受教育的机会，工农政府还特地拨出经费扶持瑶族发展教育事业，开办学校。①

1938年11月，毛泽东在《中国共产党第六届中央委员会第六次扩大的全体会议上的报告》指出："蒙、回、苗、瑶、彝各民族与汉族有平等权利，在共同对日原则下有自己管理自己事务主权"，"尊重各个少数民族的文化、宗教、习惯，不但不应强迫他们学习汉文汉语，而且应赞助他们发展用各民族自己语言文字的文化教育"。②

1941年5月，中央陕甘宁边区中央局提出，在中共中央政治局批准的《陕甘宁边区施政纲领》的第十七条中规定："依靠民族平等原则，实行蒙、回民族与汉族在政治经济文化上的平等权利。"③

1942年2月《中华苏维埃共和国小学校制度暂行条例》规定："小学教育的目的，要对一切儿童，不分性别与成份差别，

---

① 朴胜一主编：《中国少数民族教育发展与展望》，内蒙古教育出版社1990年版，第14页。
② 《进一步贯彻民族区域自治的政策》，1953年9月9日《人民日报》社论。
③ 中共中央统战部：《民族问题文献汇编》，中央党校出版社1991年版，第678页。

皆施以免费的义务教育。"①

1947年5月,内蒙古人民代表会议通过的《内蒙古自治政府施政纲领》中明确提出:"普及国民教育,增设学校,开办内蒙古军政大学及各种技术学校,培养人才,推广蒙文报纸及书籍,研究蒙古史,蒙古学校普及蒙文教科书,发展蒙古文化"。为了保障男女平等,在《纲领》中规定:"保证妇女在政治、经济、文化、教育、社会上的平等"②。

在抗日战争时期,中国共产党开始专门为少数民族开班兴学。1937年,延安中央党校办少数民族班,有藏族、彝族、苗族等少数民族青年参加学习。1939年,中国共产党中央党校开办回族干部训练班;中央党校西北局少数民族工作委员会开办藏族干部学习班;陕北公学成立蒙古青年学习班,1941年6月蒙古青年学习班发展为民族部,有蒙古族、回族、彝族、苗族、满族等6个民族的学员180余人在此学习。1941年9月,创办延安民族学院。到1944年,陕甘宁边区政府共开办8所伊斯兰小学,1所伊斯兰公学,2所蒙语学校,配备了民族教师,编印了民族课本。③

在抗日战争时期,为了进一步贯彻党的民族政策,发展少数民族的文化教育事业,培养少数民族干部,系统研究我国的民族问题,1941年在延安建立了我国第一所民族学院——延安民族学院。办院初期,学员主要来自陕北公学民族部、中央党校民族班和其他学校,以及一些机关、单位的少数民族干部,共有学员300多人。学院设有研究室,专门研究民族情况、民族历史和民

---

① 谢启晃编著:《中国民族教育史纲》,广西教育出版社1989年版,第18页。
② 谢启晃编著:《中国民族教育史纲》,广西教育出版社1989年版,第27页。
③ 吴明海主编:《中国少数民族教育史教程》,中央民族大学出版社2006年版,第221页。

族文化等。学院有按民族编的回族班、蒙古族班。延安民族学院创办的近八年中,培养了数百名少数民族干部。抗日战争时期,在陕甘宁边区管辖的盐池、陇东、新正等县都有回族居住区。在边区政府成立之前,这些回族居住地乡村没有一所小学,回族中的成年人几乎都是文盲。边区政府成立之后,在各根据地回民聚居的地区,设立了不少回民小学和成人夜校。各根据地的党校和其他干部学校,也都有不少回民学员,有的还设立了回民班。截至1944年,边区政府为回民办了八所伊斯兰小学和一所伊斯兰公学,广泛招收回族青年,免费上学。①

到解放战争时期,随着解放战争的胜利发展,解放区迅速扩大,解放区的教育根据形势的需要,陆续进行了整顿、改革和提高,逐步向正规化、制度化方向发展,解放区的少数民族教育得到了迅速的发展,少数民族的受教育权状况得到了一定程度的改善。在解放战争时期,根据革命形势发展的需要,急需大力培养党政军民族干部,在当时已经解放的内蒙古自治区开办了民族学校。根据形势发展的需要,还举办了各类民族干部学校,讲习所,培养少数民族干部。1945年日本投降后,延边全境获得解放。在党和人民政府的关怀和支持下,延边地区的朝鲜族教育不仅得到恢复,而且有了较快的发展。至1949年4月,延边地区已有小学510所,有在校小学生112087人,朝鲜族小学生74181人。有普通中学31所,在校学生13531人,有朝鲜族中学生12637人。②

十年内战时期、革命根据地和抗日战争、解放战争时期新老解放区的少数民族教育,为少数民族群众提供了学习的机会和条

---

① 何龙群著:《中国共产党民族政策史论》,人民出版社2005年版,第92页。
② 朴胜一主编:《中国少数民族教育发展与展望》,内蒙古教育出版社1990年版,第17页。

件,保证了各少数民族人民有享有教育的权利,满足了他们在政治上、经济上翻身后对文化的要求。同时,还制定了关于保障少数民族受教育权的一些方针、政策和措施。这些方针、政策和措施,虽然没有形成完整的体系,但这一时期少数民族民族教育的实践,为新中国少数民族教育事业的全面开创、为新中国少数民族受教育权的保障制度奠定了基础。

第二节 新中国成立后我国少数民族受教育权保护制度的发展

中华人民共和国成立以后,在中国共产党的领导下,少数民族获得了新生,享有了当家做主的权利。为了帮助少数民族发展,逐步消除历史造成的民族间的差距,促进民族团结、平等和共同繁荣,党和政府制定了一系列特殊政策,并从各方面保障少数民族受教育的权利,促使少数民族教育得到了较快的发展。中国共产党和中央人民政府十分重视帮助少数民族发展教育事业,重视保障少数民族的受教育权,并根据少数民族地区历史特点和实际情况,提出了各个时期发展少数民族教育的方针任务,采取了一系列特殊的政策和措施来保障少数民族的受教育权。这期间,有快速的发展和飞跃,也有历史的曲折和反复。

一、第一阶段:1949年至1956年

这一时期形成的几个重要文件、召开的几次会议,对新中国少数民族受教育权保护制度的形成起了历史性的作用。这些重要文件及会议奠定了新中国少数民族教育发展和少数民族受教育权保障制度的基础。

(一)与保障少数民族受教育权相关的文件及会议

1. 1949年《中国人民政治协商会议共同纲领》

1949年9月,《中国人民政治协商会议共同纲领》规定:"中华人民共和国境内各民族一律平等","人民政府应帮助各少数民族的人民大众发展其政治、经济、文化、教育的建设事业。"这是指导新中国民族教育工作的第一个基本方针。这一方针明确了少数民族与汉族一样,不仅在政治上、经济上一律平等,在文化教育方面也一律平等,明确了对于少数民族人民的教育事业,政府负有帮助的责任。这一方针不仅是新中国民族教育工作的基本方针,也是新中国第一个保障少数民族受教育权的指导方针。

2. 1950年《培养少数民族干部试行方案》

1950年11月24日,中央人民政府政务院第60次会议批准了《培养少数民族干部试行方案》(以下简称《方案》)。《方案》是新中国制定的第二个关于保障少数民族受教育权的法规性文件。

《方案》明确提出:从中央到有关省、县,应根据新民主主义的教育方针,普遍而大量地培养各少数民族干部;在北京设立中央民族学院,并在西北、西南、中南各设中央民族学院分院一处,必要时还可增设。各有关省分别设立民族干部学校,各有关专区和县根据实际需要和主观力量设立临时性质的民族干部训练班;要求有关各级人民政府有计划地逐步整理或设立少数民族的中小学,整理少数民族的高等学校;关于使用民族语言授课问题,《方案》规定,各少数民族学校应聘设适当的翻译人员帮助教学,并对必须用本民族语文授课的班次和课程,逐渐做到用各族自己通用的语文授课。这个方案,确定了培养少数民族干部的方针,推动了新中国少数民族受教育权保障制度的发展,推动了新中国民族教育事业的发展和前进。

3. 1951年第一次全国民族教育工作会议

新中国成立后,民族教育工作得到了一定程度的发展,少数民族受教育权保障状况逐步得到改善。截止到 1951 年,全国共有少数民族小学 9100 所,少数民族中学 117 所,少数民族中小学在校生 9100 多人,干部训练班学员 4400 余人。但总体说来,民族教育工作的发展很不平衡。针对少数民族教育工作中存在的问题,1951 年 9 月,教育部在北京召开第一次全国民族教育工作会议。这次会议第一次全面、系统地阐述了新中国民族教育政策,为我国民族教育政策体系的形成奠定了基础。会议有关少数民族受教育权保护的主要内容有:

大力培养少数民族干部。以培养少数民族干部为首要任务,同时加强小学教育和成人业余教育,并努力解决少数民族各级学校的师资问题。

建立对少数民族教育的领导和管理工作。各级人民政府教育行政部门应充分重视少数民族教育工作,加强对少数民族教育工作的领导。会议确定了现阶段少数民族教育的工作方针是根据各民族教育的实际情况分别采取巩固、发展、整顿、改造的方针。并决定在中央人民政府教育部门和有关的各级人民政府教育行政部门,建立少数民族教育机构或指定专职人员负责少数民族教育工作。

保障少数民族教育中使用本民族语言文字的权利。关于少数民族教育中的语文问题,规定凡有现行通用文字的民族,如蒙古族、朝鲜族、藏族、维吾尔、哈萨克等,小学和中学的各科课程必须用本民族语文教学。有独立语言而尚无文字或文字不完全的民族,一面着手于创立文字和改革文字,一面得按自愿原则,采用汉族语文或本民族所习用的语文进行教学。关于少数民族学生学汉文课的问题,会议一致同意各少数民族的各级学校得按当地少数民族的需要和自愿设汉文课。

教育经费的保障问题。关于少数民族地区的教育经费,各地人民政府除按一般开支标准,拨给教育经费外,并应按经济情况及教育工作,另拨专款,帮助解决少数民族学校的设备、教师待遇、学生生活等方面的特殊困难。因此,从 1951 年起,尽管国家经济尚处在恢复阶段,中央财政就专门设置了少数民族发展教育补助费,且每年都有增加。1951 年为 151.2 万元,到 1955 年达到 10819.9 万元①。

对少数民族学生给以优待。一是在招生中对少数民族考生适当放宽报考年龄和录取标准。在 1954 年全国中等学校招生中规定,中等技术学校学生的入学年龄为 15 足岁至 25 足岁,"少数民族子女入学年龄尚可放宽,但最高不得超过 30 足岁。"教育部在 1955 年 12 月《关于放宽少数民族学生报考年龄的问题给广西省教育厅的函》中还指出:"今年在各级学校招生规定报考年龄时,对少数民族学生报考年龄一般应比照当地规定放宽 2—3 岁,同时当年毕业生报考时不受年龄大小之限制。"② 二是录取从宽。为了适当照顾少数民族学生的文化水平,《培养少数民族干部试行方案》规定:"对投考高等学校与一般中学的学生应适当规定一个入学成绩标准。入学后,又应给予适当补习条件。"③ 当年高等学校招考新生就明确规定:兄弟民族学生考试成绩虽差,得从宽录取。这项规定沿用了三年,后调整为"同等成绩,优先录取。"④ 三是在生活上对少数民族学生采取待遇从优的政策。《培养少数民族干部试行方案》规定:"为了鼓励与帮助少数民族学生受各种高等教育,凡考入高等学校(包括少数民族高等学校)

---

① 国家教委民族教育司编:《少数民族教育工作文献选编》,内蒙古教育出版社 1989 年版,第 38 页。
② 吴仕民主编:《中国民族教育》,长城出版社 2007 年版,第 7—8 页。
③ 国家教委民族教育司编:《少数民族教育工作文献选编》,内蒙古教育出版社 1989 年版,第 26 页。
④ 国家教委民族教育司编:《少数民族教育工作文献选编》,内蒙古教育出版社 1989 年版,第 219 页。

的少数民族学生一律公费待遇。除公费待遇的少数民族中学外，在若干指定的中学亦得设立少数民族学生公费名额。"① 1952年全国高等学校及中等学校学生的公费制一律改为人民助学金制，当年教育部颁发的《中学暂行规程（草案）》规定"少数民族学生申请人民助学金时，应在可能条件下尽先予以照顾。"②

这次会议解决了保障少数民族受教育权和兴办民族教育的许多实际问题，在民族教育史上发挥了重要作用，使新中国的少数民族的受教育权得到了进一步保障。会议通过了《关于加强少数民族教育工作的指示》、《培养少数民族师资试行方案》、《少数民族学生待遇暂行办法》。这些指示、方案和办法从制度层面为少数民族受教育权提供了有力保障。

到1956年，全国少数民族在校小学生达319万人，比1951年增长2倍，普通中学在校生达23万人，比1951年增长5倍，中等技术学校达1.6万人，比1951年增长近3倍；高等学校学生数1.4万余人，比1951年增长近5倍。从1949年至1952年，先后创办了延边大学、延边医学院和延边农学院，开创了州一级自治地方兴办高等教育的先例。③

（二）这一时期保障少数民族受教育权的主要举措

1. 建立少数民族教育行政机构

1951年11月，政务院第112次会议批准的《关于第一次全国民族教育会议的报告》中提出：决定在中央人民政府教育部和有关各级人民政府教育行政部门，建立少数民族教育机构或指定专人负责，掌管少数民族教育工作。

---

① 国家教委民族教育司编：《少数民族教育工作文献选编》，内蒙古教育出版社1989年版，第26页。
② 吴仕民主编：《中国民族教育》，长城出版社2007年版，第8页。
③ 张京泽：《新中国民族教育发展回顾和若干现实问题研究》，中央民族大学2005硕士学位论文，第11页。

1952年4月,中央人民政府政务院做出的《关于建立民族教育行政机构的决定》规定:中央人民教育部内设民族教育司;各大行政区人民政府(军政委员会)教育部或文教部(局),应视工作需要设民族教育处(科)或在有关处(科)内设专职人员;各有关省(行署)、市、专署、县人民政府教育厅(处)、局、科,应根据本地区少数民族人口的多寡,民族教育工作的繁简,分别设置适当的行政机构或专职人员。到1955年,全国28个省、自治区、直辖市的民族教育行政机构已基本建立。为了加强对民族教育行政领导,为进一步开展并提高民族教育工作创造条件,教育部于1955年4月28日给各省、自治区、直辖市教育厅(局)发出《全国民族教育行政领导问题》的意见,要求各级教育部门要继续充实和健全民族教育行政机构,明确了民族教育行政机构的工作范围,以加强民族教育行政领导。[①]

2. 提出双语教学

1950年颁布的《培养少数民族干部试行方案》中提出了双语教学,规定"各少数民族学校应聘设适当的翻译人员帮助教学,并对必须用本民族语言授课的班次和课程,逐渐做到用各族自己通用的语文授课。"1951年11月,政务院批准的《关于第一次全国民族教育会议的报告》,对少数民族的语言文字政策与双语教学政策进行了专门规范:"有现行通用文字的民族,小学、中学必须用本民族语文教学。有独立语言而尚无文字或文字不全的民族,一面着手创立文字和改革文字;一面得按自愿原则,采用汉族语文或本民族所习用的语文进行教学。少数民族各级学校得按当地少数民族的需要和自愿设汉文课。"1952年颁布的《中华人民共和国民族区域自治实施纲要》规定:"各民族自治区自

---

① 金东海主编:《少数民族教育政策研究》,甘肃教育出版社2002年版,第99页。

治机关得采用各民族自己的语言文字,以发展各民族的文化教育事业。"

3. 从经费、师资方面保障少数民族的受教育权

教育经费和师资队伍是保障少数民族受教育权的重要方面。关于教育经费,1951年政务院批准的《关于第一次全国民族教育会议的报告》指出,各地人民政府除按一般开支标准,拨给教育经费外,并应按照各个民族地区的经济情况及教育工作,另拨专款,帮助解决少数民族学校的设备、教师待遇、学生生活等方面的特殊困难。1956年国务院发出《关于少数民族教育事业费的指示》,要求各地每年必须保证一定数额的少数民族教育补助费,根据当地经济及教育事业发展情况,以1955年指标数为基础,一般应逐年适当增加[1];1951年国家经济还处在恢复阶段,就专门设置少数民族教育帮助费。少数民族教育补助费历年都有,1951年为1512000元,1952年为4500000元,1953年为9090000元,1954年为9836000元,1955年为18199000元。[2]

关于师资问题,1951年第一次全国民族教育会议通过的《培养少数民族师资的试行方案》提出了一些具体措施,如积极帮助少数民族地区师范学院改善办学条件,提高教学质量,改进教材教法。1956年教育部在《关于内地支援边疆地区小学师资问题的通知》中要求四川、陕西等省,对于接邻的边疆各省、自治区需要外地支援的师资要有较多的支持,并且可扩大一些中等师范学校的招生比例,每年培养的小学师资中应包括一部分支援边疆省、自治区的师资。

---

[1] 吴明海主编:《中外民族教育政策史纲》,中央民族大学出版社2006年版,第95页。

[2] 朴胜一主编:《中国少数民族教育发展与展望》,内蒙古教育出版社1990年版,第27页。

4. 给少数民族学生以照顾和优待

为了更好地保障少数民族的受教育权,消除历史上遗留下来的事实上的教育发展不均衡状态,在招生及生活方面都给少数民族学生以适度照顾和优惠。招生方面,一是放宽报考年龄的限制。1955年教育部发出《关于放宽少数民族学生报考年龄的问题给广西省教育厅的函》中指出:"今年在各级学校招生规定报考年龄时,对少数民族学生报考年龄一般应比照当地规定放宽2—3岁。同时当年毕业生报考时不受年龄大小之限制"。二是在录取标准上对少数民族以照顾。1951年高等学校招考新生规定"兄弟民族学生考试成绩虽差,得从宽录取"。1956年《中华人民共和国高等教育部关于优先录取少数民族学生的通知》文件中,就当年很多少数民族学生要求照顾他们汉语实际困难的要求在降低录取标准、照顾少数民族汉语水平等方面做出了相关的规定。[①]

二、第二阶段:1956年至1965年

1956年,我国基本完成生产资料所有制的社会主义改造,进入全面建设社会主义的时期,少数民族受教育权的保障也由此进入一个新的发展时期。

1956年,教育部召开了第二次全国民族教育工作会议。这次会议总结了新中国成立后的少数民族教育工作,讨论和确定了今后少数民族教育的方针,研究了1956年至1957年全国少数民族教育事业的发展纲要,提出要在整个国民教育事业的发展过程中,使少数民族的教育事业逐步接近和赶上汉族水平,在少数民族地区有步骤地开展扫盲工作和实行普及小学义务教育。

---

① 吴明海主编:《中外民族教育政策史纲》,中央民族大学出版社2006年版,第73页。

此后又于1958年、1960年和1964年先后在北京召开了三次民族学院院长会议。会议明确了当时民族学院"在相当长的阶段以培养政治干部为主，同时培养专业人才"的主要办学方针。在此之后，逐渐发展了一定数量的本、专科教育，使民族学院办学模型开始向正规化迈进。教育部还于1963年在北京召开了云南、贵州、四川三省教育工作会议。上述一系列会议着重研究了如何加强少数民族教育、对于进一步保障少数民族受教育权具有积极、重要的意义。

这一时期，由于"左"的思想影响，民族教育发展呈现过一些曲折，使民族教育发展速度有所延缓，之后又重新步入正轨。主要表现在：在办学方式和学制、课程设置等方面照搬汉族地区的做法，忽视了民族和地区的特点；不重视使用民族语言文字，使少数民族学生的学习受到影响，挫伤了学习积极性，浮夸和形式主义做法蔓延，如牧区搞"马背小学""帐篷小学"，无法保证教学质量，大多流于形式。

三、第三阶段：1966年到1976年

这是中国进行"文化大革命"的十年。十年间，"阶级斗争为纲"的思想严重干扰了教育，教育规律被否定，民族教育的特点被抹杀，少数民族的受教育权受到破坏，民族教育事业遭受到严重摧残。各级教育行政部门专管民族教育的机构被撤销或合并，大多数民族学校被撤销，民族语文教学被取消，对民族学生的公费待遇被削减，西北民族学院等大批民族院校被停办或实际处于瘫痪状态，发展民族教育的措施和政策被否定，民族人才培养几乎中断。

四、第四阶段：1977年至今

1976年粉碎"四人帮"，特别是1978年召开党的十一届三

中全会，经过拨乱反正，民族教育事业又步入了健康发展的新时期，少数民族受教育权保障制度取得了长足的进步，不断趋于制度化、法律化，不断发展并完善。

(一) 保障少数民族受教育权的法律及其主要内容

改革开放以来，相关的法律和行政法规主要有：《宪法》、《民族区域自治法》、《教育法》、《义务教育法》（2006年修订）、《教师法》、《职业教育法》、《未成年人保护法》、《城市民族工作条例》、《扫除文盲工作条例》、《国务院关于深化改革加快发展民族教育的决定》（2002年）等。此外还有一些部门的意见、决定、纲要等，如国家教委办公厅《关于进一步加强贫困地区、民族地区女童教育工作的｜条意见》（1996年）、《国家教委、国家民委关于加强民族教育工作若干问题的意见》（1992年）、《国家教委办公厅关于加强民族散杂居地区少数民族教育工作的意见》（1992年）、《国务院办公厅转发国家教委等部门关于进一步加强教育援藏工作请示的通知》（1993年）、国家民委民族教育司《全国民族教育发展与改革指导纲要（1992—2000）》，等等。

综观这一时期少数民族受教育权相关法规的内容及特点，可概括为如下几个主要方面：

1. 用根本法、法律的形式明确少数民族享有平等的受教育权

1982年《中华人民共和国宪法》第4条规定：中华人民共和国各民族一律平等。国家保障各少数民族的合法的权利和利益。第46条规定：中华人民共和国公民有受教育的权利和义务。1984年《中华人民共和国民族区域自治法》第48条规定：民族自治地方的自治机关保障本地方内各民族都享有平等权利。1995年《中华人民共和国教育法》第9条规定：中华人民共和国公民有受教育的权利和义务。公民不分民族、种族、性别、职业、财产状况、宗教信仰等，依法享有平等的受教育的机会。2006年6

月29日第十届全国人民代表大会常务委员会第22次会议通过的新修订的《中华人民共和国义务教育法》第4条规定：凡具有中华人民共和国国籍的儿童、少年，不分性别、种族、家庭财产状况、宗教信仰等，依法享有平等接受义务教育的权利，并履行接受义务教育的义务。

2. 用根本法、法律的形式保障少数民族真正享有受教育权

《中华人民共和国宪法》第122条规定："国家从财政、物质、技术等方面帮助各少数民族加速发展经济建设和文化建设事业。国家帮助民族自治地方从当地民族中大量培养各级干部、各种专业人才和技术工人。"

《中华人民共和国民族区域自治法》第六章"上级国家机关的职责"第55条规定："上级国家机关应当帮助、指导民族自治地方经济发展战略的研究、制定和实施，从财政、金融、物资、技术和人才等方面，帮助各民族自治地方加速发展经济、教育、科学技术、文化、卫生、体育等事业。"第64条规定："上级国家机关应当组织、支持和鼓励经济发达地区与民族自治地方开展经济、技术协作和多层次、多方面的对口支援，帮助和促进民族自治地方经济、教育、科学技术、文化、卫生、体育事业的发展。第70条规定："上级国家机关帮助民族自治地方从当地民族中大量培养各级干部、各种专业人才和技术工人；根据民族自治地方的需要，采取多种形式调派适当数量的教师、医生、科学技术和经营管理人员，参加民族自治地方的工作，对他们的生活待遇给予适当照顾。"第71条规定："国家加大对民族自治地方的教育投入，并采取特殊措施，帮助民族自治地方加速普及九年义务教育和发展其他教育事业，提高各民族人民的科学文化水平。国家举办民族高等学校，在高等学校举办民族班、民族预科，专门或者主要招收少数民族学生，并且可以采取定向招生、定向分配的办法。高等学校和中等专业学校招收新生的时候，对少数民

族考生适当放宽录取标准和条件,对人口特少的少数民族考生给予特殊照顾。各级人民政府和学校应当采取多种措施帮助家庭经济困难的少数民族学生完成学业。国家在发达地区举办民族中学或者在普通中学开设民族班,招收少数民族学生实施中等教育。国家帮助民族自治地方培养和培训各民族教师。国家组织和鼓励各民族教师和符合任职条件的各民族毕业生到民族自治地方从事教育教学工作,并给予他们相应的优惠待遇。"

《中华人民共和国教育法》第10条规定:"国家根据各少数民族的特点和需要,帮助各少数民族加速发展教育事业。"第56条规定:"国务院及县级以上地方人民政府应当设立教育专项资金,重点扶持边远贫困地区、少数民族地区实施义务教育。"

《中华人民共和国义务教育法》第6条规定:"国务院和县级以上地方人民政府应当合理配置教育资源,促进义务教育均衡发展,采取措施,保障农村地区、民族地区实施义务教育,保障家庭经济困难的适龄儿童、少年接受义务教育。"第18条规定:"国务院教育行政部门和省、自治区、直辖市人民政府根据需要,在经济发达地区设置接收少数民族适龄儿童、少年的学校(班)。"第31条规定:"在民族地区和边远贫困地区工作的教师享有艰苦地区补助津贴。"第33条规定:"国务院和地方各级人民政府鼓励和支持城市学校教师和高等学校毕业生到农村地区、民族地区从事义务教育工作;国家鼓励高等学校毕业生以志愿者的方式到农村地区、民族地区缺乏教师的学校任教。县级人民政府教育行政部门依法认定其教师资格,其任教时间计入工龄。"第47条规定:"国务院和县级以上地方人民政府根据实际需要,设立专项资金,扶持农村地区、民族地区实施义务教育。"

3. 地方立法增强了对少数民族受教育权的保障力度

改革开放以来,民族自治地方从当地实际出发,制定了一批有关少数民族教育的地方性法规和单行条例。截至2004年4月,由各地人大及其常委会、政府制定的有关民族教育的地方性法规有11项,①包括《宁夏回族自治区民族教育条例》、《广西壮族自治区教育条例》、《黑龙江省民族教育条例》、《吉林省少数民族教育条例》、《湖南省少数民族地区普及义务教育若干规定》、《关于加快甘肃省民族教育改革与发展的若干意见》、《四川省民族地区教育发展十年行动计划》、《贵州省关于改革和发展民族教育若干问题的通知》、《海南藏族自治州民族教育工作条例》、《呼和浩特市民族教育条例》、《包头市民族教育条例》等。由民族自治地方人代会制定的民族教育自治单行条例有7项,包括《楚雄彝族自治州民族教育条例》、《西双版纳傣族自治州民族教育条例》《红河哈尼族彝族自治州民族教育条例》、《延边朝鲜族自治州朝鲜族教育条例》、《黔西南布依族苗族自治州民族教育条例》、《内蒙古自治区莫力达瓦达斡尔族自治旗民族教育条例》、《辽宁省喀剌沁左翼蒙古族自治县民族教育条例》等。上述民族教育法规的内容及特点,可概括为如下几个主要方面②:

(1) 重视对民族教育战略地位的规定。这些民族教育法规一般都明确规定民族教育是教育事业的重要组成部分,应放在优先发展的战略地位,坚持优先发展、重点扶持的原则。如《黑龙江省民族教育条例》第2条、《宁夏回族自治区民族教育条例》第5条、《延边朝鲜族自治州朝鲜族教育条例》第3条、《包头市民族教育条例》第3条等都作出了类似的规定。

(2) 重视建立专门的民族教育体系。现行的地方民族教育法规一般都明确规定设立民族小学、民族中学;为经济困难、居住

---

① 陈立鹏:《我国地方少数民族教育立法的内容及特点》,《黑龙江民族丛刊》2005年第1期。

② 陈立鹏:《我国地方少数民族教育立法的内容及特点》,《黑龙江民族丛刊》2005年第1期。

分散的少数民族山区，设立以寄宿为主和助学金为主的民族小学、民族中学或民族班、女童班；有的还对设立民族幼儿园、民族师范学校、民族特殊学校等作出规定。为加强民族学校的基本建设，有的民族教育法规还作出民族学校的建设标准应当高于同级同类学校建设标准的规定。如《宁夏回族自治区民族教育条例》等。明确规定为少数民族学生设立专门的民族学校，并按高标准建设民族学校，是保证少数民族学生平等受教育权的重要一环。

（3）重视对民族教育经费的规定。民族教育经费是民族教育发展的物质前提，也一直是影响民族教育发展的瓶颈。为改变这种状况，各地民族教育法规规定了一些倾斜、扶持的措施。如《西双版纳傣族自治州民族教育条例》等。

（4）重视对少数民族学生实行升学优惠与经济扶助。由于语言、文化差异以及教育环境等多方面的原因，少数民族学生一般学业成绩都相对较差，这严重影响了他们升入高一级学校的机会，从而造成实际上的教育机会不均等。因此，为提高少数民族学生的升学率，确保其平等的受教育权，各地民族教育法规根据本地少数民族学生的实际，规定了许多有针对性的特殊政策措施。如《广西壮族自治区教育条例》等。

同时，为提高少数民族学生特别是义务教育阶段少数民族学生的在校率，保证少数民族学生不因家庭经济困难而辍学，各地民族教育法规根据不同的情况，对少数民族学生作出了减免杂费、课本费以及提供助学金等规定，有的还对助学金标准的制定主体、增长核定依据等作出规定。如《黑龙江省民族教育条例》等。

（5）重视对少数民族教师及边远民族地区的汉族教师实行优惠。一是在职称评定上实行优惠。如《黔西南布依族苗族自治州教育条例》等。二是在福利待遇方面给予优惠与照顾。现行的地方民族教育法规，一般都规定在边远民族地区任教的教师享受一定的补贴或津贴。如《海南藏族自治州民族教育工作条例》等。为鼓励吸引内地教师到边远地区任教，有的地方民族教育法规还作出实行双薪制的规定。如《四川省民族地区教育发展十年行动计划》。三是在子女升学方面实行照顾。如《宁夏回族自治区民族教育条例》等。

(6) 明确规定实行双语教学。少数民族语言文字是少数民族文化的重要载体。我国绝大多数少数民族都保存有自己的语言文字或有语言、无文字，在有些民族地区甚至不通行汉语，少数民族语言文字即为当地通用的语言文字。因此，在民族教育中，双语教学就显得尤为重要。各地民族教育法规从本地的实际出发，明确规定了双语教学的有关政策措施。如《延边朝鲜族自治州朝鲜族教育条例》和《黑龙江省民族教育条例》等。

(7) 明确规定加强少数民族传统文化教育。少数民族优秀传统文化是中华民族文化宝库中的珍品，是少数民族教育中重要而富有特色的内容。同时，维护和发展少数民族优秀传统文化，也是少数民族教育的重要职责之一。在这方面，现行的地方少数民族教育法规大多作出了明确的规定。如《吉林省少数民族教育条例》和《宁夏回族自治区民族教育条例》等。

(8) 明确规定实行教育对口支援。组织发达地区对民族地区教育的对口支援，是加快发展民族地区教育以及实现本地区教育均衡发展的重要措施。在这方面，各地少数民族教育法规大多作出了明确规定。如《广西壮族自治区教育条例》、《宁夏回族自治区民族教育条例》和《黑龙江省民族教育条例》都有类似的规定。

此外，现行的地方少数民族教育法规，还明确规定坚持教育与宗教相分离的原则、鼓励社会力量举办民族学校、加强民族教育科学研究等。这些地方民族教育法规，有力地规范和推进了当地民族教育的改革与发展,同时,进一步强化了、具体化了对少数民族受教育权的保障力度。

(二)三次民族教育工作会议

1.第三次全国民族教育工作会议

根据民族教育工作形势发展的需要,1981年2月,教育部和国家民委在北京召开第三次全国民族教育工作会议。总结了30年民族教育工作的经验教训,交流了各地情况,研究了新形势下调整和发展民族教育的方针任务。教育部副部长臧伯平在会议报告中指出:加强民族教育工作,首先要深刻认识加强民族教育工作的战略意义;其次要尊重民族特点,民族教育的内容应采取适合于各民族人民发展和进步的民族形式,在学校教育中,要加强少数民族语文教学,切实搞好少数民族语文教材的建设。少数民族学生在中小学阶段应先学好本民族语文,在此基础上学习汉文,有条件的还要学习外语。民族文字教材要反映民族地区特点。

2.第四次全国民族教育工作会议

国家教委和国家民委于1992年在北京召开全国第四次民族教育工作会议,总结交流了民族教育工作经验,特别是十一届三中全会以来民族教育发展与改革的经验,表彰了长期在民族教育园地辛勤耕耘的先进集体和先进个人。进一步明确了上世纪末我国民族教育发展与改革的目标任务、方针政策和措施,进一步推动民族教育事业的发展和民族地区的社会主义现代化建设。会议通过了《关于加强民族教育工作若干问题的意见》、《全国民族教育发展与改革指导纲要》、《关于对全国143个少数民族贫困县实施教育扶贫的意见》、《关于加强少数民族与民族地区职业技术教育工作的意见》等9个文件,着重强调了民族教育的改革与发展问题。要求各级党委和政府要根据当地经济、教育的不同发展水平和产业结构,合理确定本地区各级各类民族教育事业发展的规模、速度、教育结构和办学形势,把提高劳动者的素质,增加办学效益,为当地的经济与社会发展服务,作为民族教育改革与发展的重点。要实行农科教三结合,尤其是在一些经济教育发展水平较低的民族地区,从小学高年级开始引入职业技术教育因素,把学文化和学技术早期结合起来。要努力缩小差距,尤其是要缩小有特殊困难的少数民族和民族地区与内地教育发展平均水平上的差异。

3. 第五次全国民族教育工作会议

2002年,经国务院批准,国家民委和教育部在北京联合召开第五次全国民族教育工作会议,会议强调,从贯彻落实江泽民同志"三个代表"重要思想的高度和促进经济与社会发展、巩固民族团结、维护国家统一的全局出发,充分认识发展民族教育事业的重大意义,大力推进民族教育事业的改革与发展,促进各民族团结进步与共同繁荣。会后下发了《国务院关于深化改革加快发展民族教育的决定》(以下简称《决定》)[1],这是新中国成立以来国务院下发的第一个全面指导民族教育工作的文件。《决定》提出,到2010年,要使少数民族地区基本普及九年义务教育和基本扫除青壮年文盲,形成具有中国特色、适应21世纪现代化建设需要、充满生机活力的社会主义民族教育体系。并在各项政策和投入上做了具体规定。《决定》下发以后,各地加强了对民族教育工作的规划和领导,加大投入,扩大举办寄宿制教育的规模和教师培训的规模。如湖北省从2004年起重点扶持民族地区建设100所农村义务教育阶段寄宿制中小学,解决3万名贫困学生的寄宿问题。2004年,教育部、国家发改委、国家民委、财政部、人事部等五部委联合下发了《关于大力培养少数民族高层

---

[1] 教育部民族教育司、国家民委教育科技司编:《走向辉煌的中国民族教育》,民族出版社2003年,第1—9页。

次骨干人才的意见》，将在部分中央部委所属院校，从试点招生开始，按照"定向招生、定向培养、定向就业"的要求，采取"统一考试、适当降分"等特殊政策措施招收研究生，大力培养少数民族高层次骨干人才，将在2007年达到年招生5000人、在校生总数1.5万人的规模。

这三次全国民族教育工作会议，标志着我国民族教育改革开放以来所走过的发展历程，是中国民族教育改革发展的里程碑，也是中国少数民族受教育权保障制度不断发展的里程碑。

（三）保障少数民族受教育权的行政政策和措施

1. 明确民族教育的指导方针和目标任务

1980年10月，教育部和国家民委提出《关于加强民族教育工作的意见》（以下简称《意见》），得到了中共中央和国务院的同意。《意见》指出：少数民族地区的四化建设和繁荣发展，需要大批建设人才，必须发展各类学校教育。没有大批少数民族出身的坚持社会主义道路和党的领导的、有专业知识和领导能力的干部，特别是大批的科学技术人才和管理人才，要逐步消除民族间事实上的不平等，彻底解决我国的民族问题，显然是不可能的。我们帮助少数民族，最有远见的办法，就是要从办好教育，大力培养人才做起。根据30年的经验教训，发展民族教育，必须认真贯彻执行党的民族政策，必须从各族的实际出发，不能照搬汉族地区的作法，也不能在各个少数民族之间搞一刀切。同时，国家应采取特殊措施，重点扶持民族教育，逐步建立适合少数民族特点的民族教育体系。《意见》提出了六项具体措施：切实抓好中小学教育；发展少数民族的中等专业教育和高等教育，培养少数民族四化建设所需要的多方面的人才，特别是各类科学技术人才；大力发展民族师范教育，培养一支合格的民族教师队伍；解决民族教育必须的经费；保证自治地方在教育事业上的自主权；恢复民族教育行政机构。

2002年《国务院关于深化改革加快发展民族教育的决定》提出了新时期我国民族教育工作的指导思想和目标任务。关于民族教育工作的指导思想，《决定》提出：要以邓小平理论和"三个代表"重要思想为指导。关于民族教育发展的目标任务，《决定》提出："'十五'期间，民族自治地方要在巩固'两基'基础上，把实现'两基'的县级行政区划单位从2001年的51%提高到70%以上，在95%的地区基本普及小学阶段义务教育"；"到2010年，民族地区全面实现'两基'，办学条件进一步改善，形成具有中国特色、适应21世纪信息化和现代化建设需要、充满生机活力、较为完善的民族教育体系"。

2. 强调民族自治地方发展少数民族教育的自治权

《中华人民共和国宪法》第119条规定："民族自治地方的自治机关自主地管理本地方的教育、科学、文化、卫生、体育事业，保护和整理民族的文化遗产，发展和繁荣民族文化。"《中华人民共和国民族区域自治法》第36条规定："民族自治地方的自治机关根据国家的教育方针，依照法律规定，决定本地方的教育规划，各级各类学校的设置、学制、办学形式、教学内容、教学用语和招生办法。"第37条规定："民族自治地方的自治机关自主地发展民族教育，扫除文盲，举办各类学校；普及九年义务教育，采取多种形式发展普通高级中等教育和中等职业技术教育，根据条件和需要发展高等教育，培养各少数民族专业人才。"

根据宪法和民族区域自治法的这一精神，从上个世纪80年代到本世纪初，多部教育文件进一步强调少数民族自治地方自主发展民族教育。1980年《关于加强民族教育工作的意见》指出："必须遵照党中央真正实行民族区域自治，在中央统一领导下充分行使民族区域自治权利的精神，保证民族自治地方在教育事业上的自主权。在国家统一的教育方针指导下，教育规划、学校管理体制、办学形式、学制、教材建设、教学内容、人员编制、教师任用和招聘、经费的管理和使用等，都应由自治地方根据实际情况决定。"1992年《全国民族教育发展与改革指导纲要（试行）》对实施民族就业的方针与政策做出了详尽的规定，其中规定各地要从民族地区的实际出发，改革民族教育管理体制，逐步实行基础教育由地方负责、分级管理的体制，充分调动广大干部和群众自力更生办学的积极性。2002年《国务院关于深化改革加快发展民族教育的决定》指出，我国的民族教育以民族地区自力更生为主，与国家扶持及发达地区、有关高等学校开展教育对口支援相结合，共同推进民族地区教育事业的发展。[①]在国家帮扶的同时，民族自治地方充分行使教育自治权对于少数民族受教育权的保障具有重要的现实意义。

3. 加强民族教育行政管理机构建设，为少数民族受教育权提供组织保证

行政机关受教育权保障的行政主体。1978年后，国家民委专门设立了教育司，负责民族教育工作，并具体领导或指导各民族学院的工作；各地民委也有专门的处、科或专人负责民族教育工作。教育部于1979年底经国务院批准成立了民族教育司，有关省、自治区直辖市的民族教育行政机构也得到了迅速恢复，1981年召开的第三次教育工作会议重申了政务院《关于建立民族教育行政机构的决定》，要求有关省、直辖市、自治区依照《决定》精神，结合各地实际，逐步恢复、建立和健全民族教育行政机构。此后，内蒙古、广西、云南、贵州、青海、甘肃等10多个省、自治区设有民族教育行政机构。其他省、市、自治

[①] 吴明海主编：《中国少数民族教育史教程》，中央民族大学出版社2006年版，第314页。

区在教育厅（局）的有关处、科指定了专人负责民族教育工作。1992年国家教委颁布的《全国民族教育发展与改革指导纲要（试行）》要求各地要加强民族教育行政管理机构的建设。2002年《国务院关于深化改革加快发展民族教育的决定》要求各级人民政府切实加强对民族教育工作的领导。把民族教育列入政府工作的重要议事日程。要加快民族教育立法工作，把民族教育工作纳入法制化轨道。要把重视民族教育，确保民族教育投入，为民族教育办实事等，列入各级领导干部的任期目标责任制和考核政绩的重要内容。

这样，"对民族教育事业进行行政管理的'分工明确、各尽其职、互相配合、多元一体'的中国特色的民族教育管理体制"[①]逐步形成、发展并得到日益完善。民族教育行政机构的逐步建立健全为少数民族受教育权提供了组织上的重要保证。这一格局基本延续到现在。

4. 招生、生活上给予照顾以保障少数民族的受教育权

1977年，党中央对高等学校招生制度进行了重大改革。1978年颁布的《关于一九七八年高等学校招生的意见》中规定：同报考专业相关科目的考试成绩特别优秀的考生和边疆地区的少数民族考生，最低录取分数线及录取分数段，可适当放宽。

1980年教育部与国家民委印发的《关于加强民族教育工作的意见》指出：高考招生，应对少数民族学生实行择优录取和规定比例适当照顾相结合的办法，在各民族自治地方，少数民族学生的录取比例应力争不低于少数民族人口比例。

1980年，教育部《高等学校招生工作的规定》中强调：确定部分全国重点高等学校举办少数民族班，适当降低分数，招收

---

① 杨军：《十一届三中全会以来党和国家的少数民族教育政策综述》，载《青海民族研究》2005年第3期。

边疆、山区、牧区等少数民族聚居地区的少数民族考生。其他一般高等学校对上述地区的少数民族考生，录取分数可适当放宽。对散居的少数民族考生，在与汉族学生同等条件下优先录取。

1987年，国家教委颁布的《普通高等学校招生暂行条例》使降分照顾政策进一步具体化、规范化：边疆、山区、牧区、少数民族聚居地区的少数民族考生，可根据当地的实际情况，适当降低分数，择优录取。对散居于汉族地区的少数民族考生，在同汉族学生同等条件下，优先录取；少数民族班招生，从参加当年高考的边疆、山区、牧区等少数民族聚居地区的少数民族考生中，适当降低分数，择优录取；山区、边远地区、少数民族聚居地区的委托培养，可以划定招生范围，同时明确预备生源，适当降低分数，择优录取；普通中等专业学校和成人高等学校招生时，也执行普通高等学校相类似的政策。

1994年，根据《中国教育改革发展纲要》精神，高等院校招生工作又作重大调整，即实行招生并轨改革，至1998年全部完成。实行招生并轨改革后，针对少数民族考生仍有明确规定：民族类专业免交学杂费；边远少数民族地区可招定向生，降分幅度在20分以内。

根据2004年下发的《教育部关于废止部分规章和其他规范性文件的通知》（教政法〔2004〕9号），原《普通高等学校招生暂行条例》已于2004年9月20日废止，同时原先对于少数民族考生的照顾政策亦同时废止。在《教育部关于做好2005年普通高等学校招生工作的通知》（教学〔2005〕2号）第44条规定：边疆、山区、牧区、少数民族聚居地区的少数民族考生，可在高等学校调档分数线下适当降低分数要求投档，由学校审查决定是否录取。第47条规定：散居在汉族地区的少数民族考生，在与汉族考生同等条件下，优先录取。

2001年2月修正后的《民族区域自治法》将招生中对少数

民族学生的优惠政策载入其中。《民族区域自治法》第 71 条规定:"国家举办民族高等学校,在高等学校举办民族班、民族预科,专门或者主要招收少数民族学生,并且可以采取定向招生、定向分配的办法。高等学校和中等专业学校招收新生的时候,对少数民族考生适当放宽录取标准和条件,对人口特少的少数民族考生给予特殊照顾"。

目前在实际操作中,各省区的降分幅度一般按照:边疆、特别困难地区、人口较少民族考生、民族聚居区、山区、牧区等困难地区散居少数民族考生梯次降低。如云南省对这三种情况分别给予 30、20、10 分的照顾,黑龙江对人口较少民族考生降分幅度为 20 分,其他少数民族考生降分幅度为 5 分。研究生招生录取工作中对少数民族考生也有降分录取政策,对于民族自治地方的在职考生等,还单独执行较低的分数线政策。

除了在招生录取中继续给予少数民族学生特殊照顾,还在生活上实行待遇适当从优的政策,以更好的保障他们接受教育的机会和条件。如适当减免收费:对生活有特殊困难的学生可减免杂费,对民族专业等享受国家专业奖学金的高效学生免收学费,对未普及初等义务教育的国家扶贫开发工作重点县,向农牧区中小学生免费提供教科书等。再如在学生待遇以及发放助学金方面给予适当照顾:规定高等师范、体育(含体育专业)和民族学院的学生,以及中等专业学校的师范、护士、采煤等专业的全部学生享受人民助学金。其他学生的人民助学金享受面按 75% 计算;中央财政通过综合转移政府对农牧区、山区和边疆地区寄宿制中小学校新生生活费给予一定资助;少数民族和西部地区各级财政也要相应设立寄宿制中小学校学生生活补助专项资金;同等条件下,高等学校少数民族贫困生优先享受国家资助政策,确保每一个大学生不因经济困难而停止学业。

5. 尊重和保障少数民族使用本民族语言文字接受教育的

权利。

新中国成立后,《宪法》规定:"各民族都有使用和发展自己语言文字的自由。"《宪法》、1952年《中华人民共和国区域自治实施纲要》、1951年经政务院批准的《关于第一次全国民族教育会议的报告》等都明确规定了少数民族有使用自己语言受教育的权利。①

1981年全国高等学校招生工作的报告中规定:自治区用本民族语文授课的高等学校或系,由自治区命题、考试和录取,不参加全国统一考试。用本民族语文授课的民族中学毕业生,报考用汉语文授课的高等院校,应参加全国统一考试。汉语文由教育部另行命题,不翻译,并用汉文答卷,其他各科译成少数民族文字,考生须用本民族文字答卷。在考汉语文的同时,在有关省、自治区决定也可以考少数民族语文,并负责命题;汉语文和少数民族语文的考试成绩分别按百分之50%计入总分。

1984年颁布的《中华人民共和国民族区域自治法》规定:招收少数民族为主的学校,有条件的应当采用少数民族文字的课本,并用少数民族语言讲课。《教育法》以基本法的形式明确规定了我国双语教学的政策。1986年颁布的《中华人民共和国义务教育法》规定:招收少数民族学生为主的学校,可以用少数民族通用的语言文字教学。

1992年、国家教委、国家民委员在《关于加强民族教育工作若干问题的意见》中指出,在使用民族语言文字教学的地区,需因地制宜地搞好双语文教学,大力推广普通话。民族学校的教学语言文字政策的具体实施,主要由各省(区)遵照《宪法》、《民族区域自治法》的有关规定和有利于民族的长远发展、有利

---

① 哈经雄、滕星主编:《民族教育学通论》,教育科学出版社2001年版,第223页。

于提高教育质量、有利于各民族的科学文化交流的原则,根据多数群众的意愿和当地的语言环境决定。

我国从 20 世纪 80 年代起开始大规模的双语教育教学实验。实验广泛探讨了双语衔接、教学内容、教学方法、教学体制等问题,将我国双语教育发展引入了一个新的高度,成为我国双语教育体制形成的重要标志。① 我国目前使用民族语文或双语教学的学校有一万余所,在校生 600 多万人,使用的民族语言 60 余种,民族文字 29 种。② 各地也在开展双语教学中总结出了一些行之有效的宝贵经验。如内蒙古自治区对蒙古族中小学规定:小学阶段凡懂蒙古语的儿童用蒙古语文授课,加授汉语文;不懂蒙古语的儿童用汉语文授课,加授蒙古语文。西藏自治区规定,小学藏文班从四年级开汉语课,汉文班从四年级开藏文课,学生到高中毕业时兼通汉藏两种文字。经过多年努力,我国民族文字教材也取得了可喜成绩。据统计,全国已用 21 种少数民族文字编印教材,各类教材为 16000 余种,共 1.7 亿多册。③《少数民族事业"十一五"规划》2010 年主要预期指标中也明确列出:少数民族文字出版物种数比 2005 年增长 20%,少数民族文字出版物印数比 2005 年增长 25%。

加强民族语文教学,实施双语教学,保障少数民族的语言文字权利,不仅符合《中华人民共和国宪法》和《中华人民共和国民族区域自治法》的有关规定,同时也是保障少数民族受教育权的重要措施和保障。

6. 从经费上为少数民族受教育权提供物质保障

---

① 哈经雄、滕星主编:《民族教育学通论》,教育科学出版社 2001 年版,第 225 页。

② 张京泽:《新中国民族教育发展回顾和若干现实问题研究》,2005 年硕士学位论文,第 28 页。

③ 吴宗金主编:《中国民族区域自治法学》,法律出版社 2004 年版,第 155 页。

为了发展少数民族地区的教育,从 1951 年起,国家除继续拨出与一般学校相同的教育经费外,还专门设置了少数民族教育补助费。这项补助费逐年有所增加,至 1979 年达 7100 万元。1985 年起,国家为支持老、少、边、穷地区普及小学教育,每年拨出 1 亿元基建补助费,其中拨给内蒙古、新疆、广西、宁夏、西藏、云南、贵州、青海等民族自治地方和多民族省份的占 54%以上。

自 1990 年起,国家重新设置了民族教育补助费,每年 2000 万元,主要用于少数民族基础教育。2002 年《国务院关于深化改革加快发展民族教育的决定》全面规定了多渠道筹措民族教育经费、增加对民族教育投入的政策措施。如"中央财政通过综合转移支付对农牧区、山区和边疆地区寄宿制中小学校学生生活费给予一定资助;少数民族和西部地区各级财政也要相应设立寄宿制中小学校学生生活补助专项资金","国际组织教育贷款、海外和港澳台教育捐款的分配,重点向少数民族和西部地区倾斜","鼓励社会力量办学,支持和调动社会力量参与教育'帮困济贫'行动"等等。在"十五"期间及至 2010 年,"国家贫困地区义务教育工程"、"国家扶贫教育工程"、"西部职业教育开发工程"、"高等职业技术教育工程"、"教育信息化工程"、"全国中小学危房改造工程"、中小学贫困学生助学金专款、青少年校外活动场所建设项目等要向少数民族和西部地区倾斜;少数民族散杂居地区的各级政府要设立民族教育专项资金,制定和落实有关优惠政策,扶持散杂居地区民族教育的发展。

多渠道筹措民族教育经费、增加民族教育投入,为少数民族受教育权提供了必要的、坚实的物质保障。

7. 加强教师队伍建设,从师资上保障少数民族的受教育权

1992 年,《全国民族教育发展与改革指导纲要(试行)》强调办好国际民族师范学校和少数民族师资培训中心,以大力培养

当地土生土长的本民族教师，加强在职教师的培训提高工作。2002年《国务院关于深化改革加快发展民族教育的决定》指出："要把教师队伍建设作为民族教育发展的重点，教育投入要保证教师队伍建设的需要"。2007年3月发布的《少数民族事业"十一五"规划》将民族基础教育帮扶工程列为重点工程：重点开展以民族自治地方中小学教师为重点的培训、轮训工作，选送骨干教师进修学习。按照农村义务教育阶段中小学公用经费总额的5％统筹安排农村中小学教师培训经费，切实加强管理，把民族自治地方农村中小学教师培训纳入规范化管理的轨道。利用"农村现代远程教育工程"的资源，做好民族自治地方贫困县教师的培训工作。加强民族自治地方"双师型"教师培养。强化民族自治地方"双语"教师队伍建设。加强教育扶贫工作，组织发达地区优秀教师赴民族自治地方农村牧区巡回讲学。

在加强少数民族师资队伍建设方面，除了加强在职教师的培训提高工作，还采取大力发展民族师范教育、改善民族地区教师待遇和工作条件、对民族学校教职工编制适当放宽、安排内地有关单位中原民族地区师资队伍建设等措施来更好的从师资方面保障少数民族受教育权的实现。

8. 从实际出发，采取适合少数民族特点的办学形式和教学方式，保障少数民族受教育权的实现

中国在举办民族教育、保障少数民族受教育权实现方面，很重视民族形式和特点。除了普通的办学形式外，还有扶持民族教育、保障少数民族受教育权的特殊办学形式。

《中华人民共和国民族区域自治法》第37条规定："民族自治地方的自治机关自主地发展民族教育，扫除文盲，举办各类学校，普及九年义务教育，采取多种形式发展普通高级中等教育和中等职业技术教育，根据条件和需要发展高等教育，培养各少数民族专业人才。民族自治地方的自治机关为少数民族牧区和经济

困难、居住分散的少数民族山区,设立以寄宿为主和助学金为主的公办民族小学和民族中学,保障就读学生完成义务教育阶段的学业。"

创办民族院校,是中国在现代民族教育领域保障少数民族受教育权的富有成效的创举。民族院校是为培养少数民族人才而创办的一种特殊类型的高等院校。在20世纪五六十年代,民族地区党政干部主要是由民族院校培养的。截至2007年,中国共有民族院校13所,其中6所归国家民委直接管辖。民族院校的办学宗旨主要是为少数民族和民族地区服务。截至2005年,13所民族院校在校生已经超过12万人,专职教师也有近7000人。[①]

民族班是在内地普通学校中设立的少数民族班,是利用这些学校在师资、设备等方面较为先进的条件,专门招收少数民族学生进行特殊形式的培养,是发展少数民族教育、保障少数民族受教育权的一项特殊措施。如在内地举办西藏班、新疆班。截至2007年,24个省市举办的内地西藏班(校)累计招收初中生2.7万余名,已向西藏输送了毕业生1万余名。内地高等学校累计招收新疆少数民族学生1.4万人,已毕业近1万人。2002年至2006年,五年共为新疆培养培训8000余名汉语教师,选派援疆教师600余名。从2000年起,在北京等12个城市15所重点高中学校开办了内地新疆高中班,5年累计招生6600余名。到2007年,年招生规模扩大到5000人。[②]

国家针对少数民族地区特点和民族特点,分别在民族地区和散居区设立民族幼儿学校、民族中小学、民族师范、民族中专、民族职业中学等;在山区和牧区设立寄宿制民族中小学;创办独具特色的民族学院和民族大学;在一部分中等学校和高等学校设

[①] 夏仕武著:《中国少数民族教育》,五洲传播出版社2007年版,第61页。
[②] 夏仕武著:《中国少数民族教育》,五洲传播出版社2007年版,第16页。

立专门招收少数民族学生的民族班和预科班等。[①] 这些适合少数民族特点的办学形式和教学方式,对于保障少数民族受教育权的实现起到了积极的促进作用。

从以上对我国少数民族受教育权制度的发展脉络来看,保障少数民族受教育权的教育行政管理措施的形式极其丰富,可将其归纳为两类:一类是为实施法律而制定和发布的具有普遍约束力的行为规则,即行政立法措施;另一类为实施法律和行政法规、规章而制定和采取的行政措施。其中,对受教育权保障最有力、最主要的措施有教育经费管理措施、教学工作管理措施、招生、选拔等。在中国共产党的领导下,我国在改善少数民族的受教育权状况方面,做了大量的工作,取得了举世瞩目的伟大成就。但由于经济、社会和文化发展水平的制约,还有不少有待进一步改善,从而使少数民族在受教育权的享有和实现方面得到进一步的改善和提高。综上,新中国成立以来,我国的民族教育事业在党的民族平等、民族团结政策的指引下,可谓发生了翻天覆地的变化。从办学规模到办学形式、从教学内容到教学条件、从初等教育到高等民族教育,都取得了令人可喜的成就;少数民族受教育权得到有力促进。同时也为我国改革、发展、稳定和各族人民的团结、进步事业做出了重大贡献。少数民族教育所取得的成就是不可磨灭的。但是,在看到成就的同时,我们也应该清醒地看到,在某些领域、某些方面,少数民族成员应该享有的、作为公民基本权利之一的受教育权,还没有得到充分实现和充分保障。因此,如何才能充分有效地实现少数民族的受教育权、保障受教育权,值得我们去探索、去思考。

[①] 吴宗金、张晓辉主编:《中国民族法学》,法律出版社 2004 年版,第 343 页。

第四章 我国少数民族受教育权保护的制度现状及其存在问题

第一节 我国少数民族受教育权政策、法律[①]保护的现状及意义

新中国成立以来,党和国家十分重视少数民族教育事业,为此先后制定了一系列保护少数民族受教育权的方针、政策、法律法规,并予以贯彻和实施,现已初步形成了保护少数民族受教育权的政策、法律制度体系。党和国家制定了许多繁荣发展民族教育而又行之有效的政策,有些政策已用法律、法规形式固定下来。因此,贯彻落实民族教育政策和加强民族教育法制建设是统一的[②]。在这种情况下,我国民族教育事业取得了令人瞩目的成就,少数民族公民的受教育权获得了基本保障,民族教育规模不断地发展壮大,少数民族公民的素质有了极大地提高。目前,我国少数民族受教育权的保护,主要是通过一系列政策和法律法规来实现的。少数民族受教育权的政策保护、法律保护及其他保护是一个完整的体系,它们之间是相互作用、相互促进的关系,我们只有构建起多重严密的保护体系,才能为我国少数民族受教育

[①] 本节"法律"是指广义的法律,也就是"法"。
[②] 金炳镐:《民族理论与民族政策概论》,中央民族大学出版社2006年版,第404页。

权的全面实现提供坚强有力的保障。

一、我国少数民族公民受教育权的现状分析

我国有 55 个少数民族，人口 1.06 亿，占全国总人口的 8.41%[①]。新中国成立后，特别是改革开放以来，中国政府大力扶持少数民族教育事业，使少数民族受教育的人口大幅度增长，少数民族地区青壮年文盲率已平均降到了 15% 以下。其中朝鲜族、满族、哈萨克族、蒙古族等 7 个少数民族文盲率低于全国平均水平。根据西部大开发和民族地区现代化建设的需要，国家对少数民族的教育给予重点支持。中央财政设立民族教育专款，对少数民族办学中的特殊困难给予必要的支持。此外，国家在分配其他各项教育专款时都给予民族地区特殊的倾斜。为加快少数民族专业人才的培养，国家在招生和培养方面对少数民族考生采取"降分录取，先办预科打基础，后上本科专业，定向招生、定向分配"等措施，加大了对少数民族人才的培养力度。到 2002 年，全国已有 17 个省、区和部委所属的 100 多所高校办有民族预科班和民族班，年招生已达 1.2 万人。在本科和研究生统招政策上，采取"同等条件，优先录取"，"适当加分录取"等措施，为少数民族学生创造了更多的升学深造机会。截至 2002 年，全国各级各类普通学校中少数民族在校学生总数为 1990.57 万人。

我国《教育法》第 12 条规定："少数民族学生为主的学校及其他教育机构，可以使用本民族或者当地民族通用的语言文字进行教学。"我国《义务教育法》第 6 条规定："招收少数民族学生为主的学校，可以用少数民族通用的语言文字教学"。目前，我国使用 21 个（其他少数民族有没有文字）民族的 29 种文字，编

[①] 第五次全国人口普查的数据。

辑出版幼儿、中小学、中等专业学校、成人、职业技术教育以及民族高等学校部分专业的教材。其中正式列入中小学课程计划，使用本民族语言文字进行教学的有蒙古、藏、维吾尔、哈萨克、朝鲜、壮、彝、柯尔克孜、锡伯、傣、景颇等 11 个民族。每年编译出版的少数民族文字教材达 3500 多种[①]。

2005 年国务院新闻办公室发表《中国的民族区域自治》白皮书中有关民族教育主要内容是：民族自治地方的自治机关根据国家的教育方针，依照法律的规定，决定本地方的教育规划，各级各类学校的设置、学制、办学形式、教学内容、教学用语和招生办法。在少数民族牧区和经济困难、居住分散的少数民族山区，设立以寄宿为主和助学金为主的公办民族小学和民族中学，保障就读学生完成义务教育阶段的学业。招收少数民族学生为主的学校（班级）和其他教育机构，有条件的应当采用少数民族文字的课本，并用少数民族语言讲课；根据不同情况从小学低年级或者高年级起开设汉语文课程，推广全国通用的普通话和规范汉字。应该说，在现有条件下，党和国家尽可能地采取各种措施，有步骤地保障了我国各少数民族公民受教育权的实现。

二、我国有关少数民族受教育权的政策保障

民族教育是我国整个教育事业的重要组成部分，也是民族工作的组成部分，它因此而受到国家教育方针、政策和民族理论、民族政策的指导。党和国家历来十分重视民族教育工作，为此制定了一系列党的政策。特别是党的十一届三中全会以来，本着实事求是、改革开放的思想路线，民族教育得到了空前的发展，党

[①] 本部分数据参见 2003 年 10 月 22 教育部负责人：《关于公民受教育权的保障问题》，央视国际新闻。

和国家有关民族教育的方针、政策逐步趋于完善化、规范化,形成一套完整的体系[①]。党和国家的民族教育政策主要体现在中共中央、国务院1993年2月13日印发的《中国教育改革和发展纲要》、2002年7月7日国务院颁发的《关于深化改革加快发展民族教育的决定》、2007年国务院办公厅印发的《少数民族事业"十一五"规划》等文件中。

《中国教育改革和发展纲要》指出:"重视和扶持少数民族教育事业。中央和地方要逐步增加少数民族教育经费。对有特殊困难的少数民族地区,要采取倾斜政策和措施。"、"各民族地区要积极探索适合当地实际的发展教育的路子"。《纲要》也成为我国民族教育发展的纲领性文件,对我国民族教育的发展有着重要的指导意义。国务院颁发的《关于深化改革加快发展民族教育的决定》,指出了新时期民族教育的大政方针、目标任务、政策措施作出了明确规定,鲜明地提出了民族教育跨越式发展的目标,对保障少数民族受教育权作出了明确规定。少数民族教育的基本方针、政策是围绕着民族平等、民族团结和共同繁荣、共同发展的民族工作总目标展开的;基本目标是紧紧围绕党的十一届三中全会以来所确定的积极发展民族经济这一基本点,努力提高民族人口素质和培养各级各类民族地区经济、社会发展所需的建设人才;根据民族区域自治制度和我国教育体制改革的基本目标,确立了各民族自治地方能够、并且应当依据国家的教育方针,决定本地方的教育规划和各类学校的设置、学制、办学形式、教学内容、教学用语以及招生办法;自主地发展民族教育,扫除文盲,普及初等义务教育,举办各级各类学校的权利与义务。从民族地区的实际出发,着眼于少数民族受教育权的实现,因地制宜、灵

[①] 何波、刘旭东:《论少数民族教育政策》,载《民族教育研究》1995年第1期。

活多样地发展民族教育,各级各类民族教育机构在办学形式、学校设置、学制、教学内容、教学形式及教学用语、教材、经费、招生办法和学生待遇等方面,都享有国家特殊的政策。国务院《关于深化改革加快发展民族教育的决定》为新时期我国民族教育的发展、为保障少数民族受教育权的实现,指明了方向、奠定了深厚的理论和政策基础。《少数民族事业"十一五"规划》提出的2010年有关民族教育的主要预期指标:民族自治地方"普九"人口覆盖率达到95%以上,实现全面普及九年义务教育的目标;少数民族各类人才占在业人口比重比2005年提高0.5%,基本接近少数民族人口占全国总人口的比重。

民族教育政策历来是党和国家民族政策的重要组成部分,一直备受重视。特别是全党工作重心转移到社会主义现代化建设上来以后,根据大力发展民族经济的时代需求,使得党和国家更加重视制定合乎民族地区特点、经得起历史检验的民族教育的方针、政策[1]。我国民族教育政策为各少数民族人民的受教育权保护和发展具有重要意义,有些民族教育政策直接是民族教育立法的先导。这些民族教育政策有利于培养各类少数民族人才,有利于少数民族公民综合素质的提高,有利于少数民族地区经济、文化事业的全面发展,有利于建立平等、团结、和谐的社会主义民族关系。

三、我国有关少数民族受教育权的法律保障

我国少数民族受教育权的法律保障体系可分为四个层次:宪法、法律、行政法规、地方法规和规章以及自治条例单行条例,形成了一个统一的相对完整的法律体系。这一法律体系自上而下

---

[1] 何波、刘旭东:《论少数民族教育政策》,载《民族教育研究》1995年第1期。

包括《中华人民共和国宪法》、《中华人民共和国民族区域自治法》、《中华人民共和国教育法》、《中华人民共和国义务教育法》、《中华人民共和国教师法》、《中华人民共和国妇女权益保障法》、《中华人民共和国未成年人保护法》等法律以及《民族乡行政工作条例》、《城市民族工作条例》、《扫除文盲工作条例》以及一些地方法规、自治条例和单行条例[①]。这些法规进一步把落实民族地区人民受教育权具体化，与上位法一起形成了一套相对完整的少数民族受教育权法律保护体系。下文有详细阐述。

四、我国少数民族受教育权政策、法律保护的意义

民族教育是我国整个教育事业的重要组成部分。少数民族教育的发展，不仅是各民族共同发展和共同繁荣的重要组成部分，也是实现各民族共同发展和共同繁荣的重要途径；少数民族教育的发展，不仅有利于继承和发扬各少数民族的优秀文化成果及历史遗产，而且是提高各民族素质的根本大计[②]。因此，加强少数民族受教育权政策、法律保护具有重要意义。少数民族受教育权的保障，对于少数民族自身各方面的发展，以至国家现代化各项建设事业的推进，都具有重要意义。

（一）加强少数民族受教育权的政策、法律保护，这是贯彻实施党和国家民族政策和民族法制的必然结果。我国民族政策和民族法制中都始终体现和渗透着发展民族教育事业和保障少数民族受教育权实现的基本精神。在当今建设社会主义现代化建设和建设社会主义法制化国家的伟大历史进程中，贯彻实施这些民族

---

① 如云南楚雄、红河、西双版纳等少数民族自治州出台了相应的民族教育自治条例等法规，对保护少数民族受教育权作了原则性规定。

② 霍文达：《论中国少数民族教育的地位、方针和政策》，载《中南民族学院学报》1998年第3期。

政策和民族法制，其核心就是要加强对少数民族受教育权的保护。在实践中加强对少数民族受教育权的政策、法律保护工作，是民族政策和民族法制的内在要求，是贯彻实施党和国家民族政策和民族法制的必然结果。

（二）加强少数民族受教育权的政策、法律保护，这是国家稳定和发展的要求。对于多民族国家来说，民族问题至关重要。加强少数民族受教育权的保护，有利于少数民族各项建设事业的蓬勃发展；有利于各少数民族地区的繁荣富强；少数民族的繁荣富强，自然有利于国家稳定，同时少数民族的繁荣富强也是国家发展的目标和要求。加强少数民族受教育权的保护，必然有利于国家的稳定和发展。

（二）加强少数民族受教育权的保护，这是发展、繁荣民族文化的必要手段。教育的主要功能在于：一方面是实现对人类共同创造的知识的传授和创造，相互学习；另一方面是各民族通过民族教育形式而进行的对本民族的历史文化的承继、改造和发展。前者是一切现代各国教育的共同点，而后者则构成了多民族国家不同的民族教育之间的差异。一个民族的文化得以延续和发展在很大程度上是通过教育实现的，离开了民族教育民族文化就无法延续、发展和传承。这样一来，重视民族教育、加强少数民族受教育权的保护，自然就成为发展、繁荣民族文化的必要手段。①

（四）加强少数民族受教育权的保护，有助于少数民族平等生存权和发展权的实现②。少数民族受教育权的有效实现，直接

---

① 张宏民：《当代少数民族受教育权保护问题探讨》。见 http：//www.china001.com/show_hdr.php? xname=PPDDMV0&dname=ILU3V31&xpos=19

② 张宏民：《当代少数民族受教育权保护问题探讨》。见 http：//www.china001.com/show_hdr.php? xname=PPDDMV0&dname=ILU3V31&xpos=19

关系到少数民族平等的生存权和发展权能否实现的问题。对少数民族的发展来说，民族教育有着无可替代的作用。虽然法律层面上赋予了少数民族平等的生存权和发展权，但是若少数民族无自身素质的大幅度提高，那么导致的结果只能是有权利而无享有权利的能力和水平，即民族间形式上平等而实质上不平等。加强少数民族受教育权的保护，无疑有助于少数民族平等生存权和发展权的实现。

（五）加强少数民族受教育权的保护，有助于落实科学发展观，以构建和谐社会。科学发展观是包含发展目的论、发展中心论、发展整体论、发展协调论、发展持续论、发展动力论、和平发展论等理论的科学思想体系。其中，协调发展主要是指城乡发展要协调，区域发展要协调，其实质就是在发展的非平衡中努力做到相对平衡。"社会主义和谐社会"是特指我国社会内部的各种社会关系良性运行的社会状态，既包括各种利益群体之间的关系，也包括各个社会成员之间的关系，还包括各个地区、民族之间的关系。可见，科学发展观和和谐社会均注重系统内部的均衡发展和良性运作。学者张宏民对此进行论述认为，加强少数民族受教育权的保护，有利于少数民族和民族地区的发展，有利于缩小民族地区和发达地区发展上的差距，这实际上是在落实科学发展观，客观上有利于和谐社会的构建。[1]

---

[1] 张宏民：《当代少数民族受教育权保护问题探讨》。见 http://www.china001.com/show_hdr.php?xname=PPDDMV0&dname=ILU3V31&xpos=19

第二节 我国少数民族受教育权的宪法保护制度现状及其存在的问题

宪法是"公民权利的大宪章",其最终的目的就在于保障公民的基本权利,被保障的主体当然包括国内各少数民族公民。宪法作为国家的根本大法,其不同于普通法律的一个主要方面在于保护社会多数人的利益是所有法律的一个基本目标,而宪法不只是要保护多数人的权利,而是要保护所有人——包括少数人甚至一个人——的基本权利,防止出现"多数人的暴政"。因此,我国少数民族的受教育权作为少数民族公民的一项最重要的基本权利之一,当然应该受到宪法的特殊保护。

我国宪法一贯重视对少数民族公民权利的保护,宪法对少数民族权利的保护不仅体现在宪法中关于公民基本权利的规定,更重要的是宪法中对少数民族权利的保护还做出了许多特殊性保护的规定。将少数民族的权利作为一项应当予以特殊照顾的权利加以保护。受教育权作为公民提高自我价值、增强自身素质的一种权利,不仅是我国公民应该享有的神圣权利,而且是我国公民应该履行的一项义务。我国宪法在公民的基本权利和义务一章中明确规定,中华人民共和国公民有受教育的权利和义务。可见,受教育权作为我国公民的一项基本权利,少数民族公民作为我国民族多样性的一个重要组成部分,当然享有宪法规定的公民的基本权利。

一、我国少数民族受教育权的宪法保护制度现状

(一)我国公民受教育权的宪法保护制度

1. 受教育权本身就是宪法权利的重要内容

宪法权利，一般而言，是指由宪法及宪法性法律确认和保障的人的基本权利。自从1919年德国"魏玛宪法"开始使用"受教育权"一词以来，二战以后的世界各国颁布的宪法，基本上都将受教育权规定为公民的宪法权利。受教育权是宪法保护的公民所享有的基本的、具有重要意义的权利。在权利这个内容丰富、种类繁多的庞大体系中，受教育权无疑是公民必不可少的基本权利。受教育权是现代宪法的产物，作为社会权利的受教育权是实质平等价值体现，它是一个伴随着积极国家观的国家理念变迁过程中产生的，故最早的近代宪法中并没有体现受教育权。根据自由国家的观念，国家与社会分离，宪法只禁止国家侵害那些属于公民的基本权利，这些权利以"天赋人权"作为理论基础，是防御性的宪法权利。具体到受教育权而言，教育只是公民个人的事情，属于市民社会的范畴，国家也不负责有关教育的一些事务。公民是否接受教育、怎样接受教育以及接受什么样的教育属于公民个人的私事，国家不予干预。随着现代化进程的扩张，国家与社会出现了一定程度的融合，工业化生产与国家管理需要对国民进行教育，以提供符合社会化大生产和国家管理需要的人力资源。于是，教育纳入国家的全面规划之中，成为国家的积极责任之一。国家在教育机构、教育经费、师资培训、教育内容、入学年龄、考试制度等方面实行全面管理，反映在宪法上，就是在保障传统的古典自由权之外，增加规定了受教育权。同时，国家与社会的融合还导致了其他权利的宪法化，如劳动权、休息权等，这些权利在性质上与受教育权一样，都是国家干预社会的宪法表现，且这类权利的突出特点之一是既表现为公民宪法上的权利，也是公民的义务。

2. 我国公民受教育权的宪法地位

受教育权在我国宪法制度上得到体现最早可以追溯到1922

年湖南省政府公布的湖南省宪法①。我国新中国成立以来的几部宪法都确认了公民受教育权。同时依据宪法我国还制定了《中华人民共和国教育法》、《中华人民共和国义务教育法》、《中华人民共和国高等教育法》、《中华人民共和国职业教育法》、《中华人民共和国教师法》、《中华人民共和国学位条例》等一系列法律法规。《中华人民共和国宪法》在第二章"公民的基本权利和义务"中第 46 条明文规定"中华人民共和国公民有受教育的权利和义务"。因此,受教育权是我国公民的一项基本权利。所谓公民的基本权利,又称人权,它指的是个人针对公权力所享有的那些最重要的、最基本的权利,具有固定性与法定性、不可侵犯性与受制约性、普遍性与特殊性等特征②。马克思曾经指出:"人权不是天赋的,而是在历史中形成的",也就是说,人的基本权利是人作为构成社会整体的自律的个人,并在人类社会历史发展过程中不断形成和发展的那些为确保其自身的生存和发展、维护其作为人的尊严而享有的权利;从终极的意义上说,这种权利既不是造物主或君主赋予的,也不是宪法或国家赋予的,而是人本身所固有的,同时又多为宪法所确认和保障③。而接受教育对于每个公民来说至关重要,它是维护公民自己的独立人格与实现自由和人权的主要手段。保障公民受教育权的目的在于使公民能宽容和尊重他人人权,自由发展他或她的个性和尊严,积极参与自由社会,提高其创造财富的能力,以使其能体面地生活,提高生活水准,成为对社会有用的一员。一个国家的繁荣,不取决于其国库是否殷实,不取决于公共设施是否华丽,而在于它的公民的文化

---

① 黄慧莎:《论受教育权的宪法权利属性及其实现》,载《法制与社会》2008 年第 7 期。
② 张千帆主编:《宪法学》,法律出版社 2004 年版,第 153 页。
③ 张千帆主编:《宪法学》,法律出版社 2004 年版,第 154 页。

素养即它的国民所受的教育程度是否较高,这才是真正的利害所在[①]。少数民族作为重要的少数人,其教育权利在宪法中应该有相应的地位。

3. 我国公民受教育权的宪法保护现状

近年来,随着人们权利意识的觉醒,出现了多起有关侵犯公民受教育权的诉讼案件。从山东"齐玉苓案"[②] 到"平乐乡政府诉韦其明案"[③] 再到"余婷婷诉北京市朝阳区机械学院附属中学案",[④] 受教育权的宪法保护问题越来越频繁地受到人们的关注。

我们应该看到,宪法不仅规定受教育权是公民的基本权利,而且从制度等各方面确立了国家保障教育事业的发展。如《宪法》第19条规定"国家发展社会主义的教育事业,提高全国人民的科学文化水平。国家举办各种学校,普及初等义务教育,发展中等教育、职业教育和高等教育,并且发展学前教育。国家发

[①] 张千帆主编:《宪法学》,法律出版社2004年版,第233页。

[②] 本章后文有详细介绍。

[③] 2001年11月1日《南方周末》。案情简介:2001年9月,贵州省安龙县平乐乡居民韦其明在"姑娘读书没有用"的错误观念支使下,迫使正在读初中一年级的女儿韦元芬辍学。在老师动员、乡政府下达复学通知书、以及乡政府作出行政处罚决定的情况下,韦其明仍未送女儿上学。为此,乡政府以韦其明为被告提起诉讼,要求被告送其未成年子女上学。最后,人民法院作出判决,要求被告停止对未成年子女接受九年制义务教育的侵害,立即送子女上学。参见胡锦光任端平:《受教育权的宪法学思考》,载《中国教育法制评论》第一辑2002年版,第57页。

[④] 2001年11月23日《人民法院报》。案情简介:余亭亭,在高二升学之时,学校怕一部分考生考不上大学,影响学校高考升学率,就故意增加难度,致使她与一些同学考试不及格,而不能升入本校高三参加高考,只能留级或进入分流班。余亭亭被迫转入私立学校,并经一年努力,考上了大学。2001年5月,正读大一的余亭亭以其曾就读过的北京市朝阳区机械工程学院附中高中部侵犯其受教育权为由向朝阳区人民法院起诉。11月9日,朝阳区法院认为余亭亭的诉讼理由"均属于教育改革中出现的权利,不应由人民法院主管,而应由有关部门处理解决。"并依据民诉法第一百一十一条(三)项,作出驳回起诉的裁定。参见胡锦光任端平:《受教育权的宪法学思考》,载《中国教育法制评论》第一辑2002年版,第58页。

展各种教育设施，扫除文盲，对工人、农民、国家工作人员和其他劳动者进行政治、文化、科学、技术、业务的教育，鼓励自学成才。国家鼓励集体经济组织、国家企业事业组织和其他社会力量依照法律规定举办各种教育事业。国家推广全国通用的普通话。"

虽然宪法中明确规定受教育权是公民的基本权利，但由于我国宪法在很多情况下不具有直接的可操作性。因此，当教育权利被侵犯时经常得不到及时、有效的救济。虽然我国宪法从不同的角度体现了建立宪法救济制度的必要性，但并没有明确规定宪法救济的途径。我国宪法在已经预计到法律、行政法规、地方性法规可能违反宪法的情况下，主要从保障宪法秩序的角度，对法律、行政法规、地方性法规以及其他规范性文件的合宪性的监督和审查问题作出了规定，而没有从为公民宪法权利提供宪法救济的角度进行规定[1]。因此，受教育权的宪法保护过于原则，缺乏可操作性。

"宪法是国家的根本大法"这一命题，在当代社会已为世人所普遍接受。在现实社会中，宪法作为最高的社会行为规则，既然宪法是法的一种表现形式，而且是法规范中具有最高效力的规范，毫无疑问，其更应当在社会实际生活中进行适用，以发挥其作为社会最高规范和最高规则的作用和功能。宪法又同时具有政治特性和法律特性，但这两种特性并不是一种并列关系，宪法的政治特性是透过宪法规范表现出来的，在宪法规范的适用过程中，宪法的政治特性得以充分表现。因此，宪法的第一位的特性是它的法律性，它首先表现为一部门法，然后才是一部根本大

---

[1] 王亚琴、任瑞平：《公民受教育权及其宪法救济》，载《法律适用》2002年第12期。

法①。任何一部法律，只有通过司法途径才能使纸面上的文字成为活生生的、现实而有效的规则，只有能通过司法诉讼得到救济的权利才是法律所赋予的权利，这就要求法律必须要具有可诉性，可以通过诉讼手段解决其矛盾冲突。而在现代法治社会，要使法律的民主性和人民性得到充分的发挥和强化，就只有广泛地调动人民大众的主动性和积极性，让人民群众充分参加到政府立法、社会公共事务管理等各项领域中来，让人民大众真正树立起社会主人翁的意识和责任感，这离不开建立完善、健全的法律体系，但在法律体系相对完善的环境中，司法的最终权威性起着十分关键的作用。因为法律作为一种规范人们外部行为的规则，可以被任何人（特别是公民和法人）在法律规定的机构中（特别是法院和仲裁机构中）通过争议解决程序（特别是诉讼程序）加以适应。德国法学家特罗维奇曾这样评价过法律：法律是规范外部行为并可被法院适用于具体程序的社会规则的总和②。因此，从这一意义上说，法律的可诉性是现代法治国家的法律应有的特征。目前，我国公民受教育权的宪法保护过于原则，缺乏可操作性是存在的最大问题。

（二）我国少数民族受教育权的宪法保护制度现状

1. 少数民族受教育权宪法保护的必要性

少数民族的受教育权，不仅是一项公民的基本权利，而且也是一项少数民族的民族权。我国政府一贯重视对少数民族受教育权的保护，注重发展少数民族教育事业。建国60年来，国家一方面通过制定各种法律法规以及方针政策来确立少数民族享有受教育的权利；另一方面，通过对这一系列法律法规、方针政策的

---

① 袁兵喜：《论我国宪法的可诉性》，载《怀化学院学报》2003年第2期。
② 王晨光：《法律的可诉性：现代法治国家中法律的特征之一》，载《法学》1998年第8期。

贯彻实施,有力地维护了少数民族受教育权的实现。更重要的是,我国将少数民族的受教育权上升到宪法的高度予以保护,在宪法中规定保护少数民族受教育的权利,这就使得对少数民族受教育权的保护因其更具有公民基本权利的属性而具有最高的法律效力。在宪法以及相关法律法规的保护下,我国少数民族的教育事业取得了巨大的成就,少数民族公民的受教育权利得到了很好的保障,民族教育的规模得到壮大,少数民族公民的素质也有了很大的提高。少数民族受教育权因其重要性而受宪法保护确有必要。

2. 少数民族受教育权的宪法规定

少数民族平等受教育权是我国公民的一项基本人权,是民族平等原则在教育上的体现。少数民族的受教育权是在人类文明进步、民主意识增强的条件下形成的,从理论上讲,它可以概括为两个方面:其一是少数民族教育平等权;其二是少数民族教育发展权。少数民族教育平等权是指少数民族间及同一民族的各成员间具有同等的接受教育的权利;少数民族教育发展权是指少数民族有根据自身的民族特点,发展教育事业,提高全民族素质的权利[1]。我国是个多民族国家,少数民族教育的发展对维护国家的长治久安,保障我国经济的快速发展,实现社会主义现代化,实现华夏民族伟大复兴至关重要。

少数民族平等受教育权是指不分民族、种族,少数民族公民和汉族公民一样,都享有从国家那里获得均等的受教育条件和机会的权利。我国宪法对保护少数民族公民平等受教育权做了原则性的规定。我国1954年宪法明确规定了"各民族一律平等",以及中华人民共和国的公民在各个领域不分民族和种族的平等权利

---

[1] 邓祥俊:《保障少数民族受教育权的几点思考》,载《湖北民族学院学报》2005年第4期。

和义务。并特别强调规定:"中华人民共和国公民有受教育的权利,国家设立并且逐步扩大各种学校和其他文化教育机关,以保证公民享受这种权利。"1982年宪法又完善了这方面的规定:"中华人民共和国公民有受教育的权利和义务"。受教育是全体公民的一种权利,任何机关、单位、团体、组织或个人不得非法剥夺;同时,也是公民的一种义务,必须履行。权利和义务是平等一致的,人人平等享有权利,同时也平等地履行义务。

《宪法》第4条规定:"国家保障各少数民族的合法权利和利益,维护和发展各民族的平等、团结、互助关系。"

《宪法》第46条规定:"中华人民共和国公民有受教育的权利和义务"

《宪法》第122条规定:"国家从财政、物质、技术等方面帮助各少数民族加速发展经济建设和文化建设事业。国家帮助民族自治地方从当地民族中培养各级干部、各种专业人才和技术工人。"

宪法规定公民有受教育的权利和义务,当然包括少数民族公民的受教育权。少数民族受教育权是指作为一国公民的少数民族成员和多数民族的公民一样,有权接受平等教育训练的权利。建国60年来,我国的民族教育事业在党的民族平等、民族团结政策的指引下,可谓发生了翻天覆地的变化。从办学规模到办学形式、从教学内容到教学条件、从初等教育到高等民族教育,都取得了令人可喜的成就;少数民族受教育权得到有力促进,同时也为我国改革、发展、稳定和各族人民的团结、进步事业做出了重大贡献。

3. 少数民族受教育权的宪法保护的内容——教育平等权和教育发展权

(1) 少数民族教育平等权是基本人权,是我国宪法保障的重要权利。教育平等权因山东三名考生状告教育部[1]而备受宪法学界的关注。教育平等权对于公民来说极端重要，它决定一个公民的品格及其在未来的社会地位；教育平等权对于社会同样十分重要，它是建设和谐社会的基本条件[2]。因此，对于少数民族公民来说，教育平等是民族平等的一个十分重要的内容。在我国目前的城乡二元结构以及地区差别教育、"高考移民"等现象存在的状况下，保障少数民族的平等受教育权成为一个亟待解决的问题。我国《教育法》第36条规定："受教育者在入学、升学、就业等方面依法享有平等权利。"公民的平等受教育权意味着接受教育（包括高等教育）的资格平等、权利能力的平等，只要是中华人民共和国的公民，具备相应的行为能力，不分财产状况、居住年限、地域、民族、宗教信仰等，在法律上都应当被认为具有平等接受高等教育的资格，除非特殊专业需要的特殊的身体条件。

少数民族教育平等权又分为平等受教育机会权、平等受教育条件权、公正评价权。平等受教育机会权是指个人依法获得接受一定形式、一定阶段的受教育机会的权利。保障少数民族受教育机会的均等是衡量少数民族受教育权实现的首要指标。机会权的

---

[1] 2001年8月23日，山东青岛3名应届高中毕业生姜妍、栾倩、张天珠状告教育部，认为教育部2001年4月6日作出的《关于2001年全国普通高等院校教育招生计划》的行政行为侵犯了她们的平等受教育权。教育部在该行政行为中，根据不同地域范围对招生人数作了不同的规定，这种限定使得不同地域的考生划成了高低不同的等级，并在这不同的等级中参加高考，等级之间分数标准差异巨大（去年北京的文科重点控制在454分，而青岛却是580分，相差达120分），从而直接侵犯了包括原告在内的广大考生的平等受教育权。该案引起了全国宪法学者的强烈反响。不管该案给宪法学领域的研究带来多么大的轰动效应，其确确实实地侵害了公民的平等受教育权。

[2] 周永坤：《教育平等权问题及解决之道》，载《华东政法学院学报》2006年第2期。

实现状况也往往反映着一国教育法律、政策的有效性和教育制度的合理性。"入学率"、"入学难易度"、"入学选择"[①]是检验少数民族受教育机会均等的三个方面。其中，"入学率"是义务教育普及程度的衡量指标之一；"入学难易度"是检验民族教育政策实施情况的指标；"入学选择"则是"入怎样的学校"的自由权指标，更多是体现在初中教育阶段。在义务教育阶段受教育者所享有的入学升学机会在法律上是而且也尽可能达到事实上的平等。受教育条件权是指受教育者有权请求国家提供受教育条件并保证其平等利用这些条件，在其利用这些条件困难时，有权请求政府给予资助和帮助。包括教育条件建设请求权、平等利用权，其中，国家不能拒绝受教育者对改善其受教育环境、设施的主张，通过教学设施、师资质量、生均教育经费来体现。平等利用权主要包括参加教学活动权和使用教学设施利用权。参加教学活动权是指参加学校计划安排的正规授课时间内的上课权，以及参加课外活动的权利。使用教学设施利用权是对国家现有教育设施合理利用的权利，即可以无偿使用学校教育教学设施、设备、图书资料，可以合理利用公共文化体育设施，以及历史文化古迹和革命纪念馆。公正评价权是指受教育者在利用教育条件使身心发展变化以后，其身心状况获得公正评价的权利[②]。其评价内容非常广泛，不易操作，因此，这里用"毕业率"、"合格率"、"升学率"来作为测量指标。

（2）少数民族教育发展权

少数民族教育发展权包括少数民族受教育的必要帮助权、民族文化需要权。少数民族受教育的必要帮助权即是指在入学及就学过程中，按法律规定有从国家获得最低限度的维持受教育活动

---

① 蔺全力：《农村儿童受教育权现状研究》，2006西南大学硕士论文。
② 杨成铭：《受教育权的促进和保护》，中国法制出版社2004年版，第84页。

的权利，如果受教育者不是处在同一起跑线上，那么势必会影响到平等教育权的实现，因而必须对经济不发达地区、少数民族地区的教育进行扶持，对少数民族入学者提供必要的教育资助。其具体指标按资助对象不同来划分，体现教育政策对不同少数民族受教育者权利的保障。民族文化需要权利是国家尊重和保护少数民族传统文化，满足少数民族特殊文化教育需要，由国家提供的必要帮助，一般包括双语教学、民族教材、民族体育文化三个方面①。少数民族教育发展权对于少数民族公民素质的提高、生活的改善都至关重要。

二、少数民族受教育权的宪法保护制度中存在的问题

（一）我国宪法没有规定对民族教育的优先发展权，未对民族教育有倾斜性的保护规定

传统法律强调对所有公民都一律无差别地予以平等的保护，注重程序的平等观，这种观念使得少数民族权利被个人权利所取代。这种观念认为通过对少数民族个人权利的切实保障，实际上也就维护了整个民族的利益，达到了间接保护少数民族群体目的。个人权利作为群体权利这一概念的替代品，强烈的暗示少数民族成员已经享有平等的个人待遇，不能要求更多的权利去追求民族的特殊性，少数民族的权利保护问题归化为促进全人类的基本人权的共同享有这个更一般性的问题。个人权利平等的解释实际上只是一种形式上的和机会上的平等，不能保障实际上的平等。社会被简单的"原子化"，差异的群体性权利被忽视，个人权利的观念在社会结构性歧视和国家的民族性的冲击下显得十分

---

① 黄柳英：《民族乡散杂居少数民族儿童受教育权利保障研究》，西南大学硕士学位论文（2007）。

的脆弱[1]。但是这种个人权利的观念忽视了个体之间的种种差异，将原本处于不同水平的人们放在同一的起跑线上，这就使得原本属于劣势的少数民族丧失了进一步享有权利的能力和机会。于是，随着社会的进步以及人类平等公平观念的发展，传统的平等观念逐渐被修正。人们不仅强调不分民族、种族、年龄、性别等个体的区别对公民的权利予以平等的保护，更强调对于弱势群体的倾斜性保护，只有在法律上给他们以一定的特殊保护，才会更符合现代社会的平等公平理念。

相应地，少数民族的受教育权整体上是一种弱势的权利，现实中往往得不到充分的保障。因此，宪法对它的保护就不能仅仅停留在与其他人的受教育权同等的水平上，而是应该强调对少数民族受教育权的优先性保护。只有这样才能保证少数民族的受教育权得到切实的保护。

（二）我国宪法没有强调少数民族受教育的平等权，未明确规定禁止教育上的歧视

我国宪法只规定了公民的受教育权，没有强调少数民族受教育的平等权。宪法中没有对我国"老、少、边、穷"地区和一些社会弱势群体，特别是对边疆少数民族采取符合正义原则的差别待遇，未充分体现我国加入的有关国际公约的精神和条款。为此应当修改、完善我国宪法中的相关教育条款，维护少数民族受教育权。

我国宪法应强调规定，教育机会的平等和教育平等权的基础是考生的成绩。从国外来看，受教育权是一项重要的社会权，包括不同性质的学校及学生的地位平等、学校保证学生受到平等的教育、受教育的机会平等等；对教育平等权的限制一般基于成绩。如海地共和国宪法第32条规定，高等教育除根据成绩外在

---

[1] 常勇：《论民族区域自治与少数民族权利保护》，万方硕博士论文数据库。

平等的基础上向所有人开放。古巴共和国宪法第42条规定，公民不分种族、肤色和民族渊源，都享有国家赋予的如下权利：享受从小学到大学一切教学部门的教育，学校对所有人一视同仁。一些重要的国际公约也规定了教育的平等权和以成绩为高等学校录取的标准。[①]同时，强调形式上教育权平等的同时，追求教育权实质上的平等，承认不同地区教育的差距，承认少数民族地区教育的相对落后才是真正的面对现实，这也是给予少数民族人民有关受教育权方面各种特殊待遇的依据。

《世界人权宣言》第26条（一）规定，人人都有受教育的权利，教育应当免费，至少在初级和基本阶段应如此。初级教育应属义务性质。技术和职业教育应普遍设立。高等教育应根据成绩而对一切人平等开放。此外，教育上的平等权在《公民权利和政治权利国际公约》第26条……得到一般性保障。《经济、社会、文化权利国际公约》第13条第2款规定，本公约缔约各国认为，为了充分实现这一权利起见，高等教育应根据成绩，以一切适当方法，对一切人平等开放。由于我国宪法缺乏这些现代教育应当体现的时代精神，使教育立法缺少关键性的标准，也使各地政府、教育行政部门甚至高校出台严惩高考移民行为的措施时无所顾忌。[②]我国以后的修宪应将这些涉及教育平等、公正的主要国际公约标准纳入宪法之中。

我国宪法应明确规定禁止教育上的歧视。目前在高考录取数量的分配、高校的分布和分数的确定方面都存在着严重的不平衡现象，体现出对西部内陆一些教育落后和不发达省份的歧视。要根除这种现象，必须从宪法上禁止国家采取歧视性教育措施[③]。

---

① 缪荪生：《高考移民的法律控制》，载《行政与法》2004年第10期。
② 缪荪生：《高考移民的法律控制》，载《行政与法》2004年第10期。
③ 缪荪生：《高考移民的法律控制》，载《行政与法》2004年第10期。

1960年联合国教育科学及文化组织大会通过的《联合国教科文组织取缔教育歧视公约》第1条规定:"为本公约目的,'歧视'一语指基于种族、肤色、性别、语言、宗教、政治或其他见解、国籍或社会出身、经济条件或出生的任何区别、排斥、限制或特惠,其目的或效果为取消或损害教育上的待遇平等,特别是:(甲)禁止任何人或任何一群人接受任何种类或任何级别的教育;(乙)限制任何人或任何一群人只能接受低标准的教育;(丙)对某些人或某群体设立或维持分开的教育制度或学校,但本公约第二条的规定不在此限;(丁)对任何人或任何一群人加以违反人类尊严的条件。"上述公约是我们努力的方向,今后在修宪时应当将维护教育平等权和禁止教育歧视纳入宪法中。

(三)受教育权救济体制的不完善

尽管我国现行宪法将受教育权规定为公民的基本权利,而且对少数民族公民的基本权利规定了各项保障措施。但是,我们也应该看到我国宪法在对公民基本权利救济上的不足之处。朱福惠教授就明确指出:"我国宪法的制宪观在公民基本权利的规定和保障方面尚存在以下几个方面的不足:第一,弱化权利的保障功能,体现出制宪者重权利之宣告而轻权利之保障的宪法观。第二,淡化国家义务,体现出制宪者重国家权力之行使轻国家权力之义务的宪法观。第三,模糊司法保护,体现出制宪者重形式权威轻实质权威的宪法观。"[1] 可见,由于宪法本身对基本权利救济上的不足,就导致少数民族公民的受教育权遭受救济上的困难。因此,完善我国宪法的救济体制就成为对少数民族公民受教育权救济的一个重要方面。完善宪法的救济体制事实上是加强对少数人包括少数民族保护的一项重要措施。

(四)宪法监督实施制度不完善

---

[1] 朱福惠:《公民基本权利宪法保护观解析》,载《中国法学》2002年第6期。

宪法监督是指为保障宪法实施所采取的各种办法、手段、措施和制度。它是一个含义很广的概念，是指为使宪法得到不折不扣的执行而采取的各种措施，包括违宪审查，也包括对宪法实施的其他方面进行监督。违宪审查是宪法监督的重要措施之一。

1. 建立违宪司法审查制度的必要性

要通过修改宪法，建立违宪司法审查制度，使违反宪法的法律法规和其他行为得到审查。所谓违宪审查，是指特定的国家机关对某项立法或某种行为是否合宪所进行的具有法律效力的审查和处理。这一制度的主要目的就是裁定并处罚违宪行为，尤其是立法机关和行政机关制定违宪的法律和法律性文件的行为，以制约国家权力，保障公民权利，保证宪法的有效实施。违宪审查制度是监督宪法实施的重要制度之一。宪法是一国的根本大法，宪法既需要有完善的规定，更需要有效的保障实施的措施。违宪审查制度就是监督宪法实施的有力措施之一。世界各国的违宪审查制度主要有三种模式：一是立法机关行使违宪审查权，如英国。二是普通法院通过受理公民的诉讼来行使违宪审查权，这种模式也称为司法审查，典型代表是美国。但这种模式下，法院即使宣布该项法律、法规违宪，效力也仅及于本案，并不等于宣布该法无效。三是由专门的机关行使违宪审查权，如法国的宪法委员会和德、俄等国的宪法法院。现代国家通过两种方式对法律及法律性文件的合宪性进行审查。一是事先审查，即在法律、法律性文件颁布生效之前所进行的合宪性审查，一旦被确认违宪，该项法律、法律性文件便不得颁布实施。二是事后审查，即法律、法律性文件颁布实施之后，在执行和适用过程中进行的合宪性审查，这种审查或由公民以诉讼方式提起，或由行使违宪审查权的有权机关主动进行。中国的法规备案审查制度就是事后审查的一种方式。

我国也有违宪审查机制，但还不完善。我国的违宪审查从模式上说，是由立法机关进行审查；从审查方式上说，是事先审查和事后审查兼而有之。我国宪法规定，全国人大常委会有权解释宪法并监督宪法的实施，有权撤销国务院制定的同宪法、法律相抵触的行政法规、决定和命令，《立法法》中也有相应的更加具体的规定，这就明确了违宪审查的主体。中国违宪审查制度的问题在于：一是还不完善，比如没有规定审查的期限和审查后可能产生的法律责任；二是在实践中，本来非常重要的事后审查权未被真正行使过。

2. 侵犯少数民族受教育权的宪法诉讼案件的处理

公民受教育权受到侵犯时，法院能否直接依据宪法进行保障，各国通行的方法是"穷尽法律救济原则"，其后如果仍认为受到侵犯，再向有宪法解释权的机关提出宪法诉求；为公民宪法权利提供救济的主体，因各国的政治理念、政治体制、法院设置、法律传统、历史背景等的不同而有所不同，并不仅限于司法一途[①]。至于法律规范是否违反宪法规范，在我国现有宪政体制下，人民法院只有疑问权没有判断权，违宪判断权属于全国人大及其常委会。也就是说，在我国，人民法院在审理具体案件时，如果认为行政法规、地方性法规、自治条例、单行条例同宪法相抵触，裁定中止诉讼，逐级上报最高人民法院，再由最高人民法院向全国人大常委会提出审查请求，由全国人大常委会最终决定这些法律规范是否违反宪法规范。因为依据立法法，在法院体系中，只有最高人民法院才有向全国人大常委会提出违宪审查的请求。至于宪法规范未被法律具体化的情形，由于我国法院没有宪法解释权，并且宪法规范又比较抽象、

[①] 胡锦光、任端平：《受教育权的宪法学思考》，载《中国教育法制评论》第 1 辑，2002 年版，第 57 页。

原则、不易操作,加之人民法院还受制于人民法院受案范围及起诉条件的限制,所以人民法院无法受理也无法审理此类案件[①]。结果是侵犯少数民族受教育权的宪法诉讼案件无法得到人民法院的处理。

(五)我国宪法对受教育权的规定过于抽象,对少数民族受教育权的规定更是没有提及

《宪法》第 46 条规定:"中华人民共和国公民有受教育的权利和义务"。我国宪法采用抽象规定并未指明所有公民有接受何种教育的义务。事实上,公民只有接受国家规定的一定年限的义务教育的义务,公民没有接受非义务教育的义务,或者说,现阶段,接受高等教育并不是我国公民应尽的义务。因而,我国现行宪法这一规定中的义务实际上表现为现阶段所有公民都有接受九年基本国民教育的义务,即接受九年义务教育的义务。因此,我国宪法的这种规定指向不够明确,意思含混不清,容易造成人们对受教育权的误解。我国宪法这种抽象规定没有将义务教育的权利主体与义务主体(提供主体)区分开来。我国宪法的规定对义务教育的义务主体之间的关系也不够清晰和明确,这容易造成在义务教育实施过程中义务主体之间相互推脱责任而使义务教育的义务得不到切实履行的情况发生[②]。我国宪法对受教育权规定过于抽象,不便于人们全面正确理解受教育权的性质。在明确了受教育权的权利主体与义务主体的基础上,可以进一步将受教育权分为一般意义上的受教育权与特殊意义上的义务教育的受教育权。这种区分有助于我们正确理解

[①] 胡锦光、任端平:《受教育权的宪法学思考》,载《中国教育法制评论》第 1 辑,2002 年版,第 57 页。

[②] 陈正华、王保庆、杨瑞勇:《受教育权性质:国际法与中国宪法的比较研究》,载《西南大学学报(人文社会科学版)》2007 年第 3 期。

受教育权的权利本质,明确其权利主体与义务主体。这在理论上可以避免出现语义与逻辑上的问题,也有利于人们在实践中更好地认识和处理受教育权的权利和义务问题,有利于促进公民受教育权的更好实现。

鉴于当前人权保障的国际化趋势以及我国应当履行的保障国际人权的义务,立法者在将宪法中纲领性的客观权利转变为法律规定的具体性主观权利过程中,应该积极参与国际人权法的合作,签署、批准和加入有关保障受教育权的国际条约,并尽快切实履行国际人权法中受教育权在国内法的实施义务。因此,立法机关对宪法规定的受教育权的保障可以从两个方面进行:一是通过落实中国批准和加入的国际人权法规定的受教育权内容;二是将宪法有关受教育权的条款法律化、具体化。受教育权保障除了采纳国际标准以外,还必须根据各国的具体国情将宪法的条款具体化为可以操作的国内标准。显然,在我国宪法规定的受教育权保障绝大多数情形下,受教育权保障只能在法律层次得到切实保障;而将宪法受教育权条款法律化,具体化的唯一途径是立法机关的立法活动。目前我国已经初步形成以宪法确定的基本原则为基础,以教育法为核心,以教育专门法和行政法规为骨干,以教育规章,地方性法规和规章为主体的有中国特色社会主义的教育法律体系,对受教育权的保障层次和程度超过以往任何时候。我国立法机关对少数民族受教育权的事前保障义务,不仅表现在教育立法数量上,更关键的是立法质量的提高。

第三节 我国少数民族受教育权的法律保护制度现状及其存在问题[①]

一、我国少数民族受教育权的法律法规保护制度现状

我国现行法律、法规对公民受教育权的保护不仅体现在宪法中将其规定为公民的基本权利，而且还通过将宪法规定具体化为法律的方式对少数民族的受教育权给了特别的保护。这就使得对少数民族受教育权的保护不仅有基本法的最高原则性保障，更重要的是通过法律具体化规定，使权利保障更具有可操作性。当权利受到侵害时，也更能得到有效的救济。我国法律对少数民族受教育权的保障是多方面的，主要包括《义务教育法》、《民族区域自治法》、《教育法》、《教师法》、《未成年人保护法》、《妇女保障法》以及《民族行政工作条例》、《城市民族工作条例》、《扫除文盲工作条例》等法律法规。以上法律法规分别从不同的角度对少数民族的受教育权予以保护，以使我国少数民族公民的受教育权得以充分的实现。我国法律对少数民族受教育权的保护主要体现在以下几方面：

（一）现行法律法规对少数民族受教育权的相关具体规定

《中华人民共和国教育法》第9条规定："中华人民共和国公民有受教育的权利和义务。"第10条第1款规定："国家根据少数民族的特点和需要帮助各少数民族发展教育事业。"第56条规定："国务院及县级以上地方各级人民政府应当设立教育专项资金，重点扶持边远贫困地区、少数民族地区实施义务教育。"

---

① 本章所谓"法律"是指除了宪法以外的法律法规、规章以及地方性法规、自治条例、单行条例等。

《中华人民共和国义务教育法》第2条规定:"国家实行九年义务教育制度。义务教育是国家统一实施的所有适龄儿童、少年必须接受的教育,是国家必须予以保障的公益性事业。实施义务教育,不收学费、杂费。国家建立义务教育经费保障机制,保证义务教育制度实施。"第4条规定"凡具有中华人民共和国国籍的适龄儿童、少年,不分性别、民族、种族、家庭财产状况、宗教信仰等,依法享有平等接受义务教育的权利,并履行接受义务教育的义务。"第6条规定:"国务院和县级以上地方人民政府应当合理配置教育资源,促进义务教育均衡发展,改善薄弱学校的办学条件,并采取措施,保障农村地区、民族地区实施义务教育,保障家庭经济困难的和残疾的适龄儿童、少年接受义务教育。国家组织和鼓励经济发达地区支援经济欠发达地区实施义务教育。"第11条规定,"凡满六周岁的儿童,不分性别、民族、种族,应当入学接受规定年限的义务教育条件不具备的地区,可以推迟到七周岁入学。"第18条规定:"国务院教育行政部门和省、自治区、直辖市人民政府根据需要,在经济发达地区设置接收少数民族适龄儿童、少年的学校班。"第47条规定:"国务院和县级以上地方人民政府根据实际需要,设立专项资金,扶持农村地区、民族地区实施义务教育"。

《中华人民共和国未成年人保护法》第3条规定:"未成年人享有受教育权,国家、社会、学校和家庭尊重和保障未成年人的受教育权。"第9条从反面规定:"父母或其他监护人应当尊重未成年人接受教育的权利,必须使适龄未成年人按照规定接受义务教育,不得使在校接受义务教育的未成年人辍学。"

《中华人民共和国民族区域自治法》第36条规定:"民族自治地方的自治机关根据国家的教育方针,依照法律规定,决定本地方的教育规划,各级各类学校的设置、学制、办学形式、教学内容、教学用语和招生办法。"第37条规定:"民族自治地方的自治机关自主地发展民族教育，扫除文盲，举办各类学校，普及九年义务教育，采取多种形式发展普通高级中等教育和中等职业技术教育，根据条件和需要发展高等教育，培养各少数民族专业人才。民族自治地方的自治机关为少数民族牧区和经济困难、居住分散的少数民族山区，设立以寄宿为主和助学金为主的公办民族小学和民族中学，保障就读学生完成义务教育阶段的学业。办学经费和助学金由当地财政解决，当地财政困难的，上级财政应当给予补助。招收少数民族学生为主的学校班级和其他教育机构，有条件的应当采用少数民族文字的课本，并用少数民族语言讲课根据情况从小学低年级或者高年级起开设汉语文课程，推广全国通用的普通话和规范汉字。各级人民政府要在财政方面扶持少数民族文字的教材和出版物的编译和出版工作。"第55条规定"上级国家机关应当组织、支持和鼓励经济发达地区与民族自治地方开展经济、技术协作和多层次、多方面的对口支援，帮助和促进民族自治地方……教育……事业的发展。"第64条规定："国家加大对民族自治地方的教育投入，并采取特殊措施，帮助民族自治地方加速普及九年义务教育和发展其他教育事业，提高各民族人民的科学文化水平。国家举办民族高等学校，在高等学校举办民族班、民族预科，专门或者主要招收少数民族学生，并且可以采取定向招生、定向分配的办法。高等学校和中等专业学校招收新生的时候，对少数民族考生适当放宽录取标准和条件，对人口特少的少数民族考生给予特殊照顾。各级人民政府和学校应当采取多种措施帮助家庭经济困难的少数民族学生完成学业。国家在发达地区举办民族中学或者在普通中学开设民族班，招收少数民族学生实施中等教育。国家帮助民族自治地方培养和培训各民族教师。国家组织和鼓励各民族教师和符合任职条件的各民族毕业生到民族自治地方从事教育教学工作，并给予他们相应的优惠待遇。"

《扫除文盲工作条例》第2条规定"凡年满十五周岁以上的文盲、半文盲公民，除丧失学习能力的以外，不分性别、民族、种族，均有接受扫除文盲教育的权利和义务。"

(二) 从法律上保障各民族都享有平等的受教育权

我国《教育法》第9条、《义务教育法》第4条、第11条、《未成年人保护法》第3条都分别规定了凡具有中华人民共和国国籍的适龄儿童、少年，不分性别、民族、种族、家庭财产状况、宗教信仰等，依法享有平等接受义务教育的权利，并履行接受义务教育的义务；未成年人享有受教育权，国家、社会、学校和家庭尊重和保障未成年人的受教育权；父母或其他监护人应当尊重未成年人接受教育的权利，必须使适龄未成年人按照规定接受义务教育，不得使在校接受义务教育的未成年人辍学。《扫除文盲工作条例》第2条规定"凡年满十五周岁以上的文盲、半文盲公民，除丧失学习能力的以外，不分性别、民族、种族，均有接受扫除文盲教育的权利和义务。"从以上法律规定可以看出，我国法律从各个不同的方面都对公民的受教育权予以保护，而且特别强调，不分性别、民族、种族、家庭财产状况、宗教信仰等依法享有平等的受教育权。

(三) 依法保障各少数民族公民受教育机会的均等

《中华人民共和国教育法》第9条规定"中华人民共和国公民不分民族、种族、性别、职业、财产状况、宗教信仰，依法享有平等的受教育机会。"《中华人民共和国未成年人保护法》第3条规定"未成年人享有受教育权，国家、社会、学校和家庭尊重和保障未成年人的受教育权。未成年人不分性别、民族、种族、家庭财产状况、宗教信仰等，依法平等地享有权利。"也就是说，公民在受教育方面享有权利和履行义务具有平等的法律地位，不因公民的民族、种族、性别、职业和财产状况、宗教信仰等的不同或差别而受到不平等的待遇。但是，我们也应该看到，由于各地在经济、文化、教育等方面发展的不平衡，因此教育机会平等也不是绝对的，而是相对的。不用说少数民族地区由于经济、文化水平相对落后而导致的教学设施、教育水平等方面与其他地区的差别，就是在同一地区也会因为城乡差别、性别比例以及人们的思想认识等方面的不同而存在差别。

（四）依法保障少数民族公民接受本民族文化教育的权利

中国是个统一的多民族国家，各族人民在自己的生产生活过程中创造了其璀璨的民族文化，形成了独具民族特色的文化氛围以及风俗习惯。也正是由于少数民族的这种独具一格的民族文化构成了中华文化的多元化，她们与汉族文化一起影响着整个中华民族的整体发展，显示出中华文化的独特魅力。我们所倡导的发扬中华民族文化，就不能不将少数民族文化作为民族教育的重要内容。因此，我们讲保障少数民族的受教育权就必须要同时保障少数民族公民接受本民族文化教育的权利。《民族区域自治法》第 36 条规定："民族自治地方的自治机关有权根据国家的教育方针，依照法律规定，决定本地方各级各类学校的教学内容。"《延边朝鲜族自治州自治条例》第 53 条规定"自治州内的朝鲜族中学，应把朝鲜历史列为历史课的教学内容。"另外，《中华人民共和国民族区域自治法》、《中华人民共和国教育法》、《民族乡工作条例》还赋予了少数民族使用和发展本民族语言文字的权利。

二、我国少数民族受教育权的法律保护中存在的问题

（一）立法不足，缺少一部专门的少数民族教育法

从我国目前的少数民族教育法律体系来看，除宪法确认受教育权为公民的基本权利外，尚缺乏一部统领民族教育法规规章的民族教育基本法，民族教育法律体系远远没有建立起来。现行的有关专门保护少数民族教育权的大多为民族教育行政规章及规章性文件，由于少数民族教育权保护的法律层级太低，必然导致法

律保护的力度不足。因此很难有效的保障少数民族的受教育权。因此,制定一部关于少数民族教育的基本法显得十分必要而紧迫。现在已有学者呼吁制定《少数民族教育法》,认为"《少数民族教育基本法》的起草制订,将极大地推进我国民族教育法规体系的建设和完善,使我国民族教育事业尽快走上法制化轨道。"[①]

在党和国家的高度重视下,我国的少数民族事业取得了巨大的进步,无论是教育规模还是教育形式、教育条件、教育水平都取得了举世瞩目的成就。但是,我们也应该清醒地认识到,目前少数民族教育与内地和东部发达地区相比,仍然存在着很大的差距。少数民族这种相对落后的教育现状决定了国家有必要对少数民族教育进行单独立法,以充分保障少数民族公民的受教育权,促进少数民族经济文化的发展,从而更加有力地促进我国的区域经济协调发展,实现实质上的民族平等。虽然目前我国已经有多部法律从不同的角度对少数民族的受教育权予以保护,但我们认为少数民族仅有的特殊性和重要性,决定了仅仅依靠普通教育立法,难以从根本上解决少数民族教育存在的问题,只有加强和加快少数民族教育立法,才可能更有效地促进少数民族教育的跨越式发展[②]。通过立法的形式,制定民族教育基本法是解决少数民族受教育权的根本途径。

(二)法律保护的力度不够,很少规定相应的法律责任

法谚道:"无救济则无权利。"任何一种权利的实现都需要有效的救济程序的保证。而从我国少数民族受教育权的保护现状来看,法律上往往把对少数民族受教育权的保护停留在法律原则的层面上,而少有将其具体化到规则层面的保障,更不用说在法律

[①] 陈立鹏:《中国少数民族教育立法新论》,中央民族大学出版社 2007 年版。
[②] 杨琴、陆万莲:《民族教育的发展要有立法保障》,载《中国民族》2003 年第 4 期。

中规定，当少数民族的受教育权受到侵犯时，少数民族公民应该如何请求保护自己的权利，侵权者应该承担怎样的法律责任以及责任的追究机制等等一系列的现实性问题。没有相应的法律规定，就导致了在现实生活中，少数民族的受教育权得不到有效的救济和保护。因此，我国法律应该加强对少数民族受教育权保护的力度，规定相应的权利救济机制，以使得少数民族的受教育权能够得到切实有效的保护。

（三）法律规定的宽泛化，缺乏具体的可操作性规定

少数民族受教育权保护的法律应该是一个协调统一的完整体系，而我国法律基本上都是确立了少数民族公民享有平等的受教育权以及平等的受教育的机会，而很少在具体的制度层面上规定一些实际的操作措施。例如，少数民族教育面临的经费不足的问题该如何解决；少数民族教育行政管理部门的设置及其地位、职责、任务、工作程序和工作原则、义务、权利等；少数民族学校的设置及其权利义务；少数民族教育的师资队伍建设；少数民族学生升学和在校生活等等的问题都需要在立法上有具体的规定。只有这样才能更好地保护少数民族公民的受教育权。

（四）义务教育体系不健全，少数民族学生、教师流失严重

义务教育是为全体适龄儿童提供一种国民素质的基础性教育，是由国家予以保证，主要由政府举办的、强制性的、免费的教育。义务教育中的"义务"，就是国家保障公民受教育权利的义务以及社会所承担的义务，而不是相反。我国《义务教育法》明确规定了免费教育原则："国家对接受义务教育的学生免收学费，国家设立助学金、帮助贫困学生就学。"但是现实情况是，大多数地区义务教育还是要收费的，不收学费而要收杂费。即使有的地方实行基础教育免费，免除的主要是学费，而实际上课本费、杂费的数额远远高于学费，这就使义务教育有名不副实之嫌。虽然自2001年以来，国家在贫困地区和民族地区实行义务

教育阶段收费"一费制",即农村每生每年所有收费小学最高不超过120元,初中最高不超过230元。但对许多人均年收入只有几百元的少数民族边远地区家庭来说,仍是沉重的负担。我国目前已基本普及九年义务教育,但仍有15%的地区尚未"普九",还有0.9%的儿童没有上学,11.4%的少年没有读初中。而这15%的地区大多是偏远少数民族地区,无法上学的孩子往往又是农村少数民族的孩子[①]。家庭的贫寒、因为生存条件的恶化迫使这些少数民族孩子要么辍学、要么转到其他地方上学,少数民族学生流失严重。同样,对担负着义务教育重任的教师来说,由于受市场经济大潮的影响,教师队伍也呈现严重流失倾向,这就给本来师资力量不足的少数民族教育事业带来了沉重地冲击。

（五）少数民族教育缺乏稳健的财力支持,民族地区教育举步维艰

由于历史的原因,我国的少数民族地区大都处在贫困落后的山区、牧区。这些地方几乎没有什么工业基础,多数以农、牧业为主。地方财政来自工商税收很少,大部分主要来自农、牧民交纳的各种税费。这样,以县、乡为主的地方财政收入往往相当微薄。按规定,县乡财政不但要支付"七站八所"政府机关人员的庞大开销,而且还要承担教师的工资发放。实际上这样微薄的财政收入,不要说使县乡政府去发展其他科教文卫事业,很多地方往往连教师工资也不能保证按时足额发放,拖欠教师工资现象也已屡见不鲜。而按《民族区域自治法》和其他法律规定,民族自治地方的办学经费和助学金由当地财政解决。义务教育经费以县乡筹集为主,使县乡财政肩负起沉重的义务教育重任。但由于县乡财政捉襟见肘,教育经费面临严重缺口,也就使民族地区教育

---

① 潘高峰:《试论我国少数民族受教育权及其保障》,载《西南民族学院学报》2002年第7期。

陷入经费危机中，举步维艰。在有些地方，政府为保证教师工资发放往往向银行借债，以致县乡财政出现严重赤字，长期的恶性循环，不但使政府和农民不堪重负，更使义务教育经费无法保证。当前，农村费改税改革正在逐步展开，以"教育附加费和教育集资费"为主导收入的县乡财政，随着"两费"的取消，将陷入一个更大的经费危机，义务教育面临的也只能是雪上加霜。尽管近些年来，中央财政每年都有拨给少数民族教育的专项补助、"贫困地区义务教育工程"专项资金、及世界银行贷款等各项经费，但面对各地庞大的经费需求，往往是僧多粥少、不解饥渴。少数民族教育事业正面临着严峻的考验。

（六）法律法规未能有效规制"高考移民"问题

目前，有中国特色的"高考移民"现象是对少数民族公民受教育权的直接侵犯，是保障少数民族的平等受教育权亟待解决的一个重要问题。"高考移民"等现象严重影响少数民族受教育权的实现。由于历史、现实等多方面原因，我国广大少数民族地区属于教育欠发达地区。可以看到的是，大学录取分数线低的省份大多属"老、少、边、穷"地区，其中有相当一部分地区是少数民族地区，这样一来少数民族学生在大学录取过程中就受到了排挤，其接受高等教育的受教育权就不能得到较好的实现，国家对少数民族的照顾和优待也就落不到实处。

1. 高考移民及其产生背景

所谓高考移民就是父母或者亲属为了让孩子在高考时考取更好的大学，就在高考前将孩子的户口和学籍弄到录取分数线相对较低的省份。这样在一般省份学习一般的孩子在特殊省份的高考排名就会大大提前，从而考入一流的大学。现在高考移民是教育部明文禁止的，所有知情者在该生高考报名之后到大学毕业之前都可以检举。高考移民，是中国独特的移民群体。其产生与中国高考的地区间差异以及户籍制度等有关。随着入户制度的松动，这种现象在 90 年代开始出现。高中移民是当前各地高考录取比例差距较大状况下的一种无奈之举，其实质是以金钱来购买分数。它对高考的地区性不公平提出了挑战，但同时却又加剧了教育的阶层不平等。

"高考移民"产生有其深刻的历史背景，1977 年，中国恢复了高考制度。由于教育资源的相对短缺，导致"千军万马争过独木桥"的现象愈演愈烈。由于各省市之间在经济上发展的不均衡，导致了各地教育质量也参差不齐，特别是少数民族地区。因此中国的高考虽然采取了全国统一命题（个别地区一直实行单独命题，近年这种趋势有所扩大），但是并未采取统一评分，更重要的，并未在全国规定划一的招生名额，而是实行省内统一招生政策。

高考移民实质上反映了各地经济、教育水平的差距，同时也是对国家实行歧视性的地域差别待遇的一种适应性策略。一方面，能够办理高考移民的学生家庭往往有一定的经济实力，而流入地学校也通过招收高考移民学生增加财政收入。另一方面，原本为了照顾经济落后地区学生的政策在一定程度上失去了作用，由于中学教育的差异带来的不平等在进一步扩大。因此，许多人在抨击高考移民的同时，也开始对其产生的背景"高考分省招生"政策产生反思和批判。

2. 现行法律法规存在的缺陷

我国目前没有统一的法律来制止"高考移民"问题，教育部把高招报名条件下放到各省，由各省制定普通高等学校招生报考条件，于是出现了不同省份报考条件出现一定差异。海南省政府下发了《海南省普通高等学校招生报考条件暂行规定》，对"高考移民"进行限制，广西规定，考生本人及其父母在该区有常住户口，且本人高中阶段在该区就读的考生才能报考。宁夏规定，投亲靠友落户该区或户口空挂的不得报考，本人户口在该区落户且高中阶段在该区就读但其父母户口不在该区的，只能报考区属院校。贵州规定，在该省投资或从事高科技新产品开发，为该省经济建设做出贡献人员的子女；或随父母在该省落户6年以上且高中阶段在该省就读的才能报考，否则只能报考该省二级学院和专科层次学校。青海规定，凡父母在该省投资注册经营5年以上且本人在该省高中阶段学校就读；或考生的户口迁入该省且在该省高中阶段就读满3年的才能报考。上述措施虽然在一定程度上制裁了高考移民行为，缓解了矛盾，但采取此类措施有一定的局限性，与教育所应当体现的民主、法治、公正价值要求还有很大的距离。

三、我国少数民族受教育权法律保护制度的完善

当前，完善我国少数民族受教育权保护的一个紧迫的任务就是制定一部体系合理、内容完备的少数民族教育基本法——《中华人民共和国少数民族教育法》。而根据陈立鹏教授的研究，从我国民族教育及民族教育立法实践看，我国民族教育立法的内容应主要包括以下几个方面：第一，明确民族教育的地位、任务、方针以及发展民族教育的基本原则；第二，明确民族教育行政机构的设置及其职责、任务、工作程序和工作原则等，明确民族教育行政机构工作人员的组成及其职责要求；第三，明确民族学校的设置及其权利、义务；第四，明确民族教育教师的来源及其权利、义务；第五，明确少数民族学生的权利义务；第六，明确民族教育经费的来源、分配、使用及监督；第七，确定民族自治地方的自治机关自主管理本地方教育事业的权限；第八，关于双语教学；第九，关于经济发达地区对民族贫困地区教育的支援；第十，关于教育与宗教相分离；十一，关于民族特殊地区教育；十二，关于民族教育科学研究；十三，规定违反民族教育法规的法

律责任。① 对于我国目前的少数民族教育来说，只有制定一部体系完备、结构合理的少数民族教育基本法，才能切实有效地保护少数民族公民的受教育权。

（一）大力加强宣传教育、开展各种活动，提高全社会对少数民族教育的重视程度

1. 要充分利用有关的报刊、杂志、电台、电视台等新闻媒体及其他手段和方式，不断报道少数民族教育取得的新成就和存在的问题，及时反映少数民族孩子受教育的真实情况，宣传民族教育在我国教育中的重要地位，让全社会树立"有文化光荣、无文化可耻"的观念，提高家庭、社会对少数民族受教育权的认识，形成人人谈教育、人人讲教育、尊师重教的良好风尚。同时把宣传教育同当前的"西部大开发"、"科教兴国"结合起来，促使全社会都积极行动起来，关注少数民族教育事业的发展。

2. 继续加强少数民族地区农村学校与城市学校的联谊活动，开展城乡学生"一帮一"结对、"手拉手"活动，鼓励全社会开展支助贫困儿童入学的"春蕾工程"、"烛光工程"和"希望工程"，实施青年志愿者支教的"灯塔计划"。积极鼓励从事少数民族教育的教师到发达地区学校学习、交流，支持东部发达地区教师到西部贫困地区任教。

3. 各级党委和政府机关应当时刻以广大人民的利益为出发点，站在"三个代表"的高度上，充分认识民族教育的重要性，切实转变政府职能、改变工作作风，以贯彻《民族区域自治法》和党的民族政策为契机，做到：(1) 大兴调查研究之风，深入实际、深入基层、到广大农牧民中去，对民族教育问题及时发现、及时解决。(2) 充分行使自治权，多渠道、多方位筹集民族教育

---

① 陈立鹏：《中国少数民族教育立法新论》，中央民族大学出版社 2007 年版，第 62—65 页。

办学经费，改善办学条件、完善教育设施。(3) 对民族教育做到专人专管，实行区域个人负责制。(4) 理顺义务教育管理渠道，建立、健全侵犯受教育权的行政救济机制，为少数民族受教育权的充分实现提供有力的行政权力保障。

（二）大力发展地方民族经济，增强经济实力，为改变民族教育状况打下扎实的财力物力基础

经济基础决定上层建筑，没有经济的发展，也就不可能有包括教育在内的上层建筑的进步。因此，要发展地方少数民族教育，必须有一个强有力的经济基础来保证。诚然，目前大多数少数民族地区经济落后、财力不足，但不能等、不能靠，只有充分运用外部条件和依靠自身力量，取人之长，补己所短，利用国家优惠政策和自治权，结合本地实际和地方特色大做文章、大力发展民族经济，才会有出路。当前发展经济，应当做好以下几方面工作：1. 与国家的"西部大开发"战略相配合，加强基础设施建设和生态环境建设，下大力气把基础设施建设和生态环境建设搞上去，解决制约民族地区经济发展的"瓶颈"产业问题，创造可持续发展的生态环境条件。2. 加快产业结构调整，发展特色经济。产业结构是经济结构的重要内容。产业结构是否合理，是决定经济迅速发展的重要条件。少数民族地区必须根据本地实际，以市场为导向，依托资源优势，调整和优化产业结构，建立具有发展前景的特色经济和优势产业，积极培育和形成新的经济增长点。如调整农牧业结构，发展特色农业、特色畜牧业；合理开发和保护矿产资源，建成一批国家重要的能源、材料及稀有矿产资源基地。同时重视发展劳动密集型、资源密集型、技术密集型的高新技术产业，做大以旅游业为龙头的第三产业的规模，逐步形成"点—线—面"相结合、"贸—工—农"一体化、"大—中—小"规模较完备，结构较合理的开放、开发新格局，逐步形成具有区内统一性和区际相对独立性的区域经济综合体。3. 集中

力量加大扶贫力度。国家应积极地采取多种扶贫措施和特殊的优惠政策,来促使民族地区脱贫致富。改变过去的单纯给资金、给救济扶贫模式,调整为资金、救济、技术、人才、政策并重通过扶持、引导,来激发少数民族自身活力,使之内外结合形成新的合力来增强其自我"造血"功能。同时,少数民族地区也应积极转变观念,充分运用法律赋予的自治权和国家优惠政策、措施,为民族地区经济营造良好的发展环境,采取以自力更生为主和积极争取外援相结合,更快地促进民族地区经济发展。这样通过经济实力的不断增强,通过物质财富的不断积累,来逐步改善办学条件、完善教育设施、提高教学质量,为少数民族受教育权的实现提供有力的坚强后盾。[①]

(三) 完善财政转移支付制度、加大中央对地方少数民族教育的投入,为民族教育发展提供有力的国家财政支持

多年来,在少数民族教育投资上,虽然中央采取了不少措施来补贴民族地区财政发展教育,但和其他国家相比,我国中央财政对地方教育投入依然太少。如:日本,(1980年)国家承担了初等、中等教育经费的25.4%,县级政府(相当于我国的省)承担了67.8%,美国(1979)联邦政府承担了8.5%,州政府承担了40.1%,德国(1978)联邦政府承担了0.3%,州政府承担74.2%。而我国目前的义务教育投入中,乡镇负担78%左右、县9%、省地11%,中央财政只负担2%左右[②]。这样使中央和省级政府在发展农村义务教育方面承担责任太少,也就实际上使乡镇政府和农民承担了农村义务教育发展重任,进而导致了农牧

---

① 潘高峰:《试论我国少数民族受教育权及其保障》,载《西南民族学院学报》2002年第7期。

② 潘高峰:《试论我国少数民族受教育权及其保障》,载《西南民族学院学报》2002年第7期。

民的教育负担过重，阻碍农村孩子受教育权的实现。为此，笔者认为，必须进一步完善中央财政的转移支付制度，通过一般性转移支付和专项性转移支付来加大中央、省级财政对地方民族教育的投入，以缓解义务教育对地方财政的压力。把农村中小学教师工资由地方负担改为由中央、地方各级政府共同负担，由县统管。中央和地方财政负担比例可视各省区的财力而定，中西部地区特别少数民族地区主要由中央财政负担，沿海发达地区主要由省市县承担，并相应提高省级财政承担比例。另外，实行费改税后，中央应确定一定比例的税收专门用于民族教育，在国税的分成比例上，适当提高中西部特别少数民族地区的比例。

（四）从根本解决"高考移民"问题

由于我国各地封堵"高考移民"措施具有地域性特点，不利于实现全国范围内的教育公平公正，现行实践中解决高考移民的主要方法是政府或教育行政部门出台一些政策性的规章或规范，这些措施都是直接将高考移民学生作为被动的规制者，而对政府及其行政机关造成的违法现象很少进行制裁，或者很少采取防范措施。由于封堵措施中的一些规定涉及限制甚至剥夺公民享有的宪法法律权利，不利于保护学生的平等教育权，也不利于监督、制裁和防范教育中的腐败现象，所以必须转变思路、拓宽渠道，加强对高考移民现象的法律规制。需要转变目前主要从控制和制裁违法学生的角度设定封堵措施的思维定式。这种思路的特点是漠视公民个人权利，只堵而不疏导，也容易加重不公正的教育秩序[①]。防范措施的思路主要是指通过修改完善宪法、加强教育立法、发挥受教育权的司法救济的作用等方法加强控制，从通过控制造成高考移民现象的源头来控制高考移民现象的发生，纠正和消灭不公正的高考秩序和机制，建立符合新时期形势发展需要的

---

① 缪愫生：《高考移民的法律控制》，载《行政与法》2004年第10期。

更加公正、公平的高考教育秩序，加强对考生权益的保护。

第四节 我国少数民族受教育权的司法保护制度现状及其问题

一、我国少数民族受教育权的司法保护制度现状

（一）受教育权的司法保护现状

权利通过宪法等法律形式被确认或认可，只是对权利的宣示。是否实际享有宪法、法律认可的权利，还需要接受实践的检验。所以丹宁勋爵曾言："为了了解法律到底是什么，你必须看看它在实践中所起的作用。"[①] 不仅如此，还如那句古老的法谚所说——有权利必有救济。在各种法律救济和权利保障措施中，司法救济是最基本的救济。司法救济对保障公民权利有着重要意义，也是公民权利遭受到侵犯所能够得到的最后一道救济[②]。

讲到受教育权的司法保护，就不得不提及被誉为"中国宪法司法化第一案"的山东齐玉苓案。

案例：齐玉苓原名"齐玉玲"，与被告人之一的陈晓琪都是山东省滕州市第八中学学生。在1990年的统一中专考试中，成绩超过委培分数线，被山东省济宁市商业学校录取，但在陈晓琪之父原村党支部书记陈克政的一手策划下，陈晓琪从滕州市八中领取了济宁市商业学校给齐玉苓的录取通知书，冒名顶替入学就读，毕业后分配到中国银行山东省滕州支行工作。而齐玉苓因此失去受教育的机会。后来就业于一家工厂，并于1998年失业下

[①] 田安平主编：《民事诉讼法》，法律出版社2003年版，第3页。
[②] 崔华：《宪法学视野下的公民受教育权理论研究》，万方硕博士论文数据库，2005年。

岗。1999年1月29日,得知真相的齐玉苓以侵害其姓名权和受教育权为由,将陈晓琪、济宁市商业学校、滕州市第八中学和滕州市教委告上法庭,要求停止侵害、赔礼道歉并赔偿经济损失16万元和精神损失40万元。同年,滕州市中级人民法院一审判决陈晓琪停止对齐玉苓姓名权的侵害、赔偿精神损失费3.5万元,并认定陈晓琪等侵害齐玉苓受教育权不能成立。原告不服,向山东省高级人民法院提起上诉。在该案二审期间,围绕陈晓琪等的行为是否侵害了上诉人的受教育权问题,山东省高级人民法院向最高人民法院递交了《关于齐玉苓与陈晓琪、陈克政、山东省济宁市商业学校、山东省滕州市第八中学、山东省滕州市教育委员会姓名权纠纷一案的请示》。2001年8月13日,最高人民法院根据山东省高级人民法院的请示,作出《关于以侵犯姓名权的手段侵害宪法保护的公民受教育的基本权利是否应当承担民事责任的批复》(法释[2001]25号),认定"陈晓琪等以侵犯姓名权的手段,侵犯了齐玉苓依据宪法规定所享有的受教育的基本权利,并造成了具体的损害后果,应承担相应的民事责任。"2001年8月23日,山东省高级人民法院根据最高人民法院批复作出终审判决:判决陈晓琪停止对齐玉苓姓名权的侵害;陈晓琪等被告赔偿齐玉苓经济损失、精神损害费等人民币近10万元[①]。

该案件在受教育权这一公民的基本权利未被法律具体化的情况下,法院直接引用宪法条文作为判案的依据,开创了我国直接适用宪法规范保护公民宪法权利的先河。透过一些表层的评论背后,我们应该认识到:受教育权在本质上不仅仅是一种自由权,它还是 种请求权,即要求国家为受教育者提供接受教育所必需的学习场所、设施、师资等。通过温辉博士的研究认为"受教育权是一项法律权利,具有可司法性。同时受教育权有着复杂的权

---

① 详见《最高人民法院公报》2001年第5期,第158—169页。

利结构,是一项复合性质的人权。受教育权这一权利特性决定了受教育权具有多重规范效力,其效力形式或表现为对立法的拘束,或表现为可司法性。"① 因此,在研究宪法权利司法化问题时,我们需要既从一般意义关注受教育权司法化,另一方面又要从内容和规范效力上来具体地考察受教育权的司法化,加强救济渠道。

(二) 少数民族受教育权的司法保护现状

由于目前我国普遍存在的教育不平等现象,导致少数民族的受教育权更容易被侵犯,因此对少数民族受教育权的保护显得尤为必要。根据诉讼法学的一般原理,权利的救济包括私力救济和公力救济两种,而对于维护公民权利最有效的救济手段莫过于通过提起诉讼的手段请求司法救济。诉权作为一种救济权,是一切公民都享有的一项宪法性权利,少数民族公民当然也享有这项权利。但是由于少数民族权利保护的特殊性,在司法保护上也应该有其特殊的保护方式。对于少数民族公民受教育权的司法保护,我国《教育法》、《义务教育法》明确规定少数民族公民的受教育权受到侵犯时可以通过提起诉讼的方式得到救济。此外,在诉讼中人民法院、人民检察院和公安机关对于不通晓当地通用的语言文字的诉讼参与人提供翻译,在少数民族聚居或者多民族杂居的地区,用当地通用的语言进行审讯,用当地通用的文字发布判决书、布告和其他文件。

在司法实践中,已经有很多少数民族公民通过提起诉讼的方式维护自己的受教育权的案例,经过法院的审判,少数民族公民的受教育权得到了很好的保护。近几十年来,我国少数民族公民入学率的大幅度提高以及民族区域自治地方教育教学环境的不断改善,与司法实践中对少数民族公民受教育权的有力保障是分不

---

① 温辉:《受教育权入宪研究》北京大学出版社 2003 年版,第 182 页。

开的。

二、我国少数民族受教育权司法保护中存在的问题

尽管少数民族受教育权的司法保护现状较之以前已经有了很大程度的改善，少数民族的受教育权在被侵犯时，往往都能够得到司法的有效救济，但是我们也应该看到目前我国少数民族受教育权的司法保护中还存在一些严重的问题有待完善。只有在对这些问题的进一步完善的基础上，少数民族受教育权的司法保护问题才会建立在一个系统的基础上，少数民族的受教育权也才会有更加坚实有力的保障。

（一）受教育权诉讼中的诉讼权利义务主体的不确定性

我们知道受教育权一方面具有自由权的性质，另一方面也具有社会权的性质。当作为自由权性质的受教育权受到侵犯时，被侵权人完全可以以自己的名义对侵权人提起诉讼，从而保护自己的合法权利。自由权性质的受教育权的司法保护在目前的司法实践中也能够得到很好的保护。但是对于社会权性质的受教育权，则由于权利主体的广泛性和义务主体的特定性，其能否得到司法的救济在目前仍是一个有争论的问题。具体地说，就是如果作为受教育权义务主体的政府，没有为当地公民提供适当的受教育条件时，公民能否以自己的受教育权被侵犯为由向法院提起诉讼，如果能提起诉讼，那么诉讼主体如何确定？谁具有适格的原告资格？如何确定被告？如果被告是当地人民政府的话，应该以哪一级的人民政府为被告？等等一系列的问题都是需要我们深入探讨的。笔者认为，只有赋予社会权性质的受教育权以司法救济的权利，才能更好地保护公民的受教育权。这一问题或许在教育发达地区表现得并不明显，甚至不成其为一个问题，但是在少数民族聚居的地区，则由于当地经济发展水平低，加之人们的思想观念落后，政府则更倾向于将有限的财政收入投放到能够大力提高经济发展水平的领域内，公民的受教育权往往得不到重视。本来就有限的财政收入，基本上很少用于改善教育设施或者提高教学水平，于是形成一种恶性循环的状态。少数民族公民的受教育权更容易的是遭受政府不作为的侵害，因此，对少数民族社会权性质的受教育权给予司法上的救济，更具有现实意义。

（二）没有专门的司法机构来保护少数民族的权利

少数民族公民在自己的权利受到侵犯时，一般都能够通过向法院提起诉讼的方式得到解决，但是少数民族特殊的文化与生活习惯，以及他们特殊的语言及信仰等方面的特征，决定了他们与汉族人民不同的归属感与认同感。司法的最终目标乃在于"定分止争"，在于纠纷的最终解决，而不只是暂时的权利义务关系的明确。而我国根据全国统一的司法体制建立起来的法院检察院系统，很明显更多的带有一种全国大多数人的价值取向。就像任何亚文化群体的行为规则一样，当主流文化中的价值取向与行为规则与其不吻合时，他们就会转而创造一套对自己这一群体更有效更适用的行为规则以及纠纷的解决机制。当然，我们并不是说我国目前的司法体制与少数民族的权利需求现状已经脱节，而是说毕竟少数民族有其自身的特殊性，这就需要我们"具体问题具体分析"。建立专门针对少数民族的司法机构或许能使这一问题得到更有效的解决。当然，建立这样的一个特殊的司法体系是一项系统的有待仔细权衡的工程，但目前我们可以尝试着先建立一些类似的专门机构来解决少数民族权利受到侵害时的特殊问题。待经验成熟时，再在少数民族地区建立统一完善的专门性司法机构。

（三）对侵犯少数民族受教育权的行为，缺乏完善的责任追究制度

目前，侵犯少数民族受教育权的现象时有发生。如扰乱学校教学秩序、破坏学校校舍、场地及其财产，上级机关对学校乱摊

派、乱收费、乱罚款、学校向少数民族学生违规收费等行为。虽然中央曾三令五申取缔收费"三乱",但由于缺乏完善的责任追究制度,收效甚微。另外,对家长侵犯子女受教育权的问题,大都由基层人民政府和教育部门负责,由于法律没有详细具体责任追究机制规定,地方政府部门往往根据形势行事,形势需要时,管一下,不需要时就无人过问,对侵犯受教育权的现象疏于监管。这就使少数民族学生的受教育权受到侵害时,而得不到及时的权利救济。

增强法治意识,提高执法水平,严格追究侵犯少数民族受教育权行为人的法律责任。在实践中,虽有民族教育法制关于少数民族受教育权保护的法律规定,但实践中侵犯少数民族受教育权的恶性事件却时有发生。不管出于什么原因,如果对这些违法事件不进行严厉查处和严格追究违法行为人的法律责任,那么不仅法律的权威、效力遭到了践踏,而且少数民族受教育的保护也就打了水漂(就个案而言)。长此以往,必然形成恶性循环,违反民族法制的违法行为会越来越多,法律权威和效力会越来越低,最终导致民族教育法制形同虚设,少数民族受教育权的保护无法实现。因此,要改善少数民族受教育权实现状况,就必须坚持"依法治国",增强法治意识,提高执法水平,严格追究侵犯少数民族受教育权行为人的法律责任。

第五节　我国少数民族受教育权的救济性保障

我国少数民族受教育权的保障除了立法(宪法、法律法规)和行政执法等事前保障之外,还必须有权利受到侵害后的救济性保障。少数民族受教育权的救济是受教育权得以实现的最终保障,因不同国家的法律传统、立法技术及教育体制的差异而不尽相同。从实施救济的主体看,有立法机关的救济、行政机关和司法机关的救济。从救济途径来看,在宪法层面上,对侵害受教育权的救济有三种违宪的审查模式,即普通法院的司法审查,专门机关的审查和议会审查;在法律层面上,有诉讼、申诉、行政复议、行政强制执行和处罚、教育仲裁、教育法庭起诉等途径。其中的教育法庭制度是一些西方国家为处理学校、教师、学生权益纠纷而实行的准司法制度。但司法救济是最有效,最常用的救济途径,也是受教育权的最终救济保障[①]。

我国宪法和法律对少数民族受教育权救济途径也做出了与世界各国相类似的规定,包括立法机关的违宪审查、诉讼、申诉、行政复议、行政强制执行和处罚。现行《宪法》和《立法法》确立了我国的违宪审查制度,凡是侵犯宪法规定的受教育权的法律法规都将受到审查而被撤销或改变。我国《行政复议法》第6条第9项规定:公民申请行政履行保护受教育权利的法定职责,行政机关没有依法履行的,可以申请行政复议。《义务教育法》第15条和《义务教育法实施细则》第40条规定:适龄儿童少年的父母或其他监护人未按规定送子女或其他被监护人就学接受义务教育的,当地政府可以采取罚款和其他有效措施强制入学。更重要的是《教育法》第42条明确规定,受教育者有权"对学校给予的处分不服有向有关部门提出申诉,对学校、教师侵犯其人身权、财产权等合法权益,提出申诉或依法提起诉讼";《未成年人保护法》第46条也规定:"未成年人的合法权益受到侵害的,被侵害人或者监护人有权要求主管部门处理,或者依法向人民法院提起诉讼。"

根据我国教育基本法《教育法》的规定以及我国少数民族受

[①] 参见莫绮:《公民受教育权问题研究》,中南财经政法大学宪法学精品课程课件。

教育权救济保障的实践，我国目前确立了申诉和诉讼两种最基本的少数民族受教育权救济途径。

一、少数民族受教育权的宪法救济

对少数民族受教育权的宪法救济首先要分析受教育权宪法救济的可行性。受教育权宪法救济的可行性是指受教育权作为一种宪法权利的可诉性及其程度如何。受教育权具有自由权和社会权的双重属性，因而此论题可以分化为两个方面进行探讨。

1. 自由权性质受教育权的可诉性

受教育权作为第一代人权，具有自由权的特点。受教育自由权就是要求国家不得侵害并尊重少数民族受教育权的享有。这种自由权性质的受教育权是防止国家干预的防御权，是一种消极权利。受教育权中的选择权、学生人格自由发展权等明显属于自由权利的范畴。这些自由权性质的受教育权，与其他的宪法自由权利一样，即使还没有转化为法律权利，也应具有直接的法律效力而具有可诉性。同时，这种自由权性质的受教育权必须有与之相依存的形式上的平等予以保障。宪法中规定的平等权，除指公民之间的无差别对待之外，还应蕴涵各项基本权利受到平等保护的精神，平等地为基本权利设置相应的救济途径。这种平等权应与受教育自由权一样具有可诉性。因此，受教育权作为宪法基本权利，在自由权层面及形式平等方面都具有直接的法律效力，可以作为规范进入诉讼程序，进行司法救济。

2. 社会权性质受教育权的可诉性

受教育权兼具社会权和自由权的双重特征，但主要是第二代人权即社会权。而社会权是否具有直接的法律效力从而具有可诉性，在法学界和司法实务界争议颇大。德国等西欧学者提出了"方针条款"、"宪法委托"、"制度保障"和"公法权利"四种理论。"方针条款"是指将宪法社会基本权利的规定视为立法者单纯的道德义务，而非法律义务，而道德义务是不具有可诉性的。"宪法委托"是指宪法在其条文内，仅为原则性规定，而委托其他国家机关（尤以立法者为然）之特定的、细节性的行为来贯彻之。将社会基本权利视为宪法委托条款，是指立法者由宪法获得一个立法的委托。宪法委托具有法规范力，如立法者的立法违背社会基本权利之条款，会产生违宪的后果。"制度保障"是指将社会基本权利视同宪法的一个制度保障，不仅要在宪法上保障公民的权利，而且要规定一定的客观制度，由制度来保障公民个人权利的实现。侵犯公民个人权利是轻而易举的，但是要废除制度却是不可能的。"公法权利"则认为社会基本权利是宪法赋予人民可以主张的公法权利，受到侵害时公民可请求法院予以救济，同自由基本权利一样，具有直接的、强行的效力，可以个案直接请求法院予以救济得以保障。但这种激进的权利保障方式由于与"宪法权利是自然权利"的西方自然法传统相违背，因此受到了西方学界的普遍质疑。西方国家社会权保障的历史进程已揭示了社会权司法救济保障的明显趋势。

而我国在此方面则应该寻找适合我国特色的少数民族受教育权的救济模式和制度。在当代中国只有行政法层面上的司法审查，而没有宪法诉讼，因此违宪的司法审查制度尚未建立。并且由于我国宪法总体来说不被司法适用，法院也不能审查行政行为是否合宪。因此我国有必要进一步拓展司法审查的内涵及其空间。在中国推进宪政体制创新的制度进程上，2001年针对齐玉苓案的司法批复无疑是有积极意义的。

在中国设置宪法法院的违宪审查模式，其实现的阻力和成本最小，也最符合我国的政治体制和法律传统[①]。宪法法院应直接

---

① 邱钢：《论我国作为宪法权利的受教育权的司法救济》，载《理论观察》2007年第4期。

对全国人大负责并报告工作，具体实施宪法监督权，同时又要保证行政和财政上的独立。在人员任命上实行严格的遴选制度，宪法法院的首席法官由全国人大选举产生。法官实行任期制、高薪制，并不得任意罢黜，这样，既保持了宪法法院的独立性和权威性，同时又使其在行使职权时具有稳定性和连续性。设立地方宪法法院，处理本级行政区内的违宪案件也是完全必要的。中央和地方宪法法院之间应该是垂直领导关系，应有具体的职权划分和申诉制度，从而形成一个由中央到地方的宪法监督网络。宪法法院受理宪法审查案件的范围应主要涉及三个方面的内容：一是抽象法律、法规、规章的审查；二是在法律运行过程中所涉及的法律、法规、规章、决定和命令的合宪性问题；三是具体宪法争议由当事人根据宪法法院管辖权的分配，分别向中央宪法法院和地方宪法法院起诉，提起宪法案件，启动宪法诉讼程序。

二、少数民族受教育权的行政救济

少数民族受教育权在被侵害后很大程度上可以通过行政诉讼途径进行救济，这也是我国少数民族受教育权救济传统的做法；具体而言，少数民族受受教育权保护的基本手段包括教育申诉制度、教育复议制度、教育行政诉讼制度以及其他社会救济手段。

（一）申诉制度

申诉是公民维护个人合法权益的重要手段，申诉权是我国宪法确认的公民的基本权利。教育申诉制度，是指学生在其合法权益受到侵害时，依照《中华人民共和国教育法》及其他法律的规定，明确规定了学生申诉制度，即向主管的行政机关申明理由，请求处理的制度。《教育法》第42条规定，学生享有对学校给予的处理不服向有关部门提出申诉，对学校、教师侵犯其人身权、财产权等合法权益提出申诉或者依法提起诉讼的权利。但是，《教育法》中只是十分简略地进行了规定，并没有法规或规章进行进一步的具体细化，因而本身存在许多不完善之处。

针对侵犯少数民族受教育权的行为，目前法律法规没有专门的特殊规定。要建立专门性的少数民族受教育权申诉救济制度，必须解决好以下几个问题：首先，关于教育申诉的主体。根据《教育法》规定，申诉主体包括正规学校和非正规学校在校学习的少数民族学生，当然也包括被教育机构开除而就此提出申诉的少数民族学生，即只要是认为自己的受教育权受到侵害的少数民族学生都可以依法提出申诉。其次，关于教育申诉的对象。结合《教育法》第 42 条的规定，应该在各级少数民族地区教育行政部门内设立专门的教育申诉机构。少数民族学生对于学校给予的处理决定以及其他损害其受教育权的行为不服的，向直接主管该学校的教育行政机关的专门申诉机构提起申诉。而对于少数民族地区教育行政机关侵犯少数民族学生的受教育权不服的，可直接向做出该行政行为的教育行政机关的专门申诉机构提起申诉。最后，关于教育申诉的范围。申诉的范围因其受教育者的地位和《教育法》以及《中华人民共和国高等教育法》等赋予的权利以及教育实践中可能出现的损害学生利益的行为的不同而不同。受到侵犯的少数民族受教育权利应当是在相关的教育法律、法规及规章规定范围内的。

（二）行政复议制度

少数民族地区教育行政复议是指少数民族受教育权人认为具有教育管理职能的机关、组织及其工作人员做出的行政行为侵犯其合法权益，依法向做出该行为的上一级行政机关或法律、法规规定的机关提出复议申请，并由受理机关依法进行审查并做出复议决定的法律制度。相对来说，行政复议途径由于有《中华人民共和国行政复议法》（以下简称《行政复议法》）的规定，在制度上比教育申诉要完善一些，而且行政复议的成本低，灵活便捷，是一种行之有效的法律救济渠道，对于解决少数民族地区受教育权纠纷应该具有天然的优势。但由于高校因学术自治而拥有的自治权力（包括对学生进行管理的权力），从而使得在实际运行中存在一定的困难。就当前的实际情况，结合《行政复议法》和《教育法》的规定，完善少数民族地区教育行政复议制度应该做好以下两方面的工作：首先，明确少数民族地区教育行政复议的受理范围；其次，关于少数民族地区教育行政复议的自身定位。少数民族地区教育行政复议应设置成为教育行政诉讼制度的前置程序，但应规定教育行政诉讼不是行政终局裁定。

（三）行政诉讼制度

很多少数民族受教育权利受侵害事件，只能以少数民族受教育者权利受到侵害致使财产受到损失，转化为民事赔偿，最终使少数民族受教育权侵害案件往往既不符合行政诉讼要求，又与民事诉讼存在着一定的差距，使得公民在维护自己的受教育权的诉讼以不在受理范围为由被驳回，结果得不到应有的司法救济。

可以看出，少数民族地区教育行政诉讼制度的重新建构，主要要解决以下几个方面的问题：首先涉及少数民族受教育权是否具有可诉性。《行政诉讼法》第11条第1款所列举的受案范围虽然不包括少数民族受教育权，但《行政诉讼法》也没有将其作为排除条款列入第12条。因此，少数民族受教育权是否具有行政法上的可诉性完全取决于其他法律法规的具体规定。1995年9月1日起施行的《教育法》第42条规定"对学校给予的处分不服向有关部门提出申诉对学校、教师侵犯其人身权、财产权等合法权益，提出申诉或者依法提起诉讼"。对这一规定所指的可以提起诉讼的"合法权益"，是否包括受教育权，特别是不服校纪处分的争议，能否纳入人民法院受案范围，存在不同看法。因此，对于这个问题，可以通过对《教育法》相关条文的法律解释，使之"可以提起行政诉讼"，从而属于《行政诉讼法》第十一条最后一款规定的"人民法院受理法律、法规规定可以提起诉讼的其他行政案件"的情形；其次，关于少数民族受教育权行政诉讼的受案范围。行政诉讼的受案范围主要受以下几个因素制约：立法者的法治意识、法院的能力和地位以及行政机关行使职权及自我约束状况。对于少数民族受教育权受到限制或剥夺的处理决定，应该给予最终的司法救济。

（四）少数民族受教育权救济的其他手段

首先是调解制度。在少数民族受教育权纠纷的调解中，要达到一个当事人都能满意的结果，调解机构就必须是独立和公正的，其行为也应当有一定的法律规范予以约束。因此，在有关调解的法律制度中，最重要的就是如何建立一个独立而公正的调解机构以及如何制定合理合法的法律依据。在教育调解制度中，应该建立一种专门的机构切实有效地解决少数民族受教育权纠纷问题，而《劳动法》中关于劳动争议调解委员会的组成可以供教育调解制度借鉴；其次民事救济在不同的受教育权关系中，受教育权表现出不尽相同的法律性质。就一般意义而言，受教育权既具有公法性质也具有私法性质。就受教育权具有私法性质而言，当然可以借助民事救济对受教育权提供保护。我国《教育法》第81条的规定："违反本法规定，侵犯教师、受教育者、学校或者其他教育机构的合法权益，造成损失、损害的、应当依法承担民事责任。"

综上所述，到目前为止，我国少数民族受教育权还未能完全实现，还存在着这样那样的一些问题，如少数民族受教育权保护方面的法律法规尚存在一些不健全、不完善的地方，甚至还存在着一定空白；对侵犯少数民族受教育权的行为缺乏必要的救济制度；少数民族教育缺乏稳定可靠的财力、智力支持；需要完善民族地区义务教育体系等。为了加强少数民族受教育权的保障从中央到地方应齐抓共管,加快民族地区教育法治化进程增加对少数民族地区教育的资金、人员投入,健全民族地区义务教育体系,实施真正的免费义务教育;不断完善少数民族教育执法与监督体制,真正树立起民族教育法律的威严,为少数民族受教育权提供有力的政策、法律保障。

第五章 我国少数民族受教育权实证分析

——以云南省昭通市和怒江傈僳族自治州
的中小学教育为例

目前我国从事民族研究的学者对少数民族教育的研究较多，但是他们都是从教育学的角度来讨论的，而且著作越来越少，研究很少有突破。如今在国际上许多公约都对少数民族权利作出了规定，其中包括少数民族的教育，尤其是双语教育问题。而我国从法律角度来专门研究的少数民族受教育权的专著到目前为止还未出现，这与少数民族在我国的特殊地位以及目前少数民族受教育总体的状况是不相符的，从某种程度上说，少数民族教育受重视程度不够。我们借鉴学者研究少数民族教育的概念，对少数民族受教育权进行界定，并通过介绍云南省昭通市和怒江州两个地方少数民族教育的实际状况（主要是一些实地调研的数字），来分析其存在的问题以及导致这些问题出现的原因，从而得出结论：对于少数民族的受教育权并没有得到很好的保护，其保护现状很令人担忧，少数民族受教育的状况应该引起大家的重视。

第一节 少数民族受教育权的实例分析

据国家民委的统计资料显示，到 2006 年底，云南省各级各类普通学校少数民族在校生 25232 万人，占全省在校生总数 77991 万人的 32.4%。少数民族学龄儿童入学率 95.84%，比全省 96.57%略低。2006 年年内，经云南省民委、省教育厅审定，确定 434 所中小学为云南省民族教育示范学校。全省农村义务教育经费保障机制专项经费 165 亿元，主要向山区、贫困地区、民族地区和边境一线倾斜。2006 年 11 月 16 日，云南省民委、财政厅、教育厅联合下发《关于下达 2007 年秋季人口较少民族农村义务教育阶段寄宿生生活费预算的通知》。全省人口较少民族农村义务教育阶段 430 万名学生得到 497 万元的寄宿制生活补助。其中小学生 293 万人、初中生 137 万人。对人口在 10 万人以下的布朗、普米、阿昌、怒、基诺、德昂、独龙族的农村义务教育阶段寄宿制学生，平均补助标准为每人每年 250 元。2006 年 12 月 4 日，国家民委批准云南省民族中等专业学校为"全国民族地区职业教育基地"。①

由于云南自然条件比较恶劣，教育发展起点低，所以，就其发展现状而言仍然存在许多困难和问题。下面以云南省昭通市和怒江州两地的教育现状为切入点，来阐释我国少数民族教育的现状及其存在的问题。

一、选择昭通市和怒江州作为实例的原因

2006 年 1—3 月，我们前往云南省彝良县奎香苗族彝族乡，进入苗族村寨及学校就苗族受教育权进行简单调研，并在奎香乡教委获取一些有关教育的资料；2006 年 6 月—8 月，前往云南省怒江傈僳族自治州、贡山独龙族怒族自治县和独龙江乡进行调研，获取相关资料。这两次调研主要是加强对少数民族受教育状况的实际情况的了解，并收集一些数据。选择昭通市和怒江州作为实例，主要是因为：

1. 两者在历史上的发展程度差距大，而如今都面临贫困及

---

① 统计数据来源：《中国民族年鉴（2007）》，中国民族年鉴社出版 2007 年版，第 148 页。

教育落后的问题。

怒江州在新中国成立前社会发展程度很低,其中泸水、福贡、贡山县新中国成立前还处于原始社会,到今天仍然保留着一些原始的记事方式。50多年来,人们的生活改变不大。昭通位于云南省东北部,地处滇、川、黔三省结合部,历史悠久,人杰地灵,古称"朱提"、"乌蒙",自秦开"五尺道"、汉筑"南夷道"后,便成为中原文化传入云南的重要通道,是早期云南文化的三大发祥地之一,为我国"南丝绸之路"的要冲。昭通素有"咽喉西蜀,锁钥南滇"之称,处于昆明、成都、贵阳、重庆等中心城市经济社会发展辐射的交汇点,位于国家规划的"攀西——六盘水经济开发区"腹心地带,是云南的北大门和川滇黔三省经济、文化的交汇重地。历史如此辉煌、地理位置如此优越的昭通如今却面临着很多问题,教育落后、人们生活水平低、人口素质低等。就本文的主题来说,二者都面临着教育落后(尤其是少数民族教育)的大问题,其教育发展所面临的问题不仅在云南省而且在全国的少数民族地区都具有典型的代表性。

2. 少数民族的发展从法律角度看,二者可以采用的方式差别大。

怒江州是自治州,许多问题可以通过自治政策来解决。而昭通为非自治政策地方,各种政策及法律法规的执行与实施都没有自己变通的余地,少数民族各方面的发展都有待于中央及省级政府作出统一部署。而从中央到省政府几乎没有专门针对昭通少数民族教育发展的特殊政策或者指示。

3. 二者政治地位不一样。

怒江处于滇西北,与缅甸交接,在怒江州境内的国境线长达449.467公里,占云南省全省国防线的10%。但是怒江州的总人口才48万人,人少地多。① 人口素质低,教育发展不上去必将影响经济的发展,从而导致边疆的不稳定。而昭通虽无边境之忧,却面临巨大的人口压力②。经济落后,教育发展缓慢,而且不断的恶性循环,社会稳定受到极大影响。

4. 二者的地理环境差异大,从而办学形式差异大。

怒江为滇西北横断山脉纵谷地带,地貌是"四山夹三江"的特点,沟壑纵横,形成山高、坡陡、谷深、水急、落差大的高山峡谷地貌。地势北高南低,有切割很深的怒江、澜沧江、独龙江三大峡谷。人口居住分散,给集中办学带来麻烦,目前在撤销"一师一校"的大形势下,在怒江是否也适合这样做,需要仔细考虑。而昭通人口密度大(227.7人/平方公里),相对来说较适合集中办学。

因此,选择怒江州(自治州)与昭通(民族成分复杂但又是作为非自治地方)这两个在云南极具代表性的地方来做调查和实例分析,不仅能使我们能更加深入与真实地了解和掌握目前我国少数民族地区受教育权的保护现状与存在的问题,同时,对于更好地解决少数民族地区教育发展中的问题和促进贫困落后地方的少数民族教育的发展也有重要的意义。

二、存在的问题

(一)失学情况严重

有资料显示:"在我国接受九年义务教育的未成年人中,每年约有100万贫困儿童失学,经过希望工程援助,仍有15%左右的学生不能恢复学业,而这一比例在少数民族学生中竟然超过

---

① 此处并不是指耕地多。怒江州人口密度为32.6人/平方公里(2005年云南省统计年鉴数据)。

② 昭通市人口密度为227.7人/平方公里(2005年云南省统计年鉴数据)。

30％。在有些少数民族中，未接受任何教育的青壮年甚至超过当地青壮年总数的一半。"

我们再通过实际调查的数据来分析，在入学率方面，昭通市和怒江州均低于省内少数民族的平均水平。其中初高中阶段的差距尤为明显。见表1：

表1　云南省和昭通市和怒江州各级入学率对比

地域	小学	初中 （毛入学率）	普通高中 （毛入学率）	少数民族 （小学）
云南省（2005）	96.3％	95.22％	33.66％	96.40％
昭通市（2004）	96.75％	69.76％	21.2％（2005）	91.14％
怒江州（2005）	95.27％	81.02％	15.96％（2005）	95.77％

由表可见，昭通市和怒江州两地的初高中阶段的入学率明显偏低，低于云南省的平均水平。当然高中入学率低是由于初中入学率低而引起的连锁反应。因此，问题的关键在于两地区的初中失学情况严重，使得较多少数民族学生不能顺利完成九年义务教育，不利于民族地区教育水平的提高和少数民族地区居民素质的整体提高，从长远来看，教育水平的落后也严重制约了民族地区经济的发展。

（二）教育经费不足

2006年全国民族自治地方教育经费支出总计755亿元。但是细分到达20个省、自治区、直辖市，699个市辖区、县级市、县；再经各级政府的层层抽剥，最终能落实到基层的教育经费已所剩无几，远远不能满足实际教育投入的需要。而就云南省而言，云南省2006年的教育经费支出共计72亿元，但云南省历史上教育的欠债很多（仅推进"两基"工作的欠债各县累计就达

23.8亿元)。① 昭通市在2000年前，基本普及九年义务教育的只有4个县区，其余基本实现了"普六"。这些已通过"普六"和"普九"的县区，是在负债多、低水平、低层次的背景下通过验收的，全市仅欠款就达3.4亿元。其中，彝良县为巩固"普六"成果及推进"普九"进程，已累计欠账1873万元；镇雄县仅"普六"欠账就达3400万元②在怒江地方财政的投入远远适应不了"普九"的实际需要。目前我国义务教育管理体制为"以县为主"，在对教育的投入中，中央财政占2%，省级财政占11%，县级财政占9%，乡级财政占78%。这意味着县乡两级政府承担了教育经费87%，绝大部分由县乡两级财政负担。

但是，昭通和怒江经济不发达，生产力水平低下，财政困难，多靠国家补贴。在这种情况下，昭通和怒江很难拿出足够的教育经费发展少数民族教育。许多学校用于教育日常开支所剩无几，以至于一些学校连学生使用的厕所都建不起来。如我们调查过的云南省彝良县奎香乡松林村中心小学就是这样的情况，学校339个学生连厕所都没有，更谈不上添置最起码教学设备和仪器。昭通市教育局长在接受《昭通日报》记者采访时谈到：按照要求，在硬件建设上，现校舍面积严重不足，要新增校舍面积，加上电教仪器、图书资料的配备、实验室的建设也必须要达到规定的数量，要完成"普九"，到2009年全市需要投入18个亿。在软件上，教师数量严重不足，缺口有1万3千多人，而且学科结构极不合理，英语等教师短缺。③ 教师缺口是短期内很难解决的问题。在怒江这个问题同样存在，学校破烂不堪。在独龙江

---

① 《民进中央调研发现——云南地区民族教育结构不均资金缺位》，《人民政协报》2005年4月13日。
② 袁敏：《"两基"攻关在昭通》，《人民政协报》2004年6月23日。
③ 《教育局长谈昭通教育》，载《昭通日报》网络版，2005年1月9日。

乡,8月份我们在此调查时中学还未建好,但是他们9月份就要招生了。可见,教育经费问题严重制约了昭通和怒江州教育的发展。

(三)师资问题突出

师资问题是制约少数民族教育发展的一个重要因素,据权威统计资料显示,截至2006年,在我国的少数民族地区,每万人中,小学、中学学校、高等学校的人数分别只有88.23、69.60、7.12人。[①] 可见,师资短缺问题对少数民族教育的影响极其严重。而师资问题也是昭通市和怒江州少数民族教育的难题之一,主要表现在:

1. 师资不足。通过与省内各级学校的师生比可以看出昭通教师的缺口。

表3 云南省和昭通市师生比(2004年)

地域	小学	初中	普通高中
云南省	20.1:1	19.4:1	16.7:1
昭通市	30.52:1	23.8:1	21.4:1

而在怒江,初高中教师特别是高中教师紧缺,学科结构不合理,紧缺学科教师的招聘和引进比较困难。[②]

从上表中,我们不难发现,师资不足是制约少数民族教育发展的严峻问题。师资不足在边远落后的山区体现得更为明显。而我国的少数民族大多居住在偏远落后山区,这些地区因为自然条件恶劣,生存状况差,交通又十分不便,许多公办教师不愿意去,有时即使一些老师被分配过去工作,他们也是想尽办法调出

[①] 统计数据来源:《中国民族年鉴(2007)》,中国民族年鉴社出版2007年版,第150页。

[②] 怒江教育局:《怒江州民族教育发展基本情况》,2006年4月。

来。此外，汉族老师进入少数民族聚居区域的学校任教，还面临着语言不通问题。

2. 师资合格率低，尤其是高中阶段。据有关资料显示：

表4　昭通市各级学校专任教师合格率

地区	小学	初中	高中	统计时间
云南	92.34%	92.34%	——	2003年
昭通	95.24%	92.05%	69.3%	2005年
怒江	95.93%	92.22%	86.39%	2005年

表中体现并不是很完全。跟师资不足问题一样，专任教师合格率在山区不达标的太多。就彝良县奎香乡松林村中心校的教师情况来看，公办教师学历大多为中师毕业，有少部分自修大专文凭（此种文凭水分很大）。代课教师则一律为初中文凭，甚至许多人初中未正式毕业。非中心校仅有一名公办教师，其他均为代课教师。在怒江，一方面，由于大部分教师长期执教在山区，交通不便，信息闭塞，培训机会少，因此知识老化快，教育观念落后，教学方法和手段单一，存在教师学历合格率高而综合素质偏低的现象。另一方面，初高中教师特别是高中教师紧缺，学科结构不合理，紧缺学科教师的招聘和引进比较困难。

3. 代课教师大量存在，尤其是边远少数民族聚居区。

据昭通市2004年教育事业发展统计分析，2004年，有小学教职工26565人（专任教师25291人），小学代课教师6311人；普通中学12344人（专任教师10584人，其中高中1667人、初中8917人），初中代课教师367人。昭通市"一点一师"的共有1020个，比2003年增加46个。"一师一点"学校多在边远高寒地区人口相对较少的地方。在彝良县奎香乡松林村，全村共有教师32人，其中公办教师18人，代课教师14人。代课教师一律为初中毕业，甚至有人初中尚未毕业。非中心校仅有一名公办教师，其他均为代课教师。在怒江，就调查情况看，当地人说现在代课教师已被辞退。

表 5　云南省和昭通市代课教师

地　　域	小　　学	初　　中
云南省（2003 年）	26713 人	2420 人
昭通市（2004 年）	6311 人	367 人

4. 教师流失问题严重

从前面的统计资料来看，在昭通，原本高中教师的合格率就低，为 69.3%，但教师流失问题却一直存在。昭通市民族中学是全市唯一一个有初高中部且面向少数民族招生的民族中学，然而仍然无法避免教师外流的现象，这对于原本就落后的少数民族教育来说，无疑是釜底抽薪。这种状况在初中和小学同样存在。教师流失问题得到相关报道的证实。昭通日报记者在采访昭通教育局长时问道：最近两年，昭通有很多教师外流到昆明等地，他们大多是骨干教师，你是怎样看待教师的外流现象的？教育局长：外流现象在云南的 16 个地州都存在，县级的往市级走，市级的往省城走。这主要有几方面的原因，一是昆明各方面的条件都是市级城市无法比的，只要有条件，人们都希望自己有更好的生活、工作环境。二是待遇问题。在昭通，学校的待遇无法与昆明很多条件好的学校相比，条件不好，感情留人或者事业留人都显得有点空。三是孩子的教育问题。在昆明，优质教育资源要更集中一点，部分教师到昆明就是希望自己的孩子有一个更好的学习环境。当然也有的教师是因为两地分居而往昆明走。[①] 在怒江，如前面提到，原本引进就很困难，尤其是高中教师，再流失一些好教师，情况就更加严重了。

---

① 《教育局长谈昭通教育》，载《昭通日报》网络版，2005 年 1 月 9 日。

(四) 基础设施问题严重

我们仅以危房和人均拥有计算机来说明（见表6）。其中昭通的危房和计算机拥有情况更加糟糕，尤其是小学，校均拥有0.74台计算机。相信这些计算机肯定是集中在较为发达地方的学校，对于落后地方的学校，危房多而计算机缺乏的情况就更加严重了。

表6 昭通和怒江州中小学危房和计算机相关数据

地域	危房面积		危房率		计算机拥有量（台）		校均拥有计算机（台）		学生与计算机比	
	小学	中学	小学	中学	小学	中学	小学	中学	小学	中学
昭通(2004)	571861平方米	173389平方米	23.91%	16.28%	1939	3194	0.74	18.8	约398：1	约78：1
怒江(2005)	51342平方米（各级各类学校总数）		7.61%		1209（中小学）		其中的1045台用于教学		70：1（中小学）	

(五) 双语教学问题

语言是文化的载体之一，一个民族如果不能保持母语的独立性和生命力，民族文化及其影响力也会随之流失，削弱光芒。随着接受汉语教育和移居汉族聚居城镇的人口的增多，精通本民族语言的少数民族正在逐渐减少，很多城市少数民族的新一代已经不会说本民族语言，不懂得本民族习俗，除了在各种表格的"民族"一栏的填写中稍有不同外，他们已经泯然于众。虽然民族文化的流失有多种多样的原因，但是教育在其中要负有一定的责任。[①] 实施双语教学不仅符合《中华人民共和国宪法》和《中华

[①] 毛颖、乐莉：《云南省少数民族教育的文化困境》，载《昆明冶金高等专科学校学报》2005年第2期。

人民共和国民族区域自治法》的有关规定，同时也是少数民族的心愿。《海牙建议书》第 11 条规定：受教育的前几年在儿童的发展过程中具有关键性的作用，教学研究表明在学前班和幼儿园阶段是学习语言的最理想时期。可见，学习语言的最佳时期是在儿童阶段，尤其是学前班和幼儿园阶段。《海牙建议书》针对这个特性，提出一些的关于双语教学的方法。如第 12、13 和 14 条规定了在初级和中级教育中的双语教学。指出在小学阶段，最好用少数民族语言来讲授课程。少数民族语言应当被作为一门课定期教授。同时正式的国家语言也应作为定期教授的基础课，并由能够掌握两种语言的教师来教授；在中学阶段，一门课程的实质部分应当用少数民族语言来教。少数民族语言应该被作为定期教授的课程。国家语言也应当作为定期教授的课程，由能够很好地理解孩子文化和语言背景并掌握两种语言的教师来讲授。

2006 年中国少数民族地区使用汉语和当地少数民族语言的"双语"学校已超过 1 万所，在校生约 600 万人，每年编印 29 种文字的少数民族教材共 3000 多种，总印数超过 1 亿册。截至 2006 年 2 月，云南完成了对 11 个民族 15 个文种 136 种少数民族语文教材的审定，其中 60 多种已出版。至此，云南彝、白、傣、哈尼、苗、傈僳、拉祜、佤、纳西、景颇、藏 11 个民族的 14 种民族语文教材，在 707 所学校 1249 个班级使用，学生达 5.83 万人。[①]

但是双语教学问题在很多地方很令人担忧。从 1985 年—2003 年云南省少数民族文字图书、杂志、报纸的出版情况来看（见下表），随着时代的进步，民族文字出版物不仅没有增加，反而减少了许多。尤其是图书种类，从 1995 年的 98 种降到 2003

---

① 资料来源：《中国民族统计年鉴》（2007），民族出版社 2008 年版，第 532 页。

年的 34 种，册数也从 14.1 万降到了 13.85，由此可以推断出双语教学在云南这 20 多年来的境遇。

表 7　云南省少数民族文字图书、杂志、报纸的出版情况

年份	图书 种数（种）	图书 册数（册）	杂志 种数（种）	杂志 册数（册）	报纸（万份）
1985 年	98	14.1	3	1.8	57
1990 年	56	23.3	2	1.3	49
1995 年	53	11.4	3	1.1	30
2000 年	12	8.86	3	1.5	59.71
2002 年	37	8.92	3	1.35	53.24
2003 年	34	13.85	3	1.5	34.65

注：资料来源于云南省统计年鉴（2006 年）

云南是一个多语言和多文字的省份，5000 人以上的 25 个世居少数民族中，除回、水、满三个少数民族使用汉语外，其他 22 个民族共使用 26 种语言（不包括地区方言），14 个民族使用 21 种文字或拼音方案。因此，双语或双文教学的问题值得重视。其涉及的问题不仅有教学成本高、教师数量少和质量不高、教材和读物少、教学与社会实际的联系脱节等问题外，还有一系列相关的法律政策的建设和调整问题。如在少数民族双语教师的使用和培养方面，就有一些政策不尽合理。[①]

目前双语教学存在的问题主要有：首先，缺乏统一领导管理机构。目前国家和各民族自治地方尚未成立专门的领导管理机构领导管理这方面的工作，双语教学在民族地区尚未普及，许多地方还处于试验阶段；其次，缺乏合格的双语教师。再次，少数民

[①] 《民进中央调研发现——云南地区民族教育结构不均资金缺位》，《人民政协报》2005 年 4 月 13 日。

族文字教材编写尚处在摸索阶段。

（六）教学质量不高，办学效益差

少数民族人口稀少、交通不便，学校布点分散，一师一校小学存在较多。目前昭通市民族中学跟市一中的教学规模、教学质量等等都不能比。虽然昭通市民族中学在招生方面对少数民族有优惠措施，如2006年9月高中部招生对苗族和彝族实行降低分数录取，彝良县民族中学也降分录取，但由于这两所中学地处市里和县里，很多少数民族学生家住边远山区，要么选择离家较近、花费较少的学校就读，要么辍学。这样一来国家对少数民族实施的特殊补贴——生活补足就不能享受。同时民族中学的汉族学生比例越来越高。在怒江，98%以上的面积都是高山峡谷，山地占土地总面积的97%，人口密度为32.6人/平方公里。人口居住分散，给办学带来不便。如独龙江乡，与外界的联系相当少，几乎处于完全封闭的状态。一年有大半年都大雪封山，无论是老师还是学生跟外界接触的机会都很少，因此教学质量令人担忧。

第二节　我国少数民族教育落后的原因分析

通过上述对云南省怒江州和昭通市的少数民族受教育权现状及其存在的问题的统计分析，我们认为造成此种局面的原因，主要表现在以下几个方面：

一、客观原因——经济落后与自然条件恶劣

（一）落后的社会经济

众所周知，我国少数民族聚居的地区大都属于比较偏远的内陆山区。交通不便、信息不畅、观念落后、素质偏低，从而造成社会经济远远落后于东部发达地区甚至是全国平均水平。这直接影响了教育上的投入，从而制约教育的发展。

从昭通市和怒江州的数据我们可以很直观的看出，2005年，昭通市全年城镇居民人均可支配收入为7570元，农民人均纯收入1300元，农民人均生活消费支出1241元。[①] 像彝良县的五个民族乡中，奎香、树林、龙街三个苗族彝族乡、柳溪和洛旺苗族乡2005年的农民人均纯收入分别为658元、607元、1343元、706元和609元。在怒江，2005年人均GDP为4854元，是全省水平的54.42%，是全国水平的35.2%。农民人均纯收入1034元，仅为全国的三分之一，全省水平的二分之一，全州实有贫困人口29.89万人，占农业人口总数的73.8%。其中：绝对贫困人口14.73万人，贫困人口占总人口的73.8%，贫困面、贫困程度及返贫率居全省之首。这样的经济条件下，两地少数民族的教育很难发展，尤其是目前我国教育投入中，县乡两级政府占大头，使得落后地方的教育财政赤字问题比较突出。

（二）恶劣的自然条件

由于少数民族聚居区大都属于内陆山区，这些地方自然条件恶劣，大部分为山区，耕地面积少，农业生产受到制约；交通不便，又进一步制约了工业的发展和对外的交流。

怒江全州98%以上的面积都是高山峡谷，其中76%的耕地坡度在25度以上。导致了交通非常不便，尤其是贡山独龙族怒族自治县。由于历史的、自然的和经济的多种原因，怒江州至今还是云南乃至全国最贫困的少数民族自治州，形成了边疆的、民族的、宗教的、贫困的、生态的一系列非常特殊的"怒江问题"，是一个集边疆、民族、宗教、贫困、高山峡谷"五位一体"的典型代表。而在昭通，像前面介绍的彝良县的奎香、龙街和树林苗

---

① 昭通市统计局：《昭通市2005年国民经济和社会发展统计公报》。

族彝族乡，都是高寒山区，和另外两个苗族乡（洛旺和柳溪）都是远离县城的乡，这些是少数民族主要聚居的地方，交通非常不便，大半天时间才能到县城，到市里那就得花将近一天的时间，跟外界的联系很少。即使在这些地方，少数民族大部分都是居住在远离公路的山上，自然条件更加恶劣。这些不利的自然状况同样阻碍了当地教育的发展。恶劣的自然条件使得教师都不愿意前往，一方面没有多余的补贴用以刺激教师前往；另一方面，即使有这个经济能力，许多老师还是不愿意前往，因为生存条件太恶劣。

二、直接原因——教育经费的缺失和投入错位

（一）教育经费缺乏严重

目前总的情况是中央和省级政府的投入很有限，而且大多数教育经费都投入到高等教育中去。在全国教育经费支出中，31.75%的用于高等学校，29.7%的用于中学，25.48%的用于小学。同时在中小学中，只有8.57%和15.96%的用于农村的中学和小学。[①] 出现了处于基石的基础教育在经费上得到的国家投入反而少的不协调局面。

（二）有限教育经费的投入错位

政府有限的教育经费向着城市学校和各级学校中的"重点"倾斜。在农村推行分级办学制度，即实行"县办高中"、"乡办初中"、"村办小学"，相应的办学经费由分别由县、乡镇和村支付，而城市的办学经费则由城市政府拨款。在这种制度下，中央政府的财政教育经费的绝大部分投向了高等教育。在整个90年代，这一部分始终高达90%左右，而包括高中在内的中小学得到的比例始终未超过1%，而且这些有限的金额也主要是对"中央

---

① 来源于《中国教育经费统计年鉴》（2005年）。

属"中小学的投入。近年来虽然增加了对贫困地区义务教育的援助，但"九五"期间的总投入只有39亿元，在2001年以后的四年间，这部分资金仍然不足300亿元，占中央教育财政总经费的比例仍然微乎其微。张玉林教授诙谐地称"作为中国教育最高主管部门的教育部，实质上属于高等教育部"。由于初中和小学的管理责任主要在县以下，自省至县的地方政府的教育投入也主要流向了各自管辖的大学、高中等专业学校以及高中，而很少顾及农村义务教育。结果是，农村义务教育资金的主要承担者变成了乡镇一级。根据国务院发展研究中心的调查，在90年代末，农村义务教育资金的政府投入部分，中央、省和地区或地级市三级合计负担的部分不到15%，而乡镇则负担了78%。而这部分的投入可能占到乡镇财政支出的70%左右。乡镇财政由此成为"教育财政"。在各教育阶段，将有限的资金集中于带有各种招牌的"重点"学校，是每一级教育和财政主管部门普遍的行动逻辑，乃至成了官员们的第二天性。① 这些现象在昭通和怒江同样存在。市里和县里的中小学等拥有优质的教学资源，而在广大少数民族居住的山区，教学资源缺乏、陈旧、落后。这些都是长期教育经费投入不到位造成的。虽然国家坚决制止教育乱收费问题，而且从2006年起，国家逐渐推行免费义务教育，但是所谓的"免费"在下面是"两免一补"，即免学费、免课本费和补助寄宿生生活费。以某民族地区小学收费为例，实行免费之前，一个小学生的各种费用加起来一学期大概70元左右，"免费"后为45元左右。类似的问题在调查时也得到证实，称所谓的"免课本费"只是对国家提供的课本免费。

---

① 张玉林：《中国教育：不平等的扩张及其动力》，载《21世纪》（网络版第三十八期），网址：http://www.cuhk.edu.hk/ics/21c，访问日期：2005年5月31日。

因此，长期以来存在的教育经费问题，要解决不是一朝一夕的事，需要国家加大投入，以及相关制度的完善。

三、体制原因——国家法律和政策缺位

云南省虽然少数民族众多，但并不是民族自治区，没有相应的特殊扶持政策。在许多方面全社会对云南少数民族教育的特点和困难还了解得远远不够，对教育的支持也难以完全契合当地的实际。① 这导致少数民族受教育权在法律和国家政策上存在缺陷与不足，也成为制约我国少数民族受教育权发展的又一个重要原因。

（一）我国民族教育法律体系不健全、内容不完善

与其他群体的受教育权相比，我国少数民族受教育权还没有得到充分实现。主要表现在：

1. 民族教育法律体系不健全、层级偏低

我国民族教育立法工作虽然走过了 50 多年的历程，但是仍然相当薄弱。截至目前，还没有一部系统的民族教育法，致使民族教育的发展没有得到充分保障和促进，民族教育不能适应改革开放后民族地区经济发展的需要，特别是在当前民族教育与全国教育的平均发展水平有较大差距的情况下，且这种差距在进一步拉大，民族教育立法滞后已成为制约我国民族教育事业发展的关键因素。

我国现行的民族教育法律法规中，行政规章和规范性文件占绝大多数，行政法规和地方性法规则相当少。至今还没有居于《宪法》、《民族区域自治法》和《教育法》之下的统领民族教育法规规章的民族教育基本法，《少数民族教育条例》至今还未出

---

① 《民进中央调研发现——云南地区民族教育结构不均资金缺位》，载《人民政协报》2005 年 4 月 13 日。

台,这是民族教育立法的一大空白。全国人民代表大会及其常务委员会虽制定了一些有关教育的法律,但都不是专门针对民族教育的,并且原则性的规定较多,笼统而抽象,没有针对性和可操作性。现行法规规章单行性、应急性的较多,缺乏立法的规划和预测。由于民族教育法规层级过低,必然刚性不足,从而影响其效力的发挥。因此,也就很难起到保障和促进民族教育发展的作用。

2. 民族教育法律法规内容不完善

在保障少数民族受教育权方面,相关民族教育法律法规的内容不完善,国家、社会的责任规定得不够充分,各级教育领导机关和政府在职责上也不明确,导致挪用、克扣、侵占义务教育经费的事件时有发生。另外,少数民族公民的受教育权被侵犯缺乏程序法的保护。

目前,我国的民族教育法规比较注重对少数民族受教育权的保护,而忽视对民族教育在传承和发展少数民族文化中的作用、角色的规范。同时,我国的民族教育立法从维护少数民族教育公平的角度出发,比较注重对少数民族学生的升学照顾,而忽视了对其升学后如何提高和帮助他们的学业,使其尽快赶上汉族学生的水平等方面的规范,这在一定程度上导致了少数民族学生的低学业成就,从而其教育公平也不可能得到真正地落实。

现行的民族教育法规大多都是参照《宪法》、《民族区域自治法》和《教育法》等法律法规中有关民族教育的规定,严格按照上位法的原则和基本精神制定出来的,这是毋庸置疑的。但是,制订时没有很好的结合本地区实际,内容缺乏针对性,照搬普通立法现象严重,没有很好地体现民族教育法规所应有的特殊性。因此,在指导民族教育的实践过程中针对性不强。特别是民族自治地方制定的民族教育自治法规,没有充分利用法律所赋予的民族教育自治权,且适用范围小、特色不鲜明,有的甚至无任何特色。

(二) 政策上的缺陷

国家对于西藏采取在内地办西藏班、发达地方对口支援等措施。但是在与西藏接壤的怒江就不享有这些优待了。在怒江的藏族与西藏的藏族只隔一座山，也不能享有西藏的待遇。此外，2005年，国务院审议通过《扶持人口较少民族发展规划（2005—2010年）》。[①] 随后各地都出台了相应的发展人口较少民族的一些措施，云南省民委在2006年就云南省扶持人口较少民族发展的工作情况进行了部署。但是这项政策针对22个人口较少民族实施，对于同样与人口较少民族居住在一起、共同面对教育落后的少数民族又怎么办呢？政策本身是好的，但是有点与事实脱节，很容易漏掉一些原本应该享受国家扶持的少数民族，跟前面提到的不在少数民族中学就读的少数民族同学无法享受民族生活补助是一样的道理。

前面已经提到，国家在昭通对少数民族学生的生活补贴只有在民族中学的学生才能够享有，其他学校的少数民族学生则不能享有。曾经在彝良县一中出现过民族班，少数民族学生不在民族中学却能一个月有三十元的生活补足，但现在又取消了。实际上，少数民族中学容纳少数民族学生的能力是有限的，大量的少数民族学生还是在非民族学校就读，但是他们就不能享受国家给予的特殊政策。这种政策是有缺陷的。

[①] 《规划》提出的目标是坚持国家帮助、发达地区支援、民族地区自力更生相结合，通过5年左右的努力，使人口较少民族聚居的行政村基础设施得到明显改善，群众生产生活存在的突出问题得到有效解决，基本解决现有贫困人口的温饱问题，经济社会发展基本达到当地中等或以上水平。再通过一段时间的努力，使人口较少民族达到全面建设小康社会的要求。

四、观念原因——部分群众对教育的意义认识不足

少数民族群众大都生活在经济、文化、教育比较落后的地区,长期的封闭使他们思想僵化、意识陈旧,加之本民族文化信仰、心理素质、风俗习惯内在地一惯不重视教育,也就使部分人对受教育权问题漠不关心,认为学不学文化没关系,学多学少一个样,上学上不出名堂,不如不上、早点挣钱好。这样,即便有完善的教育设施、良好的教学质量,对他们来说也没有太多实际意义,他们不愿意让子女上学。同时应当看到,由于少数民族有着不同于汉族的计划生育政策,少数民族家庭受多子多福观念影响往往孩子较多,经济落后、收入较低,就迫使一部分孩子因贫困无法上学,有时又由于家长不重视教育的思想作怪,少数民族儿童不能享有受教育权的问题也就司空见惯了。另外,大多数少数民族又普遍有早婚现象,家长让子女早日传宗接代现象严重。当前,随着外出打工潮的高涨,没见过大世面的家长也已认识到了不能再让他们的子女像他们那样一辈子守着那"一亩三分地",时刻期盼他们的子女尽快走出大山到外面新鲜世界去闯荡,从而导致他们的子女无法安下心来读书。以上种种认识,都不同程度地阻碍着少数民族受教育权的实现。

第三节　完善保障我国少数民族受教育权的建议

一、完善现有的民族中小学和民族大学教育体系

（一）完善教育体制

办好教育事业,使每个人享有受教育权,必须有完善的教育体制。民族地区的教学应该密切结合民族地区的特点和未来发展

态势，调整科类结构和专业设置，确定合理的办学规模和发展速度，提高教学质量和改善办学条件，培养民族地区急需的各类专业人才。要加强民族教育的适应性。这种适应性包括两个方面：一是专业设置的适应性，民族教育如何适应民族地区的现在和未来，满足经济和社会发展的需要；二是思想教育的适应性，如何加强学生的马克思主义民族观和宗教观教育，加强素质教育，培养学生的爱国主义思想和维护民族团结意识，使学生能客观地评价本民族和其他民族的历史和现状，维护祖国统一，促进民族团结。要加快教育信息化进程，发展现代远程教育，实现民族高等教育跨越式发展。远程教育以教育信息化带动了教育教学的全面改革与发展，利用远程授课打破教育地域界限，实现跨时空教学和教师培训，实际上是相当于把名师请到少数民族边远山区，从而提高了民族地区的教学质量。

（二）举办大学民族扶贫班

该方案可以定点或选评方式确立招生对象，主要是通过此种方式切实可行地扶助一些成绩优异而又无力完成大学学业的学生，从经济上解决他们的生活和学习之需要。国家对这部分学生可以减免学费，并从生活、学习上给予特别的优惠政策，使他们健康而顺利地发展成才。

（三）举办大学民族预科班

民族预科班是我国民族高等教育比较特殊的形式之一。该方法主要是指对当年高考的少数民族学生，适当降低分数线。根据学生的特点，采取特殊措施，着重补习学生的高中主干课程，提高文化基础知识。对于母语为非汉语的学生，学校将重点提高学生的汉语言水平。预科班学习期满后，经所在学校考试合格的，按照预科录取时确定的专业，直接升入有关院校本、专科学习，不合格的退回原省。这种特殊的办学形式使一些因语言障碍或文化基础水平低而升学难的民族学生可以顺利升入大学，并通过预科班的学习，进一步提高文化基础，迅速适应大学的学习生活。这样，既增加了民族学生进入大学深造的机会，又保证了学生的质量，起到了连接大学与高中的桥梁作用。对于那些有较大文化背景差异的学生来说，预科无疑有利于学生适应新的文化环境。目前，民族大学的预科班总人数一般不超过当年招生计划的10%，他们通过一年的大学预科学习后，成绩合格，可以直接升至本院本、专科学习，毕业后，国家承认其文凭，待遇与普通本、专科学生相同，在读书期间，政府还将对他们发放适当的补贴。

（四）举办各种形式的民族初师班

此种教育是为了解决少数民族地区师资力量不足，教师的文化水平不高的问题。民族初师班主要招收有高小文化程度，年龄可放宽至26岁以下的当地少数民族学生。集中在当地或师范学校学习，由县颁发初师毕业文凭，毕业后回本地任"合同制"初小教师。实践证明，举办各种形式的民族初师班，有利于民族地区的基础教育。

二、进一步完善少数民族教育经费的支付制度

多年来，在少数民族教育的投资上，中央虽然采取了不少措施补贴民族地区的财政以发展教育，但和发达国家相比，我国中央财政对地方教育的投入依然太少。如日本（1980年）国家承担了初等、中等教育经费的25.4%，县级政府（相当于我国的省）承担了67.8%；美国（1979）联邦政府承担了8.5%，州政府承担了40.1%。而在目前我国的义务教育投入中，乡镇负担78%左右、县负担9%、地级省级负担11%，中央财政只负担2%左右。这样便使中央和省级政府在发展农村义务教育方面承担责任太少，实际上也就使乡镇政府和农民承担了农村义务教育发展的重任，进而导致了农牧民的教育负担过重，阻碍了农村孩子受教育权的实现。为此，必须进一步完善中央财政的转移支付制度，通过一般性转移支付和专项性转移支付来加大中央、省级政府对地方民族教育的投入，以缓解义务教育对地方财政的压力。把农村中小学教师工资由地方负担改为由中央、地方各级政府共同负担，由县统管。中央和地方财政负担比例可视各省区的财力而定，中西部地区特别是少数民族地区主要由中央财政负担，沿海发达地区主要由省市县承担，并相应提高省级财政承担比例。此外，实行税改后，中央应确定一定比例的税收专门用于民族教育，在国税的分成比例上，适当提高中西部特别是少数民族地区的比例。

三、健全、完善少数民族教育法律、法规体系

邓小平说："还是要靠法制，搞法制靠得住些。"完善少数民族教育法律、法规体系，为少数民族受教育权提供法治保障，使之做到有法可依，有法必依。①

为解决少数民族受教育权无专门法可依问题，国家立法机关应当加紧制定《散居少数民族权益保障法》和《少数民族教育法》及实施条例，从立法上对受教育权给予保障。在法律法规中，明确规定以下问题：（1）少数民族教育的地位、任务、作用。（2）各级政府和国家机关对少数民族教育的职责、权限、及工作程序。（3）学校和教育行政部门的义务、权利。（4）少数民族教育的经费来源，中央和地方财政对少数民族教育经费的投入比例。（5）少数民族学生入学、升学、学习、就业等方面照顾原则、措施。（6）从事少数民族教育的教师待遇问题。（7）随父母进城的少数民族孩子在城市就学问题。（8）少数民族家庭困难孩子的就学问题。（9）对侵犯少数民族受教育权的行政救济、司法

---

① 《邓小平文选》（第三卷），人民出版社1993年版，第379页。

救济、责任追究规定等等。在加强少数民族受教育权立法的同时，也必须加大民族普法和执法检查力度。尽管当前我国的民族教育法律体系还不健全，但国家所颁布的一些法律、法规中，有关民族教育的内容还是比较多的，对于侵犯少数民族公民受教育权的现象之所以时有发生，固然一方面可以归责于法制不健全，但另一方面，也无不与少数民族群众的法律意识不强、民族教育法律、法规贯彻不力有关。为此，我们必须加强民族教育法制宣传工作、开展普法教育。设法提高少数民族群众法律意识，使他们真正懂得接受教育、发展教育的权利和义务；使各民族地方的自治机关充分用足、用活、用好发展教育的自治权利，从当地实际出发采取特殊措施和灵活政策，加速发展民族教育事业；使上级国家机关的领导干部认识到领导和帮助民族地区发展教育事业的责任，切实保障自治机关行使发展民族教育的自治权。另外，要大力贯彻民族教育法律、法规，不断完善少数民族教育执法与监督机制，真正树立民族教育法律的威严，为少数民族受教育权提供有力的法治保障，使之做到有法可依、有法必依、执法必严、违法必究。

四、转变教育观念、深化教育教学改革

民族地区国家机关应充分利用《宪法》和《民族区域自治法》赋予的自办民族教育的自治权，积极与上级国家机关相配合，不断转变教育观念、深化教育教学改革，促进民族教育发展。

1. 健全义务教育体系、调整教育结构，合理配置教育资源。民族地区，要加大地方财政对义务教育的支出，使义务教育真正成为免费教育，让每个有接受能力的儿童都能接受学校教育。调整教育结构、对有限的教育资源进行合理配置，解决教学点广、散、规模小的问题，依据实际情况，普遍建立寄宿式民族中小

学、合并、集中办学，充分利用有限资源提高教学质量。加大职业技术教育在教育体系中的比重。当前教育结构中最突出的一个问题，就是职业技术教育规模小。少数民族之所以不重视教育的一个重要原因在于认为读书无用。现行的教育体制，使初等教育、中等教育教学内容与实际生活联系不太紧密，使不能升学的中学毕业生回家不会务农，外出打工不懂技术，结果导致他们认识到上学还不如不上、多花钱。因此，在教育改革中必须扩大职业技术教育的规模，使其适应现实需要。开设各种形式的职业技术教育和成人教育，有助于为当地生产力的发展提供科技知识，有利于少数民族人民掌握现代化的生产工具，从事现代化生产。

2. 改善办学条件、完善教育设施，提高教师待遇、增强教师素质。民族地区国家机关应逐步改善学校的教学条件，及时消除危、旧房，兴建新校舍、美化新校园，添置新教学设备、教学用品，加强学校软、硬件建设，为少数民族学生提供良好的受教育环境。同时，提高教师工资和福利待遇，及时足额发放其工资。建立严格教师奖惩制度和优秀教师定期外出考察、学习制度，增强教师的责任心和职业自豪感。推进学历教育、提高教师任职资格。建立教师任职流动机制、激发其竞争意识，强化教师职业道德、提高其工作能力和业务素质。

3. 转变教育观念、改革教学方法和教学内容，推动素质教育开展。民族教育既要坚持"三个面向"、着眼于未来教育，又要从当前现状和实际出发，着眼于为民族地区培养有用人才。因此，应把民族教育从过去"应试教育"为主转变为"素质教育"为主的轨道上来，变革过去"填鸭式"、"死板式"的教学方法和陈旧的教学内容，运用现代化的教育技术和教学手段，传授时代性、科学性、实用性较强的理论知识和技术，使学生在生动活泼的快乐教学中接受现代文化知识的洗礼和熏陶。从而激发他们的学习兴趣、增强创新意识、提高动手操作能力。推动素质教育的深入开展，为民族地区培养有用、有为的现代化合格人才打下坚实的基础。

综上所述，少数民族受教育权的实现程度最终决定于社会经济发展水平，社会经济的发展是少数民族受教育权充分实现的根本性保障。国家作为少数民族受教育权保障及实现的最重要的主袋子一，应尽最大可能促进少数民族教育的发展。同时，少数民族受教育权作为一项基本人权，不仅受到国际人权公约保护，也受到了我国党和政府的高度重视，为我国《宪法》、《民族区域自治法》和《教育法》所确认与保障。本文通过对少数民族受教育权的概述、少数民族受教育权现状的实证分析及其存在的问题，完善我国少数民族受教育权思考的论述，旨在唤醒人们对少数民族教育的重视，以推进我国科教兴国战略、构建社会主义和谐社会的进程。

第六章 少数民族受教育权的国际法律保护

第一节 受教育权的国际法视角

一、国际法中的教育概念

教育概念可以从不同的角度给予定义。最广义的概念可以指个人与其所属社会和自然环境的互动,这种互动过程超越了学校环境,包括非正式的一切提供教育的资源,它于儿童为适应与父母和兄弟姐妹关系的家庭生活而学说第一句话之前就开始了。随后,每个人的言行举止将在这种从小就开始的与家庭成员的互动中,以及随后与更大范围的社会和自然环境的互动中形成。广义上的教育包括人类群体向后代传授能使群体延续生存所需的一系列知识、道德、才智、技能的整个过程。在此意义上的教育主要涉及向下一代传授有效从事日常生计的工作劳动所需技能,包括特定社会所持有的社会、文化、宗教和世界观价值的内容。狭义的教育概念指在国家、省级行政区或地方的教育机构,不管是公立的还是私立的教育机构中接受的正式或专门的知识传授[1]。国际法对后两种定义均给予了认可:"教育"指个人和社会群体在国家和国际社会之内且为了国家和国际社会的利益,借以学会有

---

[1] See Douglas Hodgson, The Human Rightto Education. England: Dartmouth Publishing Company Limited, 1998, pp. 3—4.

意识地开发其全部个人能力、态度、天资和知识的整个社会生活过程，这一过程不限于任何特定的活动①。"教育"一词指一切种类和一切级别的教育，并包括受教育的机会、教育的标准和素质以及教育的条件在内。② 欧洲人权法院在其对 Campbelland Cosansv. United Kingdom 的判决中对广义和狭义的教育概念作出了区别："广义的教育（education）指任何社会中成年人试图将其信仰、文化和其他价值传授给下一代的整个过程，而狭义的教育（teaching or instruction）特指知识的传授和智力的开发。"③ 受教育权（the right to education）中的"教育"一词英文采用的是"education"而非"teaching"或"instruction"，应被视为既非上述最广义的教育概念，也非上述最狭义的教育概念。国际法承认了教育在人的才能的增长中的作用和重要性，并且认为教育的重要性不仅只限于实用性，而且能够陶冶人的心灵，"有一颗受过良好教育，能够自由广博思考的开悟而且活跃的心灵，是人生在世的赏心乐事"④。

有中国学者对受教育权作了如下不同的定义：受教育权指公民作为权利主体，依照法律规定，为接受教育而要求国家依法作

---

① 《联合国教科文组织关于促进国际了解、合作与和平的教育以及关于人权和基本自由的教育的建议》第1条第1款。本章所用国际法律文件的文本除另注明外均源自爱德华·劳森：《人权百科全书》，四川人民出版社，1997年版。
② 《联合国教科文组织取缔教育歧视公约》第1条第2款。
③ 转引自 Douglas Hodgson, The Human Right to Education. England：Dartmouth Publishing Company Limited1998, p. 4.
④ 联合国经济、社会和文化权利委员会：《经济、社会和文化权利委员会的一般性意见》，载 A. 艾德、C. 克洛斯、A. 罗萨斯主编：《经济、社会和文化权利教程》附录二，中国人权研究会组织翻译，四川出版集团四川人民出版社，2004年3月版，第556页。

出一定行为或履行一定义务的权利[①]。受教育权是指公民依法享有的要求国家积极提供机会均等的受教育条件和机会，通过学习来发展其个性、才智和身心能力，以获得平等的生存和发展机会的基本权利[②]。上述定义的不同之处在于对受教育权概念认识的视角不同和定义的侧重点不同，前者是从受教育权的权利主体和义务相对人的关系去定义该概念的，后者除说明受教育权的权利主体和义务相对人外，还强调了受教育权的客体。但两者的共同点也是显而易见的，即都是从国内法的角度去定义受教育权的概念的，并将受教育权仅仅视为一种法定权利。

然而，在国际法，尤其是在国际人权法的视野下，受教育权远非仅仅是一种法定权利。国际人权法把受教育权始终视为人的一项基本人权，因为人类的教育活动是始终与人类社会文明的产生和发展相生相伴的。人类文明初期的教育活动是在为使下一代适应自然环境而生存中无意识发生的，不存在人为剥夺一个人受教育的权利，这说明教育活动的施受双方的权利是一种应然权利。人为地剥夺一个人接受教育的权利是人类出现有阶级社会后才发生的，人类社会文明的进步要求通过法律和制度承认人的接受教育的权利并加以保护，这才使得受教育权成为一项法定权利。

但是，受教育权在国际人权法中从应然权利到被承认为法定权利经过了漫长的历史。受教育权的概念最初只是零星出现在16、17世纪某些欧洲著名哲学家，如洛克、卢梭的著作中。在经典人权文件中，如《英国权利法案》、《美国独立宣言》和《法国人权宣言》中没有提到受教育权，这说明受教育权作为人权法

[①] 秦惠民：《走入教育法制的深处——论教育权的演变》，中国人民公安大学出版社，1998年9月版，第191页。

[②] 龚向和：《受教育权论》，中国人民公安大学出版社2004年版，第29页。

律概念的提出大大晚于个人的政治权利和公民权利。19世纪社会主义和自由主义两种思潮的发展才将受教育权明确归入人权。19世纪是一个人们需求更多权利的时代，这种需求逐步成为要求国家提供基本的社会福利服务和补贴的权利主张。社会主义将国家视为一个给人以关怀和利益的机构，其目的是通过政府的积极干预和调控保证整个社会的经济和社会福祉。自由主义的"不干预说"也逐步被国家应是社会福利提供者的观点取代。在受教育权问题上，自由主义尽管担心国家对教育事务的过度干预，但为抵制教会对教育的控制和保护儿童与家长的权利，提倡国家应干预教育。可见，尽管社会主义和自由主义思想分别是社会主义制度和资本主义制度的意识形态支柱，但在主张受教育权是基本人权和国家应承担促进该权利的责任上却惊人地一致，尽管两者的出发点和目的不同。19世纪后半叶，受教育权和国家有促进该项权利的责任在国内宪法和立法中得到明确承认，如1849年的《德意志帝国宪法》和1919年的《德国魏玛宪法》。到20世纪中后期，世界几乎所有国家的国内宪法和立法都承认了受教育权。

在第一次世界大战后，《主要协约国和波兰之间的条约》和《日内瓦宣言》等国际联盟的一系列条约和宣言向世人宣告了受教育权，这是受教育权在国际法层面被首次承认。但受教育权得以充分承认则是在第二次世界大战以后。受教育权还被现代国家的宪法和国际法所确认，因而受教育权已成为一项法定权利。因此，受教育权是一项被国际法所确认的基本人权，换言之，受教育权作为一项人权的法律渊源只能从国际法，尤其是国际人权法中寻觅。

二、受教育权的属性

"教育对于人类生活至关重要，因而有着如此密切关系，以致必须作为权利赋予每个人。"① 因此，受教育权在国际法中的经典表达是"人人有受教育的权利"②。受教育是一种权利，而且是每一个社会成员生而有之的权利，因而受教育权是人的一项基本权利和原生权利。受教育权始终都是与人权联系在一起的。受教育权本身就是一项人权，一般被视为是一种文化权利，同时也是实现其他人权的前提条件，是国际人权法不可缺少的组成部分。受教育权是一项人权的属性可以由以下理由决定：

1. 从社会功效或公共利益视角：社会功效是受教育权的逻辑基础。教育在当代社会中的重要作用已被公认，它是社会赖以保存其文化和价值，并将其传授给下一代的基本主要手段。一方面，人权的真正实现离不开教育。现代人类社会每个成员的许多基本权利，尤其是公民权利和政治权利只有在该成员受到过最低程度的教育才能真正实现。而经济、社会、文化权利的实现更需要该成员接受了最低程度的教育之后才能真正实现。良好的教育是每个人作为特定国家的公民理性行使其公民权利和政治权利的前提。没有受过任何教育的人是无法有效参与国家的政治生活和社会生活的。特定社会和国家要保持民主政治、维护自由和独立，同样需要有受过良好教育的人民作为前提条件。另一方面，受教育权是确保世界和平、建立和谐国际社会的主要手段。下一代是受教育权的主要受益者，通过教育，使他们作为人的个性得到充分发展，并培养他们对人权和基本自由的尊重，了解和容忍不同国家、民族、种族和宗教的文化价值。具备这种素质的下一代才能成为特定社会和国家以及国际社会有用的一员。未来的世

---

① IvanA. Snoo kand ColinLan kshear, Education and Rights (1981) 34. 转引自 Douglas Hodgson, The Human Rightto Education. England: Dartmouth Publishing CompanyLimited, 1998, p. 17.

② 《世界人权宣言》第 26 条第 1 款，《经济、社会和文化权利国际公约》第 13 条第 1 款。

界和平、和谐世界的建立才有希望。

2. 从人的尊严和人的发展视角：受教育是人的尊严和人的发展的前提条件。人的尊严是国际人权法中的一个基本原则，"对人类家庭所有成员的固有尊严及其平等的和不移的权利的承认，乃是世界自由、正义与和平的基础"[①]。教育可以给予个人基本技能知识，培养个人的逻辑思维和理性分析，这些都是形成人的尊严和自尊的基础。在尊重人类知识的社会里，对于那些被剥夺了接受这些知识和成就教育的机会的人是没有尊严可讲的。如果没有接受教育的权利，人就不能意识到自己的潜力，就不能为社会充分发挥自己的作用。教育可以增进人的一般文化知识，使其能在机会平等的基础上发展其各种才能、个人判断力、道德与社会责任感，从而成为社会的有用之人[②]。

3. 从个人福祉视角：受教育权中蕴涵了个人的福祉权利。福祉权利被定义为当一个人在迫切需要一定生活必需品的情况下，又不能自行获得时，有权获得社会对这些生活必需品的提供。已被确立的享有福祉的权利包括免于饥饿，获得医疗保健和住房。受教育权现在已被视为一种个人福祉权利，因为教育的作用应是帮助个人达到最低认字识数的基本标准，使其能够在各自的社会里，在生活的不同方面获得生存的能力。如果个人不能完全自行获得这种基本的教育，将导致其无法具备基本的谋生能力，一点适量的教育就会使其具备所处社会的模式和价值的知识，以及交流沟通和独立生存的能力。教育可被认为是一种个人有权获得的物品，本身既是目的，也是获得其他福祉权利的手段。就后者而言，受教育权被认为是一种从社会、经济权利中衍生的或派生出来的权利，个人借以获得所需层次的教育，使其更

---

① 《世界人权宣言》序言第1段。
② 参见《儿童权利宣言》原则7。

易保障就业，从而满足诸如食宿、健康保健和营养需求等的需要。

三、父母与国家：受教育权的义务和责任行为者

国际法是国家意志妥协的产物，国际人权法也不例外，受教育权作为国际人权法的内容之一不可避免地反映不同的人权观。令人感兴趣的是，受教育权是西方人权观和社会主义人权观最易达成一致的权利，尽管两者的思想基础大相径庭，如社会主义人权观坚持人权和责任的普遍统一性就被坚持自由主义人权观的国家所拒绝。但是，就个人享有受教育权而言，受教育权却被公认为是一项个人在行使权利的同时承担相应的义务的人权。国际法的发展使不同人权观对受教育权的认识在基本问题上达成了共识或妥协，这有利于对受教育权的国际法律保护。

然而，受教育权同时又是最复杂的人权之一。受教育权作为一项基本人权同其他人权一样，在概念、权利主体与义务相对人，即儿童、父母和国家的关系、教育的目的、与其他人权和基本自由的关系、国家义务和责任等等，不同的人权观有不同的认识。

西方人权观念中的受教育权的思想基础是自由主义，但这种思想对于受教育权必然涉及的不同教育责任行为者之间的关系的认识是矛盾的。一方面，由于欧洲现代国家的出现，教育从主要由父母和教会承担转为一项公共事业，国家有责任规范不同行为者在教育中的利益，教育被确认为国家的责任而不再受宗教的控制。另一方面，国家过度卷入教育事务会干涉到科学自由、教学自由和个人行使受教育权的自由。自由主义思想家担心在教育这个事关儿童健康成长的事务中，"自由这个观念的滥用成为国家

第六章　少数民族受教育权的国际法律保护

履行责任的障碍"①，同时又担心国家过度卷入教育的危险性，这种矛盾冲突反映在他们的主张中。

为解决这个矛盾，J. S. Miller 主张，父母的主要责任是给予子女足够的教育，而国家的责任是监督父母们履行自己义务的情况，并且国家只作为补充，通过国立学校提供教育，但这种教育体系只是作为多种竞争性实验的一种而存在，其作用一是服务于考试，二是促进其他教育者达到一定水平②。换言之，国家建立的以国立学校为主体的教育体系的功能主要是为其他教育者（父母和其他社会教育机构）提供应达到的教育要求和水平提供检验标准（考试）和参照标准（促进教育水平）。因此，自由主义人权观视野下的受教育权所蕴涵的教育责任主要由父母承担，在法律许可的范围内有选择教育种类的自由，国家承担保障责任，通过强迫入学和用法律规范学校课程等方式来保障每个儿童都接受足够的教育。

目前，这种国家的教育责任只是监督父母们完成自己的教育义务的认识在实行联邦制的国家教育体制中反映得尤其明显，形成了父母自主、地方自治、国家保障的责任分担模式。在这种模式中，父母们有让子女受何种教育、选择在何种教育机构接受教育的自由。办教育完全属于地方自治权中的一个主要内容，作为联邦成员的各州依据本地区的实际情况，如文化、语言和人口成分的构成来决定其教育制度，联邦政府的责任就是通过宪法来确

---

① J. S. Mill, On Liberty, London, 1859; the edition of G. Himmelfarb in Pelican Classics, 1974, p. 175 e. tseq. 转引自 M. 诺瓦克：《受教育权》，载 A. 艾德、C. 克洛斯、A. 罗萨斯主编：《经济、社会和文化权利教程》，中国人权研究会组织翻译，四川人民出版社 2004 年版，第 201 页。

② 参见 M. 诺瓦克：《受教育权》，载 A. 艾德、C. 克洛斯、A. 罗萨斯主编：《经济、社会和文化权利教程》，中国人权研究会组织翻译，四川人民出版社 2004 年版，第 201 页。

保每个公民应享有作为人权组成部分的受教育权。

社会主义人权观中的受教育权却与此相反,将提供教育的首要责任转移给了国家。承认每个公民的受教育权,由国家首要承担教育责任来保障公民的受教育权是社会主义国家宪法的内容之一。如前苏联的1936年宪法第121条首先就确认了受教育权,为保证此项权利,国家承担各项免费义务教育,包括高等教育的责任。中华人民共和国宪法第46条也确认了受教育权,并由国家承担教育的首要责任。西方人权学家也承认受教育权与工作权、社会保障权一起成为所有社会主义国家宪法和社会主义人权理论中最为突出的人权。

第二次世界大战后通过的一系列全球性和区域性人权文件均承认了受教育权。在国际层面上,对于受教育权必然涉及的教育责任的界定可以说是西方人权观和社会主义人权观两大阵营妥协的产物,即这些人权文件既反映了自由主义人权观对受教育权必然涉及的教育责任的认识,也反映了社会主义人权观对此的认识,如《世界人权宣言》、《经济、社会和文化权利国际公约》。但在区域层面上,有的区域性文件就只反映西方人权观对受教育权的认识,如《欧洲人权公约第一议定书》。

四、教育的目的:使受教育者具备尊重人权的素质

在历史、文化、政治、宗教、制度和社会形态等方面背景不同的国家对教育的目的的要求是不同的,不同的教育目的往往与国家的社会、政治和经济,甚至宗教价值观的要求联系在一起,而且随着条件变化而变化。人类社会因而形成各种各样的教育目的和目标,形成各种各样的教育理论是正常的现象。从卢梭的解放儿童到罗素的知识源于爱的教育理念,人类社会似乎对教育的最终目的的共识正在逐步形成,"那就是教育的目的应该使男女的个性和尊严得到自由发展,使人积极地参加到自由社会中去,

并促使人们容忍和尊重人权"①。教育的目的应使受教育者具备尊重人权这一基本素质的共识在国际法中得到了承认。这种共识最早被《世界人权宣言》第26条第2款承认并围绕此目的提出了具体目标:"教育的目的在于充分发展人的个性并加强对人权和基本自由的尊重。教育应促进各国、各种族或各宗教集团间的了解、容忍和友谊,并应促进联合国维护和平的各项活动。"

随后,许多有法律拘束力的国际公约或区域性公约或重申这一基本目的,或围绕这一目的增加了一定的内容。如,《联合国教科文组织取缔教育歧视公约》第5条第1款第2项和《联合国教科文组织关于促进国际了解、合作与和平教育以及关于人权和基本自由的教育的建议》第3款,一字不改地重申了这一目的;《经济、社会和文化权利国际公约》第13条第1款增加了"人的尊严的充分发展","应使所有的人能有效地参加自由社会"的措词;《圣萨尔瓦多议定书》第13条第2款增加了"尊重意识形态的多样性、正义与和平"的措词。显然,西方基于自由主义思想的人权观对促进在教育的目的方面达成共识似乎起了主导作用。

由于儿童是受教育权中最大的权利享有者和受益者,对儿童的教育关系到人类社会今生后世的永久和平,使儿童具备尊重人权的素质尤其重要。因此,国际法对儿童教育的目的规定得更加详尽具体。已被190多个国家批准的《儿童权利公约》被认为是在儿童教育的目的方面确立规范性标准的具有拘束力的法律文件。该公约第29条第1款规定教育儿童的目的应是:

最充分地发展儿童的个性、才智和身心能力;

培养对人权和基本自由以及《联合国宪章》所载各项原则的

―――――――――
① M. 诺瓦克:《受教育权》,载 A. 艾德、C. 克洛斯、A. 罗萨斯主编:《经济、社会和文化权利教程》,中国人权研究会组织翻译,四川人民出版社2004年版,第202页。

尊重；

培养对儿童的父母、儿童自身的文化认同、语言和价值观、儿童所居住国家的民族价值观、其原籍国以及不同于其本国的文明的尊重；

培养儿童本着各国人民、族裔、民族和宗教群体以及原为土著居民的人之间谅解、和平、宽容、男女平等和友好精神，在自由社会里过有责任感的生活；

5. 培养对自然环境的尊重。

上述规定与其说是教育目的，不如说是为了实现教育目的而提出的具体目标和任务。由于几乎所有的联合国会员国都批准了《儿童权利公约》，上述标准可以说已被国际社会普遍接受，具有普适性。可以看出，西方自由主义思想的人权观留在上述标准中的痕迹少了许多，不同文明、不同文化的人权观对教育目的的具体理解都体现在了上述标准中。这也许是《儿童权利公约》被如此多的国家批准的主要原因。

由于《儿童权利公约》所设立的目标和任务被国际社会普遍接受，我们还可以得出另一结论：为实现使受教育者具备尊重人权的素质这一教育目的而提出的具体目标和任务也存在着下列广泛的认同：(1)使人的个性和尊严自由地发展；(2)使人能够本着相互容忍和尊重其他文明、文化和宗教的精神，积极地参加自由社会；(3)培养对父母、本国的民族价值观和自然环境的尊重；(4)培养对人权、基本自由和维护和平的尊重[①]。

---

① 参见 M. 诺瓦克：《受教育权》，载 A. 艾德、C. 克洛斯、A. 罗萨斯主编：《经济、社会和文化权利教程》，中国人权研究会组织翻译，四川人民出版社 2004 年版，第 204—205 页。

第二节 受教育权在国际人权体系中的位置

一、受教育权与其他人权的关系

在国际法的视野中,受教育权与人权的不可分割关系实际上是教育与实现人权的关系。这具体表现在:1.教育是实现人权的前提条件。各种人权的实现有赖于享有权利的主体应接受最低限度的教育。难以想象,一个文盲能够真正有效地享有自己的公民权利、政治权利、经济、社会和文化权利。同样,享受科学进步带来的利益的权利以及根据能力接受高等教育的权利也只有在接受了最低水平的教育之后才能真正实现。2.促进人权是教育的目的。尽管教育的具体目标和任务因人类社会的不同需求而不同,但就国际法而言,教育被认为应鼓励人的个性和尊严的充分发展,应增进对人权和基本自由的尊重。3.教育是促进人权的手段之一。人权的真正实现需要现代人类社会营造人权文化和增进人们的人权意识,这有赖于通过教育这一基本手段对生活在社会中的每个成员进行包括人权、人道主义法、民主和法治等为内容的人权教育,通过人权教育传播人权的伦理标准和哲学基础以及旨在缩小人权理论与实践鸿沟的实际知识[1]。

我们可以从上述有关教育与人权的三点联系看出,现代教育的目标已不再拘泥于教育的传统目标。教育的传统目标有两大特征:一是向年青一代传授解决日常生活中遇到的问题所需之基本技能,一是传承各民族和社会的宗教、哲学、文化和礼仪等方面

---

[1] 参见 M. 诺瓦克:《受教育权》,载 A. 艾德、C. 克洛斯、A. 罗萨斯主编:《经济、社会和文化权利教程》,中国人权研究会组织翻译,四川人民出版社,2004年版,第199—200页。

的价值观。在人类学家的目光里，前者会使人类社会产生不同生活方式从而导致不同的生活文化。后者会使人类社会产生不同的精神文化或者说价值观文化。不同族群的不同文化的碰撞是人类社会产生冲突和民族问题的根本原因。这种冲突直接导致了当今世界各国的国内冲突和国际冲突，影响国际和平与安全。要消除人类社会不同文化的冲突和解决民族问题，需要不同文化和民族之间的相互了解和理解、相互容忍和宽容，需要不同的人权理念走向大同，对人类社会的每个成员进行已确立的国际人权基本理论、标准和实践的人权教育是不同文化和民族相互理解和容忍的重要手段。因此，现代人类社会的教育目标和任务必须在原有的传统目标和任务的基础上增加一项新的任务，即人权教育，这已成为国际社会的共识，这种认识反映到国际人权法的编纂和发展中，直接的结果是受教育权本身既是一项人权，也是实现其他人权的基本条件和前提，从而是所有人权不可缺和不可分割的组成部分的受教育权理念的确立。

"在人权的整个演变史中，人们一直寻求保障人类生存的三个方面，即人格完整、自由和平等。这三个方面体现的就是每个人的尊严。"[1] 为维护和尊重每个人的尊严，人类社会经过几个世纪的反思和实践，将最初的理想化的模糊的人权主张逐步发展到现行的具有普适性的国际人权规范体系。这个体系现已包括了各种具体权利。现代人权理论通常将这些具体权利按"代（generation）"分类：第一代人权为公民权利和政治权利；第二代为经济、社会和文化权利；第三代为集体或群体权利。人权的"代"的概念的提出，一开始争议很大，甚至在讨论中受到抨击

---

[1] A. 艾德：《作为人权的经济、社会和文化权利》，载 A. 艾德、C. 克洛斯、A. 罗萨斯主编：《经济、社会和文化权利教程》，中国人权研究会组织翻译，四川人民出版社，2004年3月版，第11页。

和反对。但随着人权理论的发展，对"代"的概念的阐释越来越明晰，现已基本被人权理论界认可。在人权理论中，所谓"代"的概念指的是人权的主要范畴的划分和不同范畴的人权在一个体系中相互依赖、不可分割和相互关联的关系。尽管人权体系中各种权利的产生事实上是有先后的，如，18世纪的巨大成就是形成了公民权利，它为社会所有成员在法律面前一律平等奠定了基础；19世纪的重要成就是政治权利的形成，它扩大了对主权权力形式的参与；20世纪取得的成果是社会权利，它使社会的所有成员都有可能享有满意的生存条件，但是，这些权利在时间上产生的先后并非意味着这些权利有任何等级或高低阶段之分。"代"的概念的含义是多重的：1. 它生动地说明了人权的主要范畴是如何在政治哲学和各国宪法及国际法的历史发展中出现的；2. 它有助于解释某一人权的确切范围、权利的各享有者确切的合法要求以及与之对应的国家义务；3. 它体现了现已确认的各种人权之间、正在形成发展的各种人权之间以及现行人权和正在形成发展的人权之间的关联性。可以说，人权"代"的理论使人权体系更加明晰完整，更便于不同文化和意识形态的人权概念的融合，同时表明了人权体系是一个不断发展的体系。这或许是它越来越被人权理论家们接受的原因。

　　受教育权是一项基本人权并在人权体系中占有非常重要的一席之地，甚至就它是实现其他人权和个人发展所必需和不可缺的权利而言，可以说它在人权体系中位于核心位置，它可以决定其他人权是否能实际上行使和实现。如果个人的受教育权不能实现，公民权利、政治权利、经济、社会和文化权利是不可能行使和实现的。在此意义上，受教育权可以说是其他人权的"上游"

权利①。根据上述三代人权框架，任何一项人权都可以轻易地划归到其中的某一代。但某些权利既可以属于公民权利或政治权利，又可以属于经济权利，如财产权、罢工或组织工会权等，而受教育权是唯一可以同时归属三代人权的权利②。

首先，受教育权主要属于包括经济、社会和文化权利在内的第二代人权，归属第二代人权中的文化权利范畴。第二代人权是典型的以社会主义哲学为基础，只能由积极的国家行动来保障的一代人权。如同工作权作为最基本的经济权利、享有适当的生活水平的权利作为最广泛的社会权利一样，受教育权作为最基本的文化权被认为是每个人发展自己的个性所需要的基本手段之一，它意味着国家承担具体义务，通过立法和其他手段，如发展和维持教育体制、提供免费教育等，消除在获得和享有受教育方面的不平等，以确保人人不受歧视地享受这种权利。将受教育权归属第二代人权，体现了社会主义人权观对受教育权的属性的认识。

其次，受教育权属于第一代人权，归属公民权利和政治权利。受教育在许多方面也是一项公民权利和政治权利，因为它对这些权利的完整和充分实现是必不可少的。同时，它还意味着受教育权可以不受国家或宗教的干涉，教育、教学、科学和研究自由。这表明，每个人在受教育的选择上有完全的自由，儿童由其父母或监护人代行这种自由权，国家有责任尊重父母确保教育符合他们自己的宗教和哲学信念的权利。教育机构，尤其是大学在

---

① See Yves Daudet, Kishore Singh, The Right to Education: An Analysis of UNESCOs Standard-setting Instruments, Published by the United Nation Educational, Scientific and Cultural Organization, 2001, p. 10. available at: www. unesco. org. 123817e. pdf.

② 参见 M. 诺瓦克：《受教育权》，载 A. 艾德、C. 克洛斯、A. 罗萨斯主编：《经济、社会和文化权利教程》，中国人权研究会组织翻译，四川人民出版社 2004 年版，第 205 页。

科学、教学、研究等方面有一定程度的自主权,可以不受国家的不当干涉自行决定研究和教育政策,只有当教育机构实行的教育不符合国家规定的最低限度标准的要求时,国家的干涉才是正当的。因此,它不要求国家通过积极行动,如建立学校和使教学对每个人开放来提供教育,而是制定最低教育标准以保障个人和团体建立和指导教育机构的自由,保证现存教育机构对所有人平等开放。显然,将受教育权归属第一代人权体现了自由主义人权观对受教育权的认识。值得注意的是,这种认识已被现行国际人权公约所采纳①。

再次,受教育权与第三代人权,即诸项"连带性权利(rights of solidarity)"有联系②。"连带性权利"的概念蕴涵在《世界人权宣言》第28条中,换言之,《世界人权宣言》第28条是"连带性权利"渊源。该条规定:"人人有权享有本宣言所载权利和自由可得全部实现之社会及国际秩序。"每个人要实现第一代人权中的公民权利和政治权利,第二代人权中的社会、经济和文化权利,如果没有一个良好的国内社会秩序和国际社会秩序,没有一个宜于健康和生态平衡的自然环境是难以实现的,个人和社会的发展也难以实现。"连带性权利"是由若干新型权利组成的一组权利,我们姑且称之为权利群。现已被广泛讨论和正在被考虑纳入国际人权法的新型权利有发展权、和平权、享有宜于健康和生态平衡的环境权、人人享受人类共同遗产权、知情权和交流权等,前三种权利已经被国际社会广泛认可,学界的讨论止趋同一致。这些权利扩大和补允了第一代和第二代人权,并且

---

① 如《欧洲人权公约第一议定书》第2条;《美洲人权公约》第12条第4款;《公民权利和政治权利国际公约》第18条第4款;《经济、社会和文化权利国际公约》第13条第3款;《圣萨尔瓦多议定书》第13条第4款。

② 该术语现通常被译为"团结权"或"集体性权利"。这种译法值得商榷。笔者将其译为"连带性权利",仅供参考。

成为第一代人权和第二代人权实现的社会条件和物质基础。第三代人权的特点第一是权利和义务责任的不可分离性,权利享有者在享有权利的同时应承担相应义务和责任。其次是这些权利既属于每个人,也属于一切人,还属于整个人类。最后,也是最重要的,这些权利使生活在不同国家、社会和文化中的人们有了共同的利益、目标和需求,并因此而产生了连带关系。这种连带关系要求人类社会以"博爱"为社会价值基础,和谐和睦,团结一致,国际合作。只有如此,才能实现或促进所有人权。

因此,归属第二代人权范畴的受教育权毫无疑问与诸项"连带性权利"有联系。对人类社会的每个成员的受教育权的完全实现有赖于国际社会的成员——国家间的合作,即国际合作。在充分实现受教育权方面进行国际合作已被国际条约所承认。如《经济、社会和文化权利国际公约》第15条第4款规定,承认"鼓励和发展科学与文化方面的国际接触和合作的好处。"《儿童权利公约》第28条第3款要求各国"促进和鼓励在有关教育事项方面的国际合作,特别着眼于在全世界消灭愚昧与文盲,并便利获得科技知识和现代教育方法"。联合国教科文组织作为承担促进受教育权义务的国际组织在有关涉及受教育权的公约、宣言、建议和行动纲领中,强调国际合作原则是其重要原则[1]。在实现受教育权方面进行国际合作的主体是最广泛的,除全球南北方国家、发达国家和发展中国家外,还包括国际组织、非政府组织、教育机构等。合作领域包括教科书、师资培训、教育手段和技术、教育信息、学术研究、技术标准,资格和文凭的相互承认以

---

[1] 参见联合国教科文组织《技术和职业教育公约》、《关于使用卫星广播促进信息交流、教育普及和更充分的文化交流的指导原则的宣言》、《国际文化合作原则宣言》、《关于促进国际了解、合作与和平的教育以及关于人权和基本自由的教育的建议》、《关于职业和技术教育的建议》、《关于发展成人教育的建议》,等等。

及教育资金等教育事项上的国际援助、交流与合作。就进行国际合作的主体和事项来看，可以说，实现受教育权的国际社会连带义务和责任是最典型的。

二、接受人权教育的权利：一种接受特定教育的权利

国际法对世界教育学的重大贡献之一就是国际法提出了人类社会除了应有一般概念上的教育外，还应有一种培养人类共同价值观的教育，这就是人权教育，并在提出人权教育概念的基础上设立和界定了接受人权教育的权利。虽然《联合国宪章》第1条第3款"增进并激励对于全体人类之人权及基本自由之尊重"的表述无疑蕴涵了人权教育的概念，但接受人权教育权的渊源则来自《世界人权宣言》。为了落实上述《联合国宪章》条款的要求，该宣言的序言第一次明确提出了人权教育的概念。序言的第8段首先表明"发布这一世界人权宣言，作为所有人民和所有国家努力实现的共同标准，以期每一个人和社会机构经常铭念本宣言"。为"使这些权利和自由在各会员国本身人民及在其管辖下领土的人民中得到普遍和有效的承认和遵行"，该段接着提出了为达到此目的的路径有二：一是"努力通过教诲和教育促进对权利和自由的尊重"，二是"通过国家的和国际的渐进措施"。要使人类社会的每个成员知晓自己的基本权利和基本自由并遵行和尊重这些权利和自由，必须运用教育手段培养人民的人权意识和掌握人权知识。该宣言的第26条第2款进一步明确了人权教育的基本目标：充分发展人的个性；加强对人权和基本自由的尊重；促进各国、各种族或宗教集团间的了解、容忍和友谊；促进联合国维护和平的各项活动。显然，受教育权与人权教育密不可分，接受人权教育的权利自然地蕴涵在受教育权之中。

除《世界人权宣言》外，规定或涉及接受人权教育的权利的国际法律文件和区域性法律文件是比较多的，如《消除对妇女一切形式歧视公约》、《消除一切形式种族歧视公约》、《儿童权利公约》、《欧洲区域性语言或少数民族语言宪章》、《非洲人权和民族权宪章》、《圣萨尔瓦多议定书》等。世界性和区域性宣言、建议和行动纲领更是不计其数，如《联合国教科文组织种族与种族歧视偏见问题宣言》、《联合国教科文组织关于促进国际了解、合作与和平的教育以及关于人权和基本自由的教育的建议》、《维也纳宣言和行动纲领》等。为使人权教育受到重视，1994 年联合国宣布了"联合国人权教育十年"，力图使人权教育成为全球性行动。

人权教育的意义在于：人权教育和人权知识的传播可以促进人类社会的个体成员之间、不同社会和文化的群体之间的相互了解和容忍，有助于人类社会和谐关系的建立。只有使人类社会的每一个成员和群体具备人权意识和知识，尊重人的尊严，尊重男女平等，尊重不同的民族文化，从而消除基于性别、民族或种族的歧视和不容忍；国家的政府官员、立法者和法官以及其他执法人员只有树立人权意识和掌握人权知识，当人权受到侵犯时国家的救济措施才能有效实现。

人权教育的重要性是不言而喻的。它是创设世界人权文化的重要手段，是个人和群体寻求自己权利和尊严的前提条件。它可以促进和推动人权规范的适用和改善种族、民族和宗教关系。此外，它还是更充分实现人的潜能的手段之一[①]。

接受人权教育的权利的内容主要包括该权利实现的法律责任主体、国内执行和国际监督、人权教育在促进种族和民族关系方面的作用，人权教育的主题，人权教育的对象等问题。

1. 在实现该权利的义务承担者方面，国家是实现接受人权

---

① See Douglas Hodgson, The Human Right to Education. England: Dartmouth Publishing Company Limited, 1998, p. 135.

教育权利的首要法律责任者。根据国际法，国家有提供人权教育的义务。由于国家的"主要责任是在尊严和权利人人完全平等的基础上确保所有个人与群体的人权和基本自由"①，所有国家都有义务制定法律和采取措施落实人权教育，保障人人平等而不受歧视地享有接受人权教育的权利。检验国家是否落实接受人权教育的权利的基本义务一是将人权教育纳入其国内教育立法中，二是保证将人权教育或纳入各种课程或开设专门课程，保证各级学校——初等、中等和高等学校——和不同教育途径——正式的和非正式的教育以及成人教育，均提供人权教育。其次，个人（教师、研究人员和科学家）和组织（大学和其他高等教育机构、新闻机构）是落实接受人权教育权利的道义和政治义务承担者。这种责任来自《世界人权宣言》第29条"人人对社会负有义务"的要求。上述个人和组织需要承担的义务有：1) 起到反对种族主义的作用，特别保证课程和课本包括有关人类团结和多样化的科学与伦理的内容，对任何民族不得加以恶意区别；2) 训练师资，不歧视地向居民中所有群体现有的教育系统提供资助；3) 新闻机构和负责或从事新闻工作的人员，以及所有其他组织，必须增进所有个人或群体之间的了解、容忍与友谊，并支持消除种族主义、种族歧视和种族偏见。4) 自然科学、社会科学和文化科学的专家以及科学组织和团体有责任在广泛的学科间的基础上进行客观的研究。上述专家有义务保证其研究成果不受误解并使公众理解这些研究成果。国家应鼓励上述专家、组织和团体的工作②。

2. 人权教育在促进种族和民族关系方面起着改善种族、民族和宗教关系的工具性作用。人权教育除了是传播男女平等、公

---

① 《联合国教科文组织种族与种族偏见问题宣言》第6条第1款。
② 参见《联合国教科文组织种族和种族偏见问题宣言》第5条和第8条。

正执法和儿童权利等人权标准的手段外,还是改善种族、民族和宗教关系,加强国际和国内和平与稳定的工具。对人权知识的无知是造成种族、民族和宗教歧视的主要原因之一,人权教育是解决这个问题的一种有效途径。国际法之所以在人权教育、平等享有各项人权和非歧视之间建立联系是为了促进国家和群体之间的相互理解、宽容、友谊与和谐。

3. 人权教育的讲授内容应包括理论和实践两个方面,主题应突出公民权利、政治权利、经济、社会和文化权利的平等和机会平等。人的尊严、特性和自由、妇女、儿童和残疾人等弱势群体的权利、消除基于种族、民族和宗教的歧视、在自由和民主社会中生活、道德和社会责任感、自决权、非殖民化、发展进程中的人权、和平等等都可成为人权教育的具体内容。此外,为改善种族、民族和宗教关系,人权教育还可以包括讲授不同文明、文化和语言方面的知识。

4. 接受人权教育的目标对象是一个广泛的群体:享有接受人权教育权利的所有个人和群体应该受到国家保证的在校人权教育;以及下列人员应受到在职人权教育:1)从事人权保护工作或担当人权保护职责的群体,如政治家、各种司法、执法人员和法律工作者、武装部队人员、父母、新闻工作者;2)从事教育工作的普通教师和负责人权教育培训的人员;3)负责落实经济、社会和文化权利的政府官员和非政府组织的工作人员。

第三节 少数民族受教育权的国际保护

一、少数民族受教育权的发展概述

国际法为实现自己的人道主义目的有史以来就有保护少数人群体的传统,尤其是国际人权法将民族、种族、宗教和语言群体置于"少数人"的法律术语之下予以保护。少数人是个涵义广泛的法律术语。国际法,尤其是国际人权法依其保护的特定少数人群体的社会文化特性的不同而冠之以不同的限定词,如 national or ethnic minorities, religious minorities, linguistic minorities,等等。在国际人权法的各种法律文件中,至今没有公认的或有法律拘束力的关于少数人的定义,[①] 但这并不妨碍国际人权法对少数人的法律保护。由于世界各国对不同于主体人口的少数人口的特性是从不同的角度予以承认的,或从人类学或民族学的角度承认少数人口的族性,称之为少数民族,如中国、俄罗斯;或从宗教信仰角度承认少数人口的宗教特性,称之为宗教上的少数人,如伊斯兰教国家;或将人口按语言区划分,承认讲非官方语言或非多数人语言的少数人口的语言的合法性,称之为语言上的少数人,如瑞士。国际法中的传统意义上和被普遍公认的少数人主要包括上述三种按群体的不同特性划分出来的少数人,旨在使那些在族性、宗教或语言上不同于一国主体人口的少数人受到国际人权法的保护。

因此,少数民族(national or ethnic minorities)毫无疑问属于民族或族裔、宗教、语言上的少数人(national or ethnic, religious and linguistic minorities)概念范畴。少数民族是自认为或被认为不同于一国境内主体民族的有可识别的族源的群体,其成员之间具有在历史、文化、语言和宗教等方面的共同属性。就民族或族裔上的少数人而言,可以被称为少数民族的社群有几千

[①] 被广泛引用的经典定义来自联合国防止歧视和保护少数人小组委员会任命的特别报告员 F. 卡波托蒂在关于《属于民族或种族、宗教和语言上的少数人群体的人的权利宣言》中提出的少数人定义。根据卡波托蒂的定义,少数人是:"数量上少于一国其余人口,处于非主体地位的群体,其成员为该国国民,但具有不同于该国其余人口的民族、宗教或语言上的特征并对保持其文化、传统、宗教或语言表现出,或即使仅只是默示地表现出一种共同一致的意识"。

个，约 60 多亿人口分布在 200 多个国家。从国际联盟时期就开始了对少数民族的保护。第一次世界大战后，根据《凡尔赛条约》重新划分的欧洲各国边界使少数民族归入了宗教和族群成分完全不同的国家境内，这推动了战后保护少数民族的一系列条约的产生，这些条约成为国际联盟的少数民族保护制度。尽管该制度对少数民族的保护极为有限，但它作为国际法发展史上第一个保护少数民族的制度，意义却非常重大。

少数民族的习惯和文化传统的生命力在很大程度上取决于通过教育手段一代代传授的有效性，尤其对少数民族儿童，确立和维护强烈而又积极的文化特征更为重要，一个文盲和没有接受初级教育的人是不能受到真正的文化浸润的。因此，受教育权从它被国际法首次确认那天开始就与保护少数民族的文化、宗教和语言特性密不可分。事实上，受教育权被国际法首次确认是伴随上述第一次世界大战刚结束时各种有关保护少数民族的条约的签订而发生的，这些条约均成为协约国和战败国之间签订的和平条约的附件。这些条约试图保护由于战后欧洲国家边界的重新划分而离开原国土的少数民族的宗教和语言特性以及他们的受教育权。少数民族通过教育传授其文化和宗教信仰的重要性在国际联盟得到充分承认。上述提到的《主要协约国与波兰之间的条约》[①] 是第一次世界大战结束后签订的一系列有关少数民族的条约中的第一个条约。该条约试图为少数民族的受教育权提供具体的保障，其中第 8 条规定：

"属于种族、宗教和语言上的少数人的波兰国民享有与其他波兰国民在法律上和事实上同等待遇和保障，他们尤其应有自费建立、管理和控制其慈善、宗教和社会机构、学校和其他教育机构的平等权利，并在这些机构中有权使用自己的语言和自由信奉

---

① 该条约于 1919 年 6 月 28 日签署。

其宗教。"

第9条规定:"波兰将在公立教育制度中为居住有相当数量的非波兰语的波兰国民的城镇和地区提供足够的设施以确保在小学中这些波兰国民的子女受到以其语言所进行的教育。这种提供应不妨碍波兰政府在上述学校进行波兰语教育的义务。

在有相当数量的属于种族、宗教或语言上的少数人的波兰国民的城镇和地区,应确保这些少数人共同享受和使用来自国家、市政或其他财政用于教育、宗教或慈善目的的公共资金……"

《巴黎,波兰 但泽条约》[①]用第4编专门规定"教育与学校"。其中第105条规定私立学校应服从国家法律,须经国家批准,只有当私立学校在其教育大纲和组织不低于国立学校时才能获得批准。

这些国际联盟条约中有关少数民族受教育权的内容最终为联合国在此领域的标准制定提供了历史先例。第二次世界大战刚结束时,世界各国政府对少数民族权利的承认持谨慎态度。这个时期的传统观点认为特定群体的权利在充斥着普遍的个人人权的国际新秩序中已经过时。这种观点反映在国内层面表现为在正规教育领域中采纳了一种同化的观点。反映在国际法层面表现为1948年的《世界人权宣言》没有承认少数民族作为群体的权利,即《宣言》的措辞没有一处提到"少数民族"一词,可适用于少数人群体的各成员个人的条款只有第2条中的不歧视条款和第26条第2款中提到的教育在促进"各民族、种族或宗教群体之间的了解、容忍和友谊"中的作用。因此,属于少数人群体的个人享有《宣言》赋予所有个人的权利,而少数人群体作为集体不享有《宣言》之下的任何权利。

直到1966年,联合国大会通过的《公民权利和政治权利国

[①] 该条约于1920年9月9日签署。

际公约》标志着联合国重新开始关注少数民族权利问题。公约第27条规定:"在那些存在着人种的、宗教的或语言的少数人的国家中,不得否认这种少数人同他们的集团中的其他成员共同享有自己的文化,信奉和实行自己的宗教或使用自己的语言的权利。"但第27条仍然没有明确少数人受教育权的重要性。根据公约第28条设立的人权委员会的判例法解释了第27条的有关方面,但其评论没有具体地以教育方面为重点。尽管如此,该委员会在其判例中反复针对报告国的少数人受教育权问题,这意味着委员会认为第27条的措词包含了少数民族的受教育权。这种观点的基础就在于教育与文化的存续和发展有着密不可分的关系。虽然第27条的"不得否定"这一措词表明缔约国只要不作为就可避免违反条约义务,但仍需要国家采取包括对少数民族的受教育问题采取特别措施在内的积极行动。

在联合国体系中对少数民族受教育权作出重大贡献的是联合国教科文组织。1960年的《联合国教科文组织取缔教育歧视公约》首次提出将所有与少数人教育有关的权利归入少数人受教育权,并将其作为一项基本的人权。该公约制定了一整套可适用于少数民族受教育权的规范性标准。

二、国际法保护少数民族受教育权的一般原则

少数民族作为受教育权的权利享有者同其作为其他基本人权的享有者一样,平等与不歧视原则是其受教育权保护的核心。在国际人权法中,平等与不歧视原则是任何个人和群体享受人权和基本自由的举世公认的原则,对任何国家都有强行法的拘束力。该原则的渊源来自《联合国宪章》:

……尊重人民平等权利……(第1条第2款)

……不分种族、性别、语言或宗教,增进并激励对于全体人类之人权及基本自由之尊重。(第1条第3款)

全体人类之人权及基本自由之普遍尊重与遵守,不分种族、性别、语言或宗教。(第55条第3款)

不分种族、性别、语言或宗教,提倡全体人类之人权及基本自由之尊重,并激发世界人民互相维系之意识。(第76条第3款)

此后,所有依据《联合国宪章》制定的人权法律文件都确立了该原则的效力而且完善了该原则的具体内容。何谓平等与不歧视原则,《联合国宪章》未给予明确定义,但组成国际人权宪章的三个文书《世界人权宣言》、《公民权利和政治权利国际公约》、《经济、社会和文化权利国际公约》都明确了平等与不歧视原则内容:不分种族、肤色、性别、语言、宗教、政治或其他见解、国籍或社会出身、财产、出生或其他身份等和禁止任何基于上述理由的歧视,所有人平等享有国际人权宪章规定的各项基本人权和自由,所有人在法律面前平等并有权受法律的平等和有效保护。简言之,平等与不歧视原则指:不得歧视、法律面前人人平等以及法律的无所歧视的平等保护。尽管各项法律文件平等与不歧视的立足点各异,但都强调了禁止基于种族、肤色、语言、宗教、国籍、社会出身、财产、出生或其他身份等任何理由的歧视,这足以涵盖少数民族的情况。

根据平等与不歧视原则,生活居住在一国境内的少数民族与该国的主体民族在享有受教育权方面的受益地位完全相同。平等与不歧视原则构成《联合国教科文组织取缔教育歧视公约》的基础。该公约重申了《世界人权宣言》的平等与不歧视原则和人人都有受教育的权利,并将平等与不歧视原则具体适用到包括少数民族在内的少数人群体及其成员个人的受教育权。对何谓教育歧视,公约作了明确的界定:指基于种族、肤色、性别、语言、宗教、政治或其他见解、国籍或社会出身、经济条件或出生的任何区别、排斥、限制或特惠,其目的或效果为取消或损害教育上的待遇平等。凡禁止任何人或任何一群人接受任何种类或任何级别的教育；限制任何人或任何一群人只能接受低标准的教育；对某些人或某群人设立或维持分开的教育制度或学校，但公约第2条规定的情形例外；对任何人或任何一群人加以违反人类尊严的条件，等行为均属教育歧视。国家有责任和义务保证其境内的少数民族不受任何歧视地享有平等的受教育权利。

公约对确立少数民族受教育权的另一贡献是从平等与不歧视原则中引申出了"教育机会平等"原则。教育机会平等原则要求少数民族成员获得使其能够最大限度发挥个人才能并在主流社会中占有一席之地的教育服务。国家可以为促进教育上的机会平等和待遇平等制定相关政策，允许为宗教或语言上的原因设立或维持分开的教育制度或学校，以提供一种与学生的父母或法定监护人的愿望相符的教育。国家行使制定这种特殊政策的权力是为确保少数民族受教育权的实现，因少数民族的文化、宗教和语言特性，按照这种政策单独设立的教育制度和学校，只要符合国家对教育标准的要求，获得国家批准，少数民族可以自愿选择符合自己意愿的这类学校，这种情况不构成歧视，是平等与不歧视原则的例外。

为确保少数民族享有教育机会平等，与教育机会平等原则相辅相成，互为补充的另一个原则是在教育文化多元原则。该原则要求保持少数民族的特性和弘扬多样性的文化，还要求国家教育制度要反映社会信仰和文化多元的事实。该原则确认了少数民族的成员有权进行他们自己的教育活动，按照国家的教育政策维持自己具有民族特性的学校，教授本民族的语言。少数民族在行使这项权利时，应不妨碍其成员了解整个社会的文化和语言以及参加该社会的活动，不得损害国家主权，其教育标准不得低于国家规定或批准的一般标准。此外，应允许入学者自愿选择。

根据教育文化多元原则，国家可以为保护少数民族受教育权采取特殊措施。采取特殊措施并不能认为是特殊，或不平等和歧视，是为了保障少数民族在受教育方面实现事实上的权利平等，为实现事实上的平等而采取的特殊措施本身就根植于平等与不歧视原则。

《联合国教科文组织取缔教育歧视公约》确立的保护少数民族受教育权的上述原则被随后的一系列涉及少数民族受教育权的国际公约所承认或强调，如《儿童权利公约》在涉及儿童受教育权的第 28—30 条就蕴涵了教育机会平等、教育文化多元和不歧视等原则。为确保少数民族儿童受教育权，该公约第 30 条规定：在那些存在有在族裔、宗教或语言方面属于少数人或原为土著居民的人的国家，不得剥夺属于这种少数人或原为土著居民的儿童与其群体的其他成员共同享有自己的文化、信奉自己的宗教并举行宗教仪式或使用自己的语言的权利。

显然，该条款以《公民权利和政治权利国际公约》第 27 条为基础并使该条款具体化为适用于包括少数民族在内的少数人群体的儿童。

另一个对少数民族受教育权具有重大意义的文件是 1992 年 12 月 18 日联合国大会通过的《关于属于民族或族裔、宗教或语言上的少数人群体的人的权利宣言》（以下简称《少数人权利宣言》）。该宣言的意义在于：宣言在一定程度上弥补了第二次世界大战刚结束时联合国体系内对少数民族问题的忽视，为未来联合国有关保护和促进少数民族权利的纲领性内容的制定提供了普遍的最低标准，并在少数民族受教育权方面，解决了涉及少数民族受教育权的那些往往棘手和引起争议的问题。该宣言第 4 条规定：

各国应当采取适当措施，在可能的情况下使属于少数人群体的人有充分机会学习其母语或以母语接受教育。（第 3 款）

各国应根据情况，在教育领域采取措施，鼓励对其领土内的少数人的历史、传统、语言和文化的了解。属于少数人群体的人应有充分机会获得对整个社会的了解。(第4款)该条款的规定极大地超越了《儿童权利公约》中包含的少数民族受教育权的内容,该条款被认为是联合国迄今通过的文件中关于少数民族受教育权问题规定最有力的条款。

三、少数民族接受特定教育的权利

少数民族受教育权的内容除一般意义外还有如下特殊内容:
(一)接受多元文化教育的权利

由于民族问题和民族冲突实质上是不同文化间的冲突,"战争是在人的心中开始的,所以保护和平必须建于人的心中,而且,和平如果希望能持久,则必须以全人类智慧上和精神上的团结为基础"。① 国际人权法历来重视推动不同文化间的相互尊重、了解和容忍,因为每种文化都具有尊严和价值,必须予以尊重和保存。所有文化都是属于全人类的共同遗产的一部分,他们种类繁多、彼此互异,并互为影响。② 《公民权利和政治权利国际公约》第27条和《儿童权利公约》第30条从法律上承认了多元文化主义。《联合国教科文组织关于人民大众参加文化生活并对之作出贡献的建议》第4条呼吁各国保障文化平等,包括作为全人类共同遗产组成部分的国内少数民族和外来少数民族的文化的平等,并确保对这些文化在各个层面上不加歧视地予以促进;保护、保障和提高一切文化表现形式。不同民族的儿童应在承认并鉴赏文化多样性的社会环境中成长,因此,应在各级和各类教育中促进对不同文化、不同文化的相互影响、不同文化的人生观和

---

① 《联合国教科文组织国际文化合作原则宣言》序言第1段。
② 参见《联合国教科文组织国际文化合作原则宣言》第1条。

生活方式等方面的研究,以鼓励对不同文化间的差异相互鉴赏。① 上述提到的《少数人权利宣言》第 4 条第 4 款实际上重申了少数民族接受多元文化教育权利的重要性,对积极增强少数民族特性和促进一定程度的社会融合两种需要起到了平衡作用。

少数民族有权接受多元文化教育的主要理由是多元文化教育有益于个人和社会:首先,它有利于培养少数民族儿童对自己民族文化自豪感,这将增强他们的自我形象和认同感;其次,它可以避免偏见和歧视,为少数民族获得平等的受教育机会;再次,使儿童获得有关构成其所生活的社会和全世界的文化方面的知识。正如 1977 年《英国学校教育绿皮书》所宣称的那样:"我们的社会是一个多文化、多民族的社会,课程应反映对现在构成我们社会的不同文化和种族的衷心理解……我们还生活在一个复杂而又相互依存的世界,英国的许多问题需要国际社会提供解决办法。因此,课程应反映我们需要认识和了解其他国家。"②

(二)接受本民族语言教育的权利

联合国防止歧视和保护少数人小组报告员卡波托蒂恰当地确定了包括少数民族在内的少数人群体的文化与其语言之间的密切关系:"在多民族和多语言的国家,不同人口群体的语言在教育体系中的使用是决定这些群体是否能够维持和发展他们自己的特征、文化和传统的至关重要的检验标准。少数人群体的语言是其文化的基本要素,如果不用该语言进行教学,其作为一个文化群体存续的能力将处于危险境地。"③ 少数民族语言是其民族特性不可缺少的部分,选择讲授学校课程所用语言对少数民族是一个

---

① 参见《联合国教科文组织关于促进国际了解、合作与和平的教育以及关于人权和基本自由的教育的建议》第 17 条。

② 转引自 Douglas Hodgson, The Human Rights to Education. England: Dartmouth Publishing Company Limited, 1998, p. 100.

③ Capotorti Report, U. N. Sales No. E. 78. XIV. 1. (1979), p. 84, para. 493.

十分敏感的问题，少数民族教育语言权问题直接关系到世界各国的民族问题，因为大多数国家实际上都是多语言国家，即在一国境内有若干地方语言。全世界上只有 40 多个国家承认两种或多种官方语言，在近 200 多个国家中，大多数国家仅承认一种官方语言而且只有一种官方语言，尽管他们实际上采取语言多元主义。因此，少数民族语言在这些国家实际上并不享有与官方语言同等的地位，容易被置于劣势地位而不使用于教学和学术研究。如果某个少数民族因其语言没有获得官方承认，或被视为低劣语言而被否认获得受母语教育的机会，该民族无疑会处于不利地位。

学校的少数民族语言教育可采取不同的形式和不同程度的采用，各国的做法一般有：1. 将母语仅作为教学手段在非国立学校采用；2. 将母语作为教学手段之一连同官方语言在国立学校和非国立学校采用，有时称之为双语教育；3. 作为小学课程的组成部分开发儿童的语言流利能力以增强现有语言技能，每周安排一定时间教授母语；4. 将母语作为中学的外语课程的组成部分教授。

是否使用少数民族语言作为教学语言是最有争议的问题，反对者或认为这将增加政府的财政负担，或认为这将威胁到国家的统一，或认为这将造成缺少受过培训的教师和适当的教育资料的困难，等等。但是，这些困难并非是不可解决的。从保存世界文化多样性和真正落实少数民族受教育权的角度看，必须将少数民族语言作为教学的手段和学习的客体，对少数民族个人和群体，对国家和世界的有益之处多多，如，有利于保存文化遗产；促进多数民族和少数民族之间的容忍和理解；充分发展少数民族儿童的才能和交流沟通技能；丰富整个社会的语言和文化多样性；有助于少数民族形成积极的自我形象和认同感，便利少数民族儿童与其父母之间的更多交流；发展与其他国家在贸易、教育和文化方面的有价值的联系；增加少数民族儿童在小学阶段的学习机会，等等。①

保护和促进在教育领域中的少数民族语言权利的国际人权法有上述提到的《联合国教科文组织取缔教育歧视公约》第2条第2款、第5条第1款；《公民权利和政治权利国际》第27条；《经济、社会和文化权利国际公约》第2条第2款；第13条；《少数人权利宣言》第4条第3、4款，等等。

（三）学习官方语言或主体民族语言的权利

国际法承认属于少数民族的人学习官方语言或主体民族语言的必需性由来已久。上述提到的《主要协约国与波兰之间的条约》第9条要求波兰政府承担在公立学校的少数民族学生人数有一定数量的情况下提供少数民族语言教育的义务，同时也明确承认政府有权要求在这些学校教授波兰语。《取缔教育歧视公约》第5条第1款第3项承认有权维护自己的学校、使用或教授自己的语言的同时规定这一权利的方式不得妨碍这些少数民族的成员了解整个社会的文化和语言。《少数人权利宣言》第4条第4款规定："属于少数人群体的人应有充分的机会获得对整个社会的了解。"这些法律文件的这种规定显然基于这样的理由：少数民族成员如果没有对官方语言或主体民族语言的基本知识就不能获得对整个社会的充分了解。最重要的是，少数民族掌握工作和就业所需的官方语言或主体民族语言是更充分融入社会，在参与其所在国家的政治、经济和文化等社会生活方面获得平等机会所必需的，尤其是少数民族儿童，如果不掌握足够的官方语言或主体民族语言很容易被边缘化。

少数民族学习官方语言或主体民族语言的权利在少数民族受

---

① See Douglas Hodgson, The Human Right to Education. England: Dartmouth Publishing Company Limited, 1998, pp. 103—104.

教育权中是最为特殊的一种权利，这是一种权利和义务双向，权利享有者无论将其作为权利还是义务均能受益的权利。事实上，少数民族生活在其母语为非官方语言的国家，他们几乎没有选择地只能学会双语。少数民族成员在不能继续接受初级教育水平以上的母语教育时，他们应该获得学习官方语言的教育，以便他们能够与其他学生在同等基础上进入中等或高等教育机构学习。有的国家，如澳大利亚，在为少数民族单独设立的学校中各年级均用少数民族语言授课，而主体人口的语言广泛作为必修科目教授，这与那些不必通晓任何其他语言，只在他们想学时才学习少数民族语言的主体民族成员的地位形成鲜明对比。因此，《少数人权利宣言》要求国家采取适当的教育措施鼓励主体民族了解其境内的少数人的语言。

（四）接受本民族传统文化、传统知识和传统生活与生产技能教育的权利

少数民族接受传统文化、传统知识和传统生活与生产技能教育的权利是他们是否真正享有经济、社会和文化权利的具体形式。少数民族除有权为了享有平等的就业机会接受同其他人一样的一般职业培训外，还应有权获得接受本民族传统文化、传统知识和传统生活与生产技能的特定职业培训，这是由少数民族所处的自然环境、经济环境、社会和文化条件决定的。少数民族儿童除应掌握一般的知识和技能外还应掌握本民族的传统文化、传统知识和传统生活与生产技能，以便使他们长大成人后能够平等地参加该民族以及国家的社会生活，这是对少数民族儿童进行教育的目的之一。少数民族受教育权必须包括这项权利，这项权利的缺失，少数民族的文化传承就无从谈起，这无疑等同于毁灭少数民族的文化特性，因为少数民族的手工业、农村和社区工业，及其自然经济和传统谋生活动是少数民族保留其文化，使其经济自主发展的重要因素。为实现此项权利少数民族还应享有如下连带

性权利：

1. 参与权：少数民族有权参与一般职业培训计划和特殊培训计划的制定，参与组织和管理特殊培训计划及设施。少数民族有权参与涉及他们的教育计划和教学方案的制定和实施，以便结合他们的历史，他们的知识和技术，他们的价值体系以及对未来经济、社会和文化的期望，满足他们的特殊需要。

2. 磋商权：涉及少数民族的职业培训计划、教育计划和教学方案的制定、组织和实施应征求他们的意见，少数民族有权对此提出自己的意见。对少数民族建立自己的教育机构和设施的最低标准的制定，应经过与他们磋商的程序。

3. 获得技术和财政援助以及其他帮助权：少数民族有权获得国家提供的技术和财政援助以及其他帮助，使他们逐步承担起组织和管理自己的职业培训计划、教育计划、教学方案、教育机构和设施的责任。

（五）接受人权教育的权利

一般认为，在平等与不歧视的原则下，少数民族群体及其个人有权接受人权教育，但实际情况往往是他们虽然容易被置于法律的保护之下，但应作为接受人权教育的主体却容易被忽视。强调少数民族接受人权教育的权利是保障少数民族充分实现其受教育权的需要。

接受人权教育的权利是少数民族实现其人权和基本自由的重要一环。首先，如前所述，接受人权教育的权利本身就是一项人权，是实现其他人权、民主和社会正义的前提条件。少数民族作为国际人权法保护的主要对象之一，只有意识到自己的权利和掌握涉及其人权的有关知识才能更好地主张这些权利。其次，人权教育必须始终与促进种族和民族关系，消除基于种族、民族和宗教的歧视联系在一起，否则，人权教育就失去其意义。反之，人权教育不落实到包括少数民族在内的少数人群体头上，将这些群体排除在接受人权教育之外,人权教育将是无本之木。

在某种意义上,少数民族应是接受人权教育的优先群体。通过人权教育,使少数民族了解自身的权利和义务,特别是有关劳动、经济机会、教育与医疗卫生、社会福利以及其他权利。

全面消除一切形式的种族主义和种族歧视,仇外情绪以及与之相关的不容忍;增进各民族、所有种族或宗教群体之间的谅解、容忍和友谊;培养儿童尊重自身的文化认同、语言和价值观,尊重所在国家的民族价值观,尊重其原籍国和不同于本国的文明的尊重,以及培养他们对不同民族、族裔和宗教群体的平等、谅解、和平和宽容的精神,等等,这些人权教育的具体内容无不关系到少数民族的人权。因此少数民族的每个成员不仅有权接受人权教育,还应有权成为传播人权文化的参与者。

第四节 国家保护少数民族受教育权基本责任和义务

在现代社会,教育一般被认为是公共事业,与受教育权相对应的是国家的教育权,国家是提供教育的主要主体,属于国家的一项重要而有基本的职责。受教育权的充分实现有赖于国家教育权的充分发挥。这里的国家教育权包含两方面的意思:一方面,国家有设立各级和各种学校和其他教育机构的权利,与其他享有此权利的主体比较,国家享有绝对优先权。另一方面,国家有管理和监督国家整个教育体系运作的权力,该权力的行使必须以充分履行国家保障受教育权的实现的义务为目的。因此,国家应是保障受教育权充分实现的首要和主要的义务承担者,这意味着即使在没有学校存在的情况下,国家也必须提供教育。

受教育权同其他人权一样,国家负有三类或三个层面的义务，即尊重义务、保护义务、落实义务。其中落实义务包括便利义务和提供义务。[1] 根据国际法，确保教育服务和教育设施的存在和维持是国家保障受教育权的最低义务和责任标准。在此标准的基础上，国家有义务确保国际法所规定的所有条件的满足，如实行免费的义务初级教育，中等和高等教育逐步实现免费等。此外，国家应允许私人部门协助落实这个标准，只要后者行使的是根据国际习惯法确立的以宗教、语言或其他被承认的理由建立和管理私人教育机构的权利。[2]

由于受教育权同其他第二代人权的实现一样，需要大量的财政开支。教育开支往往与卫生、国防等构成许多国家财政开支的主要部分。因此，国际法承认了教育开支对国家形成的经济资源负担，对国家有效履行落实受教育权的义务的基本要求是"逐步实现"，同时不得以经济负担为理由不履行义务。"……每一缔约国家应尽其资源能力所及……用一切适当方法……逐渐达到本公约所承认的权利的充分实现。"《经济、社会和文化权利国际公约》第2条第1款。《儿童权利公约》第28条第1款在规定国家应履行的落实受教育权的具体义务时，也以要求国家逐步实现为前提："缔约国确认儿童有受教育的权利，为在机会均等的基础上逐步实现此项权利"。

就国家履行其落实少数民族受教育权而言，除上述标准和要求外，还要求国家逐步实现少数民族在事实上平等享有受教育的权利和教育要有益于少数民族文化特性的维持。

---

[1] 《经济、社会和文化权利委员会的一般性意见》，载 A·艾德、C·克洛斯、A·罗萨斯主编《经济、社会和文化权利教程》附录二，中国人权研究会组织翻译，四川人民出版社2004年版，第560页。

[2] See Douglas Hudgson, The Human Right to Education. England: Dartmouth Publishing Company Limited, 1998, p. 219.

一、保障少数民族在法律上和事实上平等享有受教育权

1. 立法上的积极作为义务：国家一是要加强国内立法，如在宪法或教育立法中确认少数民族有权平等与不歧视地接受教育，进行他们自己的教育活动。国家二是应确实履行自己的条约义务，将其签署、批准和加入的涉及受教育权的条约以其认为适当的方式纳入国内法，使条约的有关条款能在国内适用。国家的立法义务是确保少数民族受教育权在法律上平等的基础和前提，使少数民族受教育权的保障有法可依。

2. 实际中的积极行为义务：国家应采取特定的行动或特别措施和特殊政策，如制定国家发展少数民族教育的行动计划、财政倾斜，扶持少数民族学校和教育机构等，保障少数民族有足够的机会接受各种和各级教育，促进受教育机会平等和待遇平等，以保障少数民族在事实上享有受教育权。

3. 国际法上可监督和评价的最低结果义务：确保少数民族享有：1）完全免费的属于义务性质的初等教育；2）各种形式的中等教育，要逐渐做到免费；3）根据个人成绩和能力，接受高等教育，逐渐做到免费；4）对因历史原因或现实因素未能受到或未完成的基础教育的人加强基础教育力度，以消灭文盲和愚昧；5）成为国家奖学金制度的受益者；6）少数民族学校和其他教育机构中教师的教学和物质条件的改善；7）为子女选择符合国家规定或批准的最低教育标准的非公立学校的自由；8）按照自己的信仰接受宗教和道德教育的保证，尤其是少数民族儿童。①

4. 教育服务的可提供性、可获取性、可接受性和可调适性：国家在提供上述教育服务时应针对少数民族的特殊情况和特殊文

---

① 参见《经济、社会和文化权利国际公约》第13、14条。

化使其具有可提供性、可获取性、可接受性和可调适性。可提供性指国家应为少数民族提供足够多的能够运作的教学机构和相应设施，如教学建筑，设备、教学资料等。可获取性指少数民族不受歧视地能够利用教学服务、教育机构和教育设施。可获取性除了少数民族不受歧视地获得上述受教育的条件外，还要包括上述条件的实际可获取性，即教育须在安全的物质环境中进行，如教学地点的便利，通过现代技术接受远程教育等；和经济上的可获取性，即教育费用可负担得起，国家应根据财政情况对少数民族接受中等以上教育逐步实行免费。经济或财政或其他困难不能成为阻碍实现逐步免费的理由。可接受性指少数民族受教育的形式和实质内容，包括课程和教学方法应是可接受的，尤其是文化上是可接受的。可调适性指教育必须灵活，针对少数民族生活的社会和社区变动的需求进行调适，是教育符合各种社会和文化环境中的学生的需求。①

二、满足少数民族接受特定教育的需要

《国际劳工组织土著和部落民族公约》（第169号公约）是对国家有义务满足少数民族接受特定教育的需要规定最全面和具体的公约。公约的第四部分和第六部分就少数民族的职业培训教育和一般教育以及国家就此承担的相应义务制定了标准。

1. 确保少数民族在接受一般职业培训方面与其他人享有同等机会，并采取措施使他们自愿参加这种培训计划。

2. 当一般职业培训计划不能满足少数民族的特殊需要时国

---

① 参见联合国经济、社会和文化权利委员会：《经济、社会和文化权利委员会的一般性意见》，载 A. 艾德、C. 克洛斯、A. 罗萨斯主编：《经济、社会和文化权利教程》附录二，中国人权研究会组织翻译，四川人民出版社，2004年3月版，第558页。

家应保证向他们提供特殊的职业培训，保证这类培训所需的计划和设施。这类特殊培训计划应基于少数民族所处的经济环境，社会和文化条件以及实际需要。

3. 保证加强并促进少数民族的手工业、农村和社区工业，及其自然经济和传统谋生活动。

4. 采取措施确保少数民族对职业培训计划、教育计划、教学方案的制定和实施，以及教育机构和设施的组织和管理的充分参与，有责任帮助他们增强逐步承担起这种组织和管理责任的能力。

5. 应采取充分的措施确保少数民族保留其语言作为教育和交流的手段之一，并推动少数民族语言的发展及使用。保证少数民族，尤其是少数民族儿童有机会，主要是通过语言教育手段，流利掌握本民族语言和官方语言或主体民族语言。

三、确保教育方式尊重少数民族的人权和基本自由

根据《世界人权宣言》第26条第2款和《经济、社会和文化权利国际公约》第13条，教育的目的和宗旨体现在四个方面：第一，鼓励人的个性和尊严的充分发展；第二，使所有的人能有效地参加自由社会；第三，促进各民族、种族和宗教群体之间的了解、容忍和友谊；第四，促进联合国维护和平的各项活动。其中鼓励人的个性和尊严的充分发展是最根本的。国家在此方面的义务主要通过管理和监督其包括所有学校和其他教育机构在内的教学体系进行的所有有关教育的活动不得违反该目的和宗旨。

1. 确保教育的目的是加强对人权和基本自由的尊重：国家有责任在其教育立法和制度中纳入国际人权法所确立的教育目的和宗旨，尤其是《儿童权利公约》第29条所设立的标准，这些标准的实现除了有赖于科学知识的传授外，还有赖于在包括少数民族儿童在内的所有儿童中人权教育的普及，使全体儿童不仅尊

重本民族的文化、宗教、语言和价值观,还应尊重其他民族的文化、宗教、语言和价值观。少数民族儿童使用的教科书内容应增加民族文化、传统知识和民族价值观等内容。

2. 禁止对少数民族儿童施加违背其民族、宗教或语言特性的教育:国家有责任采取一切适当措施,确保有少数民族儿童的学校和其他教育机构的教育方式和执行纪律的方式符合少数民族儿童的人格尊严,禁止任何基于民族、宗教和语言的有辱人格的待遇。

3. 反对种族主义和种族歧视:国家有责任保证教育部门起着反对种族主义的作用,保证课程和课本包括有关人类团结和多样化的科学与伦理的内容,及对任何民族不得加以恶意的区别。训练师资,向所有群体现有的教育系统提供资助,而不受任何种族的限制或歧视,采取适当措施,消除某些种族或民族群体由于他们的教育与生活水平而遭受苦难的不利因素,尤其要防止这些不利因素继续影响后代。① 国家应采取措施,对与少数民族接触最多的人群进行人权教育,消除他们对少数民族可能怀有的偏见,为此,应保证历史教科书和其他教材都能公正、准确并富有教益地描述少数民族的社会和文化。②

第五节 保护少数民族受教育权的国际法律文件

少数民族受教育权是少数民族的一项基本人权,由一系列具有硬法性质的规范性国际法文件和具有软法性质的道义性标准的

---

① 参见《联合国教科文组织种族和种族歧视偏见问题宣言》第5条第2款。
② 《国际劳工组织土著和部落民族公约》(第169号公约)第31条。

宣言，建议类国际文件确立。从法律上讲，这些法律文件涉及少数民族受教育的权利和国家承担落实少数民族受教育权的义务不完全相同，但它们的目的却是一致的：促进、保护和落实少数民族受教育权，使他们平等地和不受歧视地获得良好质量的教育。这些国际文件可以分为三类：1. 具有强制性规范性质的国际公约，这类公约以国家签署、批准和加入为前提对缔约国具有法律拘束力；2. 具有软法性质的道义性标准的联合国宣言、建议，联合国体系内的国际组织的组织法、行动框架或纲领；3. 联合国体系内的国际人权机构对有关公约条款具有解释性质的评论和一般性意见，以及有助于国家落实受教育权的指导方针。

一、有强制性规范性质的国际公约

国际公约是由联合国或联合国体系内的国际组织起草和通过的具有法律拘束力的正式条约。国际公约首先必须经国家的签署、批准或加入才对国家有法律拘束力，国家才有相应的义务。其次，国际公约在国内的适用必须符合国家的国内立法要求，按照要求或直接在国内适用，或经过国内立法机关的批准，或通过国内立法机关转化为国内法后再在国内适用。国际公约一旦在国内法制中实施就可被国内法院适用。国际人权公约所确立的受教育权的权利享有者或受益者可利用一切可获得的法律手段要求受教育权的主要责任和义务承担者——国家履行其义务，这些手段包括诉诸法院，如通过行政诉讼。国际人权公约还规定了监督机制，以负责审查缔约国定期提交的报告的国际专家委员会的形式进行，以此使各缔约国有义务自行进行初步监督。

涉及少数民族受教育权的有强制性规范性质的主要国际公约现列表如下（备注栏内的 * 符号为中国签署、批准或加入的国际公约）：

第六章 少数民族受教育权的国际法律保护

条约名称	相应条款	确立的原则、确认的权利和义务、界定的术语	备注
联合国宪章	第1条第3款、第55条	平等与不歧视原则、尊重客观事实人权和基本自由原则国际合作原则	*
世界人权宣言	第2条、第7条、第26条	平等与不歧视原则、受教育权、教育的目的	*
公民权利和政治权利国际公约	第2条、第24条、第26条、第27条	平等与不歧视原则、儿童的基本权利、少数民族的基本权利	*
经济、社会和文化权利国际公约	第2条第1、2款、第13条、第14条	平等与不歧视原则、受教育权、国家逐步落实受教育权的义务标准	*
儿童权利公约	第2条第1款、第28、29、30条	平等与不歧视原则、教育机会平等和待遇平等原则、教育国际合作原则、儿童的受教育权、父母选择教育形式自由原则、国家逐步落实儿童受教育权的义务标准、儿童教育的目的、少数民族儿童接受教育的权利	*
消除一切形式种族歧视国际公约	第5条第5款第5项、第7条	平等与不歧视原则、禁止教育上的种族歧视	*
国际劳工组织土著和部落民族公约（第169号公约）	第2条、第3条、第21、22条、第六部分	平等与不歧视原则、教育机会平等原则、少数民族受教育权、禁止教育上的民族歧视、国家采取特别措施保障少数民族教育权的义务、少数民族教育语言权、少数民族接受双语教育，接受多元文化教育的权利、传授本民族传统知识和文化的权利、少数民族儿童受教育权	
联合国教科文组织取缔教育歧视公约	序言、第2条第2款、第5条、	平等与不歧视原则、受教育权、教育机会平等和待遇平等原则、禁止教育歧视、国家促进教育机会平等和待遇平等的义务、少数民族受教育权、少数民族设立分开的教育机构和维持分开的教育制度的权利	*
联合国教科文组织技术和职业教育公约	第2条第3、4款、第3条第2款、	平等与不歧视原则、照顾特殊群体原则、技术和职业教育应根据接受技术和职业培训者在教育、文化和社会方面的状况和职业愿望进行、技术和职业教育应保证个人人格和文化充分发展	

二、确立道义性标准的国际文件

联合国大会通过的宣言、建议、行动框架或纲领和联合国体系内的国际组织的组织章程,这类国际文件不具法律拘束力,只有宣告性质。这类国际文件尽管在国际组织的程序中需要签署或其他意向性明示方式,但无须国家的国内立法机关批准。支持这些宣言和建议的国家及其政府据此同意承担道义上的义务并尽力在有关问题上协商一致。尽管国家没有履行这类国际文件所载的义务也不会承担法律上的责任,但这些文件却明确了国家愿遵守它们的意向。此外,根据国际惯例,这些文件所载内容有可能成为对国家有法律拘束力的规范性标准的基础,《世界人权宣言》就是例证。《世界人权宣言》构成《公民权利和政治权利国际公约》和《经济、社会和文化权利国际公约》的基础和国际人权宪章的组成部分,从而对所有缔约国具有法律拘束力。就少数民族受教育权而言,联合国教科文组织负责起草和通过的一系列标准设立文件(UNESCO's Standard-setting Instruments)无论从数量和重要性来看都居首位。

涉及少数民族受教育权的道义性标准的国际文件现列表如下(备注栏内 * 符号为中国参与制定和赞成通过的文件)

文件名称	相关条款	设立的标准	备注
关于民族或种族、宗教和语言上的少数人群体权利宣言	第2条第1、2、3款、第4条	享受文化、奉行宗教和使用语言权利、参与权、国家为少数民族发扬其文化、语言、宗教、传统和风俗创造有利条件义务、学习母语和以其母语接受教育的权利、接受人权教育的权利	*
发展权利宣言	序言、第6条、第8条	尊重人权和基本自由、教育机会均等	*

第六章　少数民族受教育权的国际法律保护　　233

续表

文件名称	相关条款	设立的标准	备注
维也纳宣言和行动纲领	第19条、第22条、第33条	消除种族主义和种族歧视、国家促进和保护少数民族成员的权利的义务、少数民族享有自己的文化、信仰和奉行自己的宗教、私下和公开使用自己语言的权利、确认文化多元主义、教育的目的、接受人权教育的权利	*
联合国教科文组织种族与种族偏见问题宣言	第5条第1、2款、第6条第2款	尊重人权和基本自由、教育是培养人的尊严的手段、国家采取措施消除教育领域中的种族歧视和种族偏见、消除阻碍少数民族受教育权的不利因素的义务、少数民族维护民族特征本质的价值观念的权利	
联合国教科文组织关于促进国际了解、合作与和平的教育以及关于人权和基本自由的教育的建议	第1条、第三部分	教育目标的指导性原则：教育国际化、理解和尊重不同文化、增强对各民族相互依存的认识、增强与他人交流能力、增强权利意识和社会责任感、认识国际合作的必要性、培养个人自由参与解决社会、国家和世界问题的精神、促进个人理智和情感的发展、培养反对侵略、殖民主义、法西斯主义和种族主义、维护和平的精神	
联合国教科文组织关于教师地位的建议	第5段、第7段、第10段	承认教师的合法地位、教师的培训和就业平等和不歧视、儿童受教育机会平等、重视需要特殊待遇的儿童、教育为国家责任	
联合国教科文组织人人受教育世界宣言	序言、第1条	承认少数民族传统知识和文化价值、教育机会平等、教育的目的之一是传承和丰富共同的文化和道德价值	*
联合国教科文组织关于人民大众参加文化生活并对之作出贡献的建议	第4条第9款	国家确保教育机会平等的立法义务	
联合国教科文组织关于发展成人教育的建议	序言第6段、第4条第4款、第20条、第22条	公平分配教育资源、国家采取措施促进少数民族成人教育和社会发展计划义务、少数民族的成人教育应使其获得语言知识、普通知识、技术和职业资格、保持与国家社会的接触、使其能够用母语表达意见、教育自己的子女、发展自己的文化、学习母语之外的其他语言	

三、国际人权组织的具有解释性的评论和一般意见以及指导方针

联合国体系内的国际人权机构对有关国际公约的条款进行解释和阐述的评论和一般意见对理解规范性和标准性国际法律文件的重要性和适用是不可或缺的。它们之所以重要是因为这类文件不仅概括了国际法律文件规定的条款的性质、指导解释和执行这些文件的工具性方法,而且往往为认识受教育权是一项人权和人权义务的性质提供了整体框架。

国际人权组织涉及少数民族受教育权的主要评论和一般意见以及指导方针列表如下:

文件名称	所解释的公约条款	主要内容
第二十届会议第11号一般性意见:初级教育行动计划	《经济、社会和文化权利国际公约》第14条	1. 受教育权是一项公民权利和政治权利,集中体现了各种人权的不可分割性和相互依赖性。 2. 禁止教育歧视。 3. 初级教育是义务和免费的,是对国家强制性的要求。 4. 国家提交详细行动计划义务,国家不得以资源缺乏为借口逃避此项义务。 5. 国家的行动计划应确保逐步实现免费初级义务教育。

第七章　少数民族受教育权保护的比较法研究

第一节　普通法系国家少数民族受教育权的法律保护

一、美国少数民族受教育权保护管窥

美国是一个移民国家，截至 2004 年 7 月 1 日，全美人口约 2.93655 亿。美国的少数民族是指除欧裔白人以外的其他民族，主要包括非裔美国人、拉美裔美国人、亚裔美国人和印第安人等，少数民族人口约占全美总人口的 28%。美国是一个法制社会，教育法制非常健全。根据美国的现行立法体制，美国的教育法同其他法一样由议会和法院共同制定，包括成文法和判例法两大系统。按照美国宪法和有关法律，除对印第安人外，国会、地方议会和各级政府均不能以扶持某一种族教育问题的名义立法或下达行政命令。因此，在美国，有关少数民族教育的立法内容，主要有三种表现形式：一是教育法律及其他法律中有关少数民族教育的条款；二是就解决"特殊人群"（无法像一般公民享受正常的生活、工作等权利的人群）的特殊需要以保证教育平等权利的名义而制定的专门法案或条款；三是针对印第安人制定的教育法，如美国联邦 1972 年颁布的《印第安人教育法》、1975 年颁布的《印第安人教育援助法》、1988 年颁布的《部落管理学校法》等。自上世纪六、七十年代，伴随着民族复兴运动，少数民

族教育逐渐得到美国政府的关注，有关少数民族教育的立法内容日益增多，目前，已渐趋完善。美国《教育总则法》（1968年）规定，"为每个公民提供接受高质量教育的机会，不论其种族、肤色、宗教信仰、原国籍、社会阶层如何。""提高学校为下列各类学生提供平等机会的职责相适应的能力：英语会话能力有限的学生、妇女以及社会地位、经济状况或教育条件不良的学生"。美国1964年通过的《公民权利法》的少数民族教育条款，其主要内容是保证教育部门向少数民族提供就学机会，禁止种族、肤色、国籍方面的教育歧视。同年，美国又通过《经济机会法》，规定每年拨款3亿美元，资助贫困学生。1965年的《高等教育法》及1972年的《高等教育法修正案》，规定向贫困学生提供基本教育机会助学金。1972年美国通过了《应急学校援助法》，该法的立法宗旨为提供援助，消除或防止少数民族集团的孤立，提高所有儿童的教育质量。同年，美国又颁布了《11246号行政命令高等教育实施条例》，具体规定民权法案在高等教育领域的实施措施。其中包括：在招生上实行特别招生计划，增加少数民族学生的入学机会，使少数民族学生比例与其民族人口比例相适应；设立各种助学金、贷学金、奖学金，加大对少数民族学生的财政资助，提高少数民族学生完成学业的经济能力；加强补习教育，提高少数民族学生的学习能力，降低少数民族学生的辍学率；聘用少数民族教师，开设少数民族研究课程，设立少数民族研究中心、少数民族俱乐部，举办少数民族文化活动，营造多元化的校园文化氛围，增加大学对少数民族学生的吸引力。

1974年，美国颁布了《双语教育法案》。该法案规定了母语为非英语的少数民族学生可以获得平等的教育机会，教育宗旨是鼓励"双语教育的做法、技术和方法"，对少数民族儿童同时用母语和英语教学直至他们精通英语。法案认定，少数民族学生具有继承本民族文化的能力，他们学习的主要手段就是通过语言的利用和文化的继承。

1994年,美国颁布了《2000年教育目标法》。该法案确立了八项国家教育目标,其中有关少数民族教育的内容有:要消除美国少数民族学生和非少数民族学生中学毕业率的差距;要明显提高美国大学的研究生、本科生,尤其是妇女和少数民族学生获得数学、科学和工程专业学位的人数;要大大提高合格学生的比例,尤其是少数民族学生进大学的比例、至少完成二年高等教育的比例及获得学位的比例;等等。

2001年1月,布什总统签署发布了《不让孩子掉队法》(No Child Left Behind Act of 2001)。该法案对美国教育作出了全面的规定,是目前美国联邦和地方制订其他教育法规的依据,为少数民族教育的改革与发展规划了蓝图。[①]

美国《不让孩子掉队法》重视少数民族教育机会均等和少数民族学生学业成就的提高。《不让孩子掉队法》有一个明显的特点就是非常重视对各部分立法目的的规定。该法案第七章(Title VII)"印第安人、夏威夷原住岛民、阿拉斯加原住民族教育"部分中针对每一个项目都明确规定了其目的。比如,该法案第七章第7102条第(a)款就规定了关于印第安人教育的立法目的:"为支持地方教育机构、印第安人部落和组织、后中学教育机构以及其他机构为满足美国印第安人和阿拉斯加原住民族学生关于学术和文化方面的特殊需要所做的努力,促使这些学生能够达到国家要求其他学生需要达到的同等水平的学业成就。"

同时,该法案第七章第三子部分"阿拉斯加原著民族教育"第7303条也对立法目的做出了明确规定:"(1)为了认识到阿拉斯加原著民族特殊的教育需要;(2)为了批准那些能使阿拉斯加

[①] 参见夏铸等:《美国民族教育立法带给我们的启示》,《中国民族教育》2003年第1期,第42—44页。

原著民族受益而追加的项目；(3) 为补充进一步达到该部分目标而进行的已经存在的项目；(4) 为联邦、州政府、地方组织集中资源提供适当的指导，这些资源包括在该法案下为达到阿拉斯加原著民族特殊需要而获得的资源。"

《不让孩子掉队法》明确规定政府在少数民族教育中的领导责任。教育是社会公益事业，政府在教育发展中承担着重要的职责。美国少数民族教育立法非常重视对政府职责的规定。美国《不让孩子掉队法》第 7101 条"政策声明"中规定："该政策在于实现联邦政府与印第安人之间的关于印第安儿童教育特殊而持续的信托关系，同时也在于履行联邦政府对于印第安儿童教育的特殊而持续的责任。联邦政府将继续和地方政府、印第安人部落和组织、后中学教育机构和其他机构共同努力，从而保证服务于印第安人的项目不但是高质量的初级和中级教育，同时也保证对这些儿童提供满足关于文化和教育的特殊学业要求的服务。"《不让孩子掉队法》第三子部分"国家活动"明确规定了国家在以下方面负有责任："国家性的研究"、"印第安儿童教师的在职培训"、"对印第安学生的全额奖学金"、"对印第安部落予以教育发展规划和管理的拨款"、"增加印第安成年人的受教育机会"等。

《不让孩子掉队法》重视对少数民族在教育管理和教育决策中的参与程度的规定。少数民族参与少数民族教育管理与决策的程度如何，直接影响少数民族平等教育权益的落实和少数民族教育的品质。美国少数民族教育立法非常重视对少数民族在教育管理和教育决策中的参与程度的规定。该法第 7203 条规定："在夏威夷原著民族教育项目的计划和管理中鼓励夏威夷原著民族最大限度地参与。"该法案第 7204 条"夏威夷原著民族教育委员会和岛屿委员会"中 f 款"岛屿委员会的成立"中的第二项规定："岛屿委员会的组成———每一个岛屿委员会都应由家长、学生、对夏威夷原著民族教育感兴趣的其他社区的成员，这些代表应该可以代表关于所有年龄段的教育需求,包括学前教育和成人教育阶段。每一个岛屿委员会的成员中至少要有四分之三以上是夏威夷原著民族。"该法案第7204条夏威夷原著民族教育委员会和岛屿委员会的第二款"任命"中规定:"教育委员会的成员应由部长基于从夏威夷原著民族社区中得到的推荐而任命产生。"

《不让孩子掉队法》重视少数民族学生对传统文化、语言的学习,吸收了多元文化主义的精神。20世纪70年代多元文化主义作为一种教育政策和思想首次出现时,它的目标是在中小学教育中增加对不同民族和族裔的文化传统的理解。在80年代,多元文化主义又被一些大学用以描述对传统人文学科内容的改革。到90年代,多元文化主义教育思想逐步趋于成熟,形成了自己的理论体系。主张多元文化主义教育的人认为,知识在人类生活和社会发展中占有极为重要的地位,但知识并不是中性的,其内容及构成方式不仅受特定的政治、经济和社会关系的制约,也受到制造和传播知识的人的兴趣和立场的影响。教育是传播知识的重要过程,又是塑造公民群体的关键过程,为了适应变化了的社会,美国教育中的"文化压迫"现象,即对非主流文化的排斥和曲解必须改变;学校应尊重其他种族文化也是整个国家文化构成部分的事实,实施多元文化教育。多元文化教育追求的理想目标是:促进文化多样化的特质与价值,促进人权观念和尊重个体之间的差异,促进每个人都有不同生活选择的机会,促进全人类社会公平与机会均等。①

《不让孩子掉队法》第7121条"印第安儿童受教育机会的提高"中规定,为印第安儿童提供:"(C)双语或者双文化的项目;(D)特殊的健康和营养服务,或者是其他的致力于满足印第安儿童特殊的健康、社会、心理问题需要的相关服务;(F)全面的指

---

① 扬晓,《多元文化教育》,《民族研究》1999第1期。

导、咨询和测试服务；(L) 认识到并且支持印第安儿童特殊的文化需求和教育需求的，并且吸收了有资格的长老和老人的活动。"该法案第 7205 条"批准的项目"中的 (B) 款规定："为了满足阿拉斯加原著民族特殊需求的课程和教育项目的发展，包含以下方面的内容：(i) 反映出文化多样性和阿拉斯加原著民族贡献的课程资料。(ii) 使用阿拉斯加原著民族语言的教育项目。(iii) 为城市和乡村学校介绍成功项目、资料和技术的网络。"同时 (G) 款也规定："教育者的职业发展活动，包括 (i) 发展那些为未来教师致力于夏威夷原著民族学生在文化、语言和传统上的特殊需求做准备的项目；(ii) 为了提高在夏威夷原著民族学生集中的学校中任教教师的能力的在职项目，从而满足这些原著民族学生的特殊需要；(iii) 从夏威夷原著民族人员和其他居住在夏威夷原著民族集中的社区内的人员中招募和预备教师。"

《不让孩子掉队法》贯彻了"学习型社会"理念，重视少数民族的继续教育和终身学习。少数民族因经济、地理环境等因素的影响，教育程度普遍偏低，其继续教育、终身学习受到限制。为全面提高少数民族素质，适应现代社会的需要，保障少数民族继续教育和终身学习的机会，美国《不让孩子掉队法》第 7136 条"提高印第安成年人的受教育机会"中规定："一般而言，秘书应该为州教育机构、当地教育机构以及印第安部落、印第安组织等机构进行拨款"。这些拨款的用途有以下五个方面："(1) 支持计划、操作和说明一些项目的有效性，这些项目是为了提高印第安人的就业率和受教育机会而进行的；(2) 协助那些为促进以下两个方面而设计的项目的成立和运行，这两个方面分别是：(A) 为所有的没有文化的印第安成年人和儿童提供基本的学习文化的机会；(B) 为所有的印第安成年人在尽可能最短的时间内提供获得中等教育或其承认的同等水平资格证书的教育机会；(3) 为使印第安人达到文化与中等教育学校相当水平的教育，从而支持那些为了研究出更具创新性和有效性技术的主要研发项目；(4) 为进行基础研究和调查做好准备，以便准确地确定在印第安人中存在的文盲问题和缺乏完成中等教育的问题；(5) 鼓励进行信息宣传和资料发放，这些资料和信息是关于那些可为印第安人提供教育机会的项目的评估、有效性的。"①

二、肯定性行动计划

所谓肯定性行动计划（affirmative action programs）是指由美国联邦政府推行的旨在消除对少数民族和妇女等不利群体在教育、就业等领域的歧视的各种政策和措施。1961年3月6日，美国总统约翰·肯尼迪签发了第10925号行政命令，第一次使用了"肯定性行动"（affirmative action）一词。该行政命令规定，在申请联邦政府的职位或争取联邦政府的合同时，所有人不分种族、肤色、信仰或民族血统，享有平等的机会。同时，该命令要求："合同承包商不得因种族、信仰、肤色或民族血统而歧视任何雇员或求职者。合同承包商要采取肯定性行动以确保求职者在受雇和雇员在晋升时不涉及他们的种族、信仰、肤色或民族血统。"② 该命令还决定设立总统平等就业机会委员会（EEOC），以指导肯定性行动计划的实施。

在民权运动的推动下，美国国会于1964年通过了《公民权利法》，该法案继承并发展了10925号行政命令的精神，要求结束种族隔离，消除种族歧视。该法案第六条规定："禁止在接受联邦资助的计划中因种族、肤色或民族血统歧视任何人。"第七

---

① 关于《不让孩子掉队法》的介绍，主要参照陈立鹏、孔瑛《美国、澳大利亚少数民族教育立法研究》，载《民族教育研究》2008年第4期，第71—74页。

② John H. Franklin and Isidore Starr. The Negro in the 20th century America [M]. New York: Random House, 1967. P. 414.

条规定：禁止任何私人雇主、公私立教育机构、劳工组织或劳工管理培训计划，以个人的种族、肤色、宗教信仰、性别或民族血统为由对其进行歧视，禁止歧视的范围包括招聘、甄选、分配工作、调动、解雇、晋升、薪俸、病假、医疗保险、退休及退休金等方面。[①] 1964 的《公民权利法》以法律形式强化了 10925 号行政命令中的肯定性行动政策，并为以后肯定性行动计划的实施提供了法律依据。为了贯彻 1964 年的《公民权利法》，林登·约翰逊总统于 1965 年 9 月 24 日签署了著名的 11246 号行政命令。该命令的全称为《平等的雇用机会》，这是肯定性行动计划的最重要的法律性文件。该命令要求在联邦政府的雇用行为或联邦合同项目的雇用行为中，向所有合格者提供平等的机会，在雇用行为中禁止因种族、肤色、信仰或民族血统而歧视。该行政命令后经多次修订，其中影响最大的是 1967 年的修正案（即 11375 号行政命令），禁止就业领域的性别歧视。为了确保肯定性行动政策的实施，美国总统授权劳工部联邦合同管理办公室（OFCCP）作为负责落实 11246 号行政命令中有关规定的主管部门，以取代 1961 年建立的总统平等就业机会委员会这一临时机构。OFCCP 于 1968 年 5 月、1970 年 2 月和 1971 年 12 月，先后多次发布 11246 号行政命令的实施条例，使肯定性行动政策具体化。1970 年的条例要求有关部门在雇用行为中为少数民族和妇女提供与他们在当地劳动力或人口中的比例相称的工作份额。1971 年的条例规定：所有与政府签订达到或超过 50000 美元合同或雇工超过 50 人的合同承包商，必须在接到合同后的 120 天内制定出执行肯定性行动政策的书面计划，必须报告雇工中的少数民族和妇女比例是否达到了规定的标准，如果没有达到，则必须制定出达标

[①] Kathryn Swanson. Affirmative action and preferential admissions in highereducation [M]. Metuchen, N.J.：The Scarecrow Press, Inc., 1981. P. 25.

的具体目标和时间表。该条例首次使用了"肯定性行动计划"（affirmative action programs）的概念，并给它下定义为合同承包商为实现就业机会平等而真诚地采取的一系列具体的、以结果为导向的措施。[1]

1972年，OFCCP还与卫生、教育和福利部合作，颁布了《11246号行政命令高等教育实施条例》，在高等教育的招生、就业领域实施肯定性行动计划。在70年代初期，美国通过了一系列法律或法律修正案，如《卫生人力资源训练法案》（1971年）、《护士培训修正案》（1972年）、《高等教育法修正案》（1972年）、《伤残人复原法案》（1973年）、《越战士兵安置法案》（1974年）等。这些法案都涉及肯定性行动计划的实施问题，而且将肯定性行动计划的实施范围从就业扩大到教育，把实施对象从少数民族扩大到女性，从健全人扩大到残疾人，从普通人扩大到士兵，同时，少数民族也从一开始的主要指黑人扩大到西班牙裔人、印第安人等美国社会中的其他不利种族群体。

从肯定性行动计划的发展历程看，美国最初提出肯定性行动计划是为了消除长期存在的对黑人和妇女的歧视，使资历或业绩与白人男性相等的黑人、妇女能够得到同样的工作或晋升机会。但在实施过程中却发现，黑人等少数民族和妇女由于历史积淀的原因根本没有能力与白人、男性进行平等竞争。因此，肯定性行动计划逐渐变成一项补偿性计划，在升学、就业和晋升等方面给少数民族和妇女以某些照顾和优先，以补偿少数民族和妇女在竞争能力上的不足。

肯定性行动计划自实施以来就备受争议，批评者认为，肯定性行动计划以种族为基础对少数民族实行优待，是一项极不公平

---

[1] Kathryn Swanson. Affirmative action and preferential admissions in higher education [M]. Metuchen, N. J.: The Scarecrow Press, Inc., 1981. P. 26—27.

的政策，它违背了美国宪法的平等原则，实行的是对白人的"反向种族歧视"。对少数民族的歧视是错误的，而基于种族的"反向种族歧视"也是错误的。肯定性行动计划不符合美国《独立宣言》和《公民权利法》所倡导的人人平等原则，也违背了美国社会发展的精英原则。自新中国成立以来，辛勤劳作和真才实学是决定一个人在美国社会能否成功的重要因素。然而肯定性行动计划要求在招生和就业中为少数民族留出一定比例的名额，种族和肤色成为一个人能否上大学以及找到工作的一个重要因素。肯定性行动计划使美国大学和企业难以选拔优秀人才。反对者还认为肯定性行动计划是一项以种族划线的措施，并不能反映每个人的具体需要。肯定性行动计划要求对少数民族每个成员都予以优待和照顾，但并不是每个少数民族都在社会中处于不利地位，也并不是每一个白人都处于有利地位。肯定性行动计划可能会因照顾了一个黑人富翁的孩子而使一个贫寒白人的孩子失去他应有的机会。是贫困状况而不是种族才应决定谁应受照顾的标准。①

1996年，加州议会通过了《加利福尼亚民权动议》，宣布该州的公共就业和教育等领域取消肯定性行动计划。由此，这一计划在美国第一人口大州——加州寿终正寝。随之，得克萨斯、路易斯安娜、科罗拉多、密歇根等州也通过了法案限制在大学招生中的肯定性行动。曾对改善少数民族高等教育做出巨大贡献的肯定性行动已经处于风雨飘摇之中。

美国的大学早在20世纪20年代就在招生中实行了配额制度，只不过实施的目的是为了限制犹太人而保护白人的利益。自肯定性行动计划实施以来，各大学为追求学生多样化的目标，纷纷对少数民族（主要是黑人）给予优待，并设立特别招生计划以

---

① 刘宝存：《美国肯定性行动计划：发展·争论·未来走向》，载《新疆大学学报（社会科学版）》2002年第6期。

保证少数民族的比例。

最先实行优待入学计划的是加州大学伯克利分校，它在录取时通过适当降低录取标准来增加少数民族学生的比例。此后，其他类型迥异、层次不一的高校也纷纷开始仿效。对少数民族招生计划的名额比例因学校、专业而各不相同。从学校层次来看，依培养目标和招生宽严程度大致可分为高选拔性大学、一般选拔性大学和开放入学的学院。已有研究表明，在实行高选拔性的大学中（2004年），少数民族学生的比例大致占了30%以上，如哈佛大学为34.1%，达特茅斯学院为32.5%；在实行一般选拔的大学中，比例大致在10—20%之间，如加州大学为19.1%，密歇根大学为13.6%；实行开放入学的社区学院，其比例高低不一，但大致高于第二类高校。[1] 之所以如此，主要有几个原因：实行高选拔性的大学，录取少数民族学生比例较高，主要是因为大学为营造多元文化教育的氛围，追求社会公正的目标，同时也与联邦政府的高额财政资助有关；实行开放入学的社区学院，主要是得益于入学标准较为宽泛和多元。从专业分布来看，法学和医学等选拔严格的专业为少数民族提供了更多的入学机会，如伯克利分校法学院每年为少数民族学生预留出23%的指标。[2]

事实上，美国高校在录取少数民族学生时大都降低了录取标准，录取比例的高低也在一定程度上取决于录取标准的宽严程度。录取标准的降低，成了反对者攻击优待措施的重要依据，甚至被认为是对白人的"逆向歧视"。

但如果做详细的数据分析，可能会有不同的结论。在普林斯

---

[1] 唐滢：《美国高等院校招生考试制度研究》，厦门大学博士学位论文，2005年，第191页。

[2] 参见刘宝存：《肯定性行动计划与美国少数民族高等教育的发展》，载《黑龙江民族丛刊》2002年第3期，第68—72页。

顿大学前校长鲍温（William G·Bowen）和哈佛大学前校长博克（Derek Bok）所著《河流的形成》中，他们以1951、1976和1989年高选拔性大学录取的80000名本科生的材料建立了数据库，其指标包括种族、性别、中学成绩、SAT分数、大学主修课程和成绩、课外活动以及家庭的经济和社会背景等。经研究发现，优待措施的确促成了大量的少数民族学生进入大学，1951年黑人学生占录取总数的0.8%，至1989年，黑人学生的比例已经达到6.7%，在高选拔性的大学中则为7.8%；虽与黑人相比，申请入学的白人在总体上具有更高的测验分数，但是把被录取的黑人的分数与被录取的白人中最低的十分位数加以比较时，这种差别就非常小了，如法学院SAT分数只有10%的差距；在代表性最强的5所大学中，75%以上的黑人申请者的数学SAT分数高于接受过测验的白人的全国平均水平。[①] 由此可见，包括黑人在内的少数民族的入学成绩与白人成绩之间并非存在天壤之别，而是呈现逐渐缩小甚至逐步超出的趋势。

随着大规模民权运动的结束，新自由主义对国家干预的批判和对市场机制的追求，教育机会均等的理念和政策也受到了严重冲击，随之兴起了反对肯定性行动的思潮与运动。在率先废止了肯定性行动的几个州，开始积极推行"无种族色彩"的招生方案，主要有"百分比计划"和以阶级为基础的肯定性行动。

百分比计划也叫"X%计划"，主要是在少数民族集中的加州、得州及佛州实施。1997年得州取消了肯定性行动计划，代之以"百分之十计划"，即本州公立和私立高中10%的最优秀的毕业生自动升入州立大学，其他各州也相继仿效实行。自该计划实施后，得到了许多人士的赞扬，他们认为该计划可以有效地保持少数族裔的入学率，

[①] ［美］罗纳德·德沃金：《至上的美德——平等的理论与实践》，冯克利译，江苏人民出版社2003年版，第451—463页。

同时又可以避免过去强调种族意识的弊端。

从实施效果来看,以加州为例,1995年黑人学生的录取率为4.4%,2000年和2001分别为3.3%和3.4%;西班牙裔1996年为15.8%,2000和2001年分别为13.8%和14.6%。表面来看,优待措施及百分比计划对少数民族的录取率影响不大,但事实是,少数民族高等教育适龄人口的比例增长很快。所以,这样的数字很难说明优待措施没有存在的必要。

实际上,百分比计划也存在着致命的缺陷:第一,该计划是建立在高度的种族隔离基础上的;第二,作为百分比计划基础的奖学金项目等变相地带有种族色彩,可能成为下一个遭攻击的目标,而且花费较大,能否长期保持,尚存疑虑;第三,该计划更是使不够资格的人上了大学,硬性地将内城和郊区各校前10%的学生放在了一起,导致鱼龙混杂、良莠不齐,学生及家长意见都很大;第四,百分比计划对研究生招生和外州学生不适用。[①]总之,反对者强调,虽然该计划标榜无种族色彩,用固定百分比的方式来录取新生,但实际效果却使教育和居住区的种族隔离更为严重,从长远看,对少数民族是极不利的。

除此之外,另一种替代方案是以阶级因素为基础的肯定性行动。支持者认为,以阶级为基础的肯定性行动不仅是对以种族为基础的肯定性行动的道德和政治上的补救,而且也能避免因种族优待而产生的问题。因此,黑人等少数族裔更能受惠于这项政策。对这一方案,由于实行时间尚短,是否富有成效还有待时间的考验。但批评者却认为,这一方案不会达到预期效果,其一,学生成绩的好坏不在于仅把各阶层的学生聚集起来,关键是师资水平的高低;其二,由于根深蒂固的种族偏见依然存在,所以方案必定会受到富裕及低收入家庭两方面的抵制。

[①] 姬红:《肯定性行动计划与少数族裔权益》,载《国际论坛》2004年第4期。

以上两种替代方案，均以摒弃种族因素为前提，极力反对种族分类，提倡肤色色盲。但实际上，法律不可能平等到把任何一种权利和义务不加区别地分配给每一个人，以绝对平等的观念来看待法律，法律总是不平等的。[①] 也就是说，这种看似无视差异的价值中立政策，实际上仍是白人优势地位的一种反映，其后果必然是使少数民族处于更加劣势的地位。对此，一位黑人学者精辟地指出，"我们从来不是肤色色盲，也从未有过肤色色盲的社会，我们只是在本世纪非洲裔美国人及其他少数族裔开始争取平等权利时，才开始把它作为一种重要的价值观来谈论。在当今非洲裔美国人及其他少数族裔享受到的平等只是表面上的时代，如果法律和公共政策是肤色色盲的，势必导致白种人继续占据主导地位。"[②]

二、澳大利亚少数民族受教育权保护

澳大利亚与美国一样是移民国家，在民族问题上两国有很大的相似性，在保护少数民族受教育权方面两国也有一些相通的地方。通过澳大利亚少数民族教育的研究，我们不难发现，澳大利亚与美国一样都非常重视通过立法来保障和推动本国少数民族教育的发展，运用法律手段改革和发展少数民族教育。

《澳大利亚土著民族教育（目标协助）法案2000》（Australia Indigenous Education (Targeted Assistance) Act 2000）第一章"前言"第4条"定义"中规定："土著民族意思是：澳大利亚的土著民族和托雷斯海峡岛民后裔。"该法案的第二章"目标"中明确规定了该法案有五大目标："为土著民族提供公平合适的

[①] 闫国智：《现代法律中的平等——平等的主体条件、法律平等的本体及价值》，载《法学论坛》2003年第5期。

[②] 缘何需要肯定性行动——Paul Butler访谈录. [EB/OL]. 交流杂志 http://www.usembassy-china.org.cn/jiaoliu/jl0300。

教育结果、提高土著民族在教育决策中的参与程度、使土著民族获得平等参与教育成为可能、为土著民族提供均等的参与教育的机会、为原著民族发展合适的文化教育服务。"澳大利亚少数民族教育立法着力于根据少数民族教育的特殊需要，提供少数民族合适的教育，提高少数民族参与教育的程度，最终实现少数民族教育机会的均等及少数民族学生的高学业成就。

《澳大利亚土著民族教育（目标协助）法案2000》第一部分第9条明确规定："政府通过以下几个方面来为原著民族提供合适的文化教育服务：（A）发展合适的课程；（1）土著民族教育；（2）培训参与土著民族教育的专业教育人员（包括管理者、教师、助教、研究人员、学生服务人员、课程咨询人员、社区联络人员）；（B）发展适合土著民族学习风格的教育方法和技术；（C）进一步研究如何分布教育机构的方法；（D）进一步研究如何消除土著民族遇到的教育障碍的方法；（E）引进初步研究来测验以上两点中提到的方法的有效性。"该法案第五部分第17A条规定："在资助年度结束以后，在提交给国会关于本年度的各个方面的信息之前，部长必须促进完成包含以下内容的报告：（A）绩效信息，关于每一个国家和地区，关于政府和非政府部门的，包括澳大利亚的国家教育报告中的部分；（B）部长委员会的报告中的关于工作、教育、培训和青年事物的相关信息；（C）国家土著民族文学和算术项目的进展；（D）土著民族的学前教育入学率；（E）土著民族的10—12年的入学率；（F）土著民族的职业教育和培训人数；（G）土著民族的完成义务中等教育的人数；（H）该法案协议下的支出，包括每一个州和地区的、政府的和非政府部门的相关支出总额。"

澳大利亚同样重视少数民族在教育管理和教育决策中的参与。少数民族参与少数民族教育管理与决策的程度如何，直接影响少数民族平等教育权益的落实和少数民族教育的品质。《澳大利亚土著民族教育（目标协助）法案 2000》第 8 条规定："本法案中提高原著民族在教育决策中的参与程度方面的内容包括：（A）建立有效的安排，从而使得原著儿童家长或者其他原著民族在关于学前、小学和中等教育的计划、分配和评估的决策中增加参与程度；（B）建立有效的安排，从而使得原著儿童家长或者其他原著民族在关于职业技术的计划、分配和评估的决策中增加参与程度；（C）增加雇佣于或者参与教育中的原著民族的人数：（1）作为管理者、教师、助教、研究人员、学生服务人员、课程咨询人员、社区联络人员；（2）文化、历史、当代社会、原著民族语言的特殊教育人员；（D）提高原著民族在参与决策过程中相关技能的教育和培训。"

澳大利亚同样重视少数民族传统文化的学习与教育。在学校中加强少数民族传统文化的学习与教育，是传承和发展少数民族传统文化，提高少数民族学生自信心的需要，同时也是促进主流民族与少数民族相互了解、沟通的需要。《澳大利亚土著民族教育（目标协助）法案 2000》第 5 条中 E、I、J 三款分别规定"进行一些项目来支持原著语言的保持和持续使用"、"提供使得原著民族可以理解历史、文化和认同原著民族身份的教育"和"为所有的澳大利亚学生提供理解和鉴赏传统和现代原著文化的教育"来实现"为原著民族提供公平合适的教育结果"的目标。

《澳大利亚原著民族教育（目标协助）法案 2000》第一章第 5 条规定："做好准备，使得教育程度有限的成年原著民族能够在数学、英语语言和生活技能方面精通。""提供社区教育，使得原著民族能够参与到他们的社区发展中。"

三、多元文化教育：教育内容的平等和少数民族文化、语言的传承

目前，在加拿大、澳大利亚和美国，都不同程度地实践多元

文化主义的思想，在教育中贯彻多元文化主义的意趣。多元文化教育将少数民族的文化和语言纳入课程体系中，避免了学校教育只灌输主流文化的同化倾向，对于实现少数民族与主体民族教育内容方面的平等和保护少数民族的认同有重大意义。

（一）加拿大多元文化教育[①]

1988年7月，随着国会通过《多元文化法》，一项新的多元文化政策开始付诸实施，它具有更明确的目的性和方向性。加拿大是世界上第一个通过国家级多元文化法律的国家。这部法律承认多元文化是加拿大社会的基本特征并在联邦政府的决策过程中扮演着不可或缺的角色。旨在保护和提高加拿大多元文化的《多元文化法》力求保护文化和语言，减少歧视，强化文化自觉性，增加谅解，并促进文化上正确的联邦级制度变革。[②]

在加拿大，多元文化教育最初被认为除了具有挑战文化霸权、清除文化差异的意义，还具有消除种族歧视和民族偏见之功能，而今，则更侧重于促进各民族之间相互尊重、相互平等的作用。多元文化教育的实施途径不仅是通过学校的教育来进行，还通过社会的其他领域来实施。加拿大政府实施多元文化教育的一项重要工作是，编写出能全面反映加拿大社会各种族、文化和地区的差异性的教材，如反映多元文化的教育文集、有关种族关系的书籍和补充教材、反映多元文化的地区艺术和社会研究的直观教材，还有反映不同种族和文化历史的教材。联邦政府要求所有省和地区结合本省地区的实际情况进行多元文化教育，各省、地区的学校教学内容中必须包括多元文化课程。例如，在艾尔伯塔

[①] 以下关于加拿大多元文化教育的实践，主要参见高华：《美、加多元文化教育的理论范型与实践模式》，载《吉林师范大学学报》（人文社会科学版）2008年第2期，第113页。

[②] 郭友旭：《语言权利和少数民族语言权利保障研究》，中央民族大学2009年博士学位论文。

省的多元文化课程内容中有："多元文化主义"、"移民政策"、"民族和民族文化"、"民族与社会制度"及"多元文化的国际前景"等。安大略省的多元文化课程内容更为广泛，如"加拿大社会的起源"、"加拿大国家的建立和社会的变迁"等。还有的省在有关多元文化教育方面编有印第安人历史和移民历史、文化和传统等资料。因各省、地区所实行的省权相对独立，多元文化教育的实施反而在加拿大没有形成统一的教育模式。加拿大各省对多元文化教育反应更强烈，实施多元文化教育行动更积极，如魁北克、艾尔伯塔省更加注重法语教学，安大略省也很注重双语教学。

20世纪80年代后期，在众多的多元文化教育概念中，人们常议论的是"文化多元主义教育"（education for cultural pluralism）、"文化差异教育"（education for cultural difference）、"文化保存教育"（education for cultural preservation）和"多元文化适应教育"（education for multicultural adaptation）等。这几种教育概念并生并存，并不相互排斥。1992年，麦克洛德（Macleod）针对加拿大多元文化教育模式的分类，提出了三种典型的多元文化教育模式，即"种族特定模式"（ethnic specific）、"问题定位模式"（problem oriented）和"文化之间的文化模式"（cultural intercultural）。

种族特定模式所特指的范围是，保持和发展特定族群的文化，主要目标是反对同化主义、增加知识内容、了解各种族文化遗产和促进积极的自我界定（self-definition）。安大略省和魁北克省都建立了汉语、希腊语和希伯来语等语言学校，为的是保留和发扬各种语言文化。问题定位模式主要帮助移民把英语作为母语之外的第一语言，以适应加拿大社会生存的能力，它也是一个阻止种族歧视行为的计划，为了在全国教育系统内推行多元文化主义所崇尚的民族的精神气质（ethos）。文化之间的文化模式的主要目标是帮助各个群体增加平等意识和自尊（self-esteem），超越文化障碍，探索一种新的文化境界，从而有效地在文化多元的环境中发挥其各自的功效。20世纪70、80年代以来，加拿大政府颁布了一系列法案。这些法案在法律上保障了少数民族语言教育的权利并规定了对歧视行为的惩处，保证了多元文化教育的有效进行。但在实践中，真正有效地进行多元文化教育并不是一件容易的事情。

（二）美国多元文化教育①

美国联邦政府并没有明确地在法律上确认多元文化主义政策，但多元文化主义作为解决民族问题的一种选择手段还是在教育领域反映出来。

自20世纪80年代以来多元文化教育理论和概念在实践中不断得到发展，多元文化教育在美国高等院校中越来越制度化了。许多学者致力于研究多元文化教育实践模式，如策略、定义和实施途径。例如，詹姆斯·班克斯提出三种多元文化教育实践模式，克里斯汀·斯里特和卡尔·格兰特提出五种多元文化教育方法。在许多不同的实施途径中，具有代表性并得到广泛赞同的是班克斯制定的三种多元文化教育模式：课程改革模式、学业成就模式和群际教育模式。

课程改革模式（curriculum reform）：把多元文化教育视为增加或改变学校课程内容的一个过程，其主要目标是把不同文化和性别集团的意见、经验、文化和争议融合于课程之中。许多高校的教育学院和教育系开设多元文化教育课程，并出版发行了有关多元文化教育的教科书。其中影响较大的有贝内特（C. I. Bennett）的

---

① 关于美国多元文化教育的实践，参见高华：《美、加多元文化教育的理论范型与实践模式》，载《吉林师范大学学报》（人文社会科学版）2008年第2期，第112—113页。

《综合的多元化教育》(Comprehensive Multicultural Education, 1990年)。在某些大学，如华盛顿大学、印第安纳大学要求师范类的学生学习一至二门以上的多元化教育课程才算达到合格标准。另外，还有的学校开设种族研究或多元文化研究的学位课程。20世纪80年代末以来，许多院校修订课程内容或增加新课程时，都在吸收体现妇女和有色种族的经验、观念和文化的内容。

学生成就模式（achievement）：旨在增进低下层学生的学业成就。因许多低下层学生常常被称为"危境学生"（student-at-risk）而受到歧视。这一模式的理论、目标和策略促使教育者将注意力集中在他们的多元文化教育和学业成就上。

群际教育模式（intergroup education）：其主要目标是帮助学生养成对来自不同种族、性别和文化的人们采取更为积极的种族态度，另一个重要目标是帮助受压迫的群体，如有色种族、妇女和残疾人对本群体有更积极的自尊意识。增进有色人种学生和低下层学生的学业成就，仅仅是美国多元文化教育的目标和模式之一。长期以来，由于种族间的紧张关系，也由于对每年大量涌入的亚洲和拉丁美洲裔的移民所产生的畏惧心理，群际教育模式日益引起人们的关注。促进不同种族、文化和性别学生的学习，提高他们的学业成就，就需要改变传统单一的教学方法。低下层的学生，在某些与学习动机相联系的重要方面往往不同于中等阶层的学生。低下阶层学生的学习动机往往是外部的，这意味着他们倾向于把学业成功或失败归因于外在的力量，而不是自己的努力程度。中等阶层学生的学习动机更多的是内部的。要增进低等阶层学生的学业成就，应该研究、制定必要的教育策略，进而使其认识到个人努力与学业成功的紧密联系。学生学习动机的不同特征，不过是说明教师如何能够改革其教学方法以增进不同社会阶层、文化和性别的学生学业成就的一个例证。教学的多元文化

(multiculturalization) 既帮助少数族裔学生提高学业成就，又有利于包括白人学生在内的所有学生养成种族态度和价值取向。

20世纪80年代，美国高等院校校园里发生一系列种族矛盾事件。许多高等院校的行政人员都对多元文化教育产生了兴趣，把多元文化教育当作一种工具，帮助缓解校园里种族间的紧张关系。校园里发生的种族冲突，为多元文化课程提供了真实的范例。在加拿大，这种帮助学生发展更积极的种族态度和价值取向的多元文化教育模式被称为"反种族主义教育"，而美国是把反种族主义教育包括在多元文化教育中。

（三）澳大利亚多元文化教育[①]

澳大利亚自20世纪70年代引入多元文化政策后，少数民族受教育权的保障也开始呈现新的面貌。从立法层面看，澳大利亚少数民族教育问题不仅在宪法、教育法、反歧视法和移民法等许多法律中有所体现，而且还制定了专门的民族法律，如1988年颁布的澳大利亚《土著人和托雷斯海峡岛民学习基本原理法案》、2000年的《土著民教育法案》等；不仅有澳大利亚联邦颁布的民族教育法，如1998年的《高等教育资助法案》，州和地方为发展民族教育也制定了一些法律法规。从法律的实施看，澳大利亚少数民族受教育权的保护突出如下几个方面：

1. 拓宽受教育机会

联邦教育法规定：澳大利亚实行12年义务教育，学生从6岁入学，凡是符合入学年龄的所有孩子的监护人都应该送孩子上学。这一规定是强制性的，它从法律上保证了土著儿童享有受教育的平等权利。1988年颁布的《澳大利亚土著人和托雷斯海峡

[①] 以下关于澳大利亚少数民族多元文化教育问题的资料，主要参见孟兵丽：《多元文化政策下的澳大利亚民族教育》，载《民族教育研究》2005年第6期，第72—76页。

岛民学习基本原理法案》以及联邦、各州和地方政府分别制定的反歧视法也规定禁止对人种、宗教信仰等方面直接或者间接地歧视。教育方面应遵循这些基本原则和精神。

除了法律上的保证之外，澳大利亚联邦和地方还制定了许多政策和措施促使土著孩子入学。澳大利亚目前不存在小学升初中和初中升高中的统一考试。小学生可根据学校的评语、校长的推荐、学生本人和家长的希望直接升入不同类型的中学。初中毕业生根据学校考试和平时在校成绩决定毕业去向，或者参加工作，或者进工、农、商等职业高中学习，或者进入普通高中学习。[①]高中毕业生需要参加州统一的高等教育入学考试，除英语和数学为必考科目外，其他科目任选4~5门，最后根据考试成绩和中学提供的评估成绩决定是否录取。此外，一些高等院校还制定了特殊的土著学生招生政策，扩大了他们接受高等教育的机会。

在有关法律的保障和约束之下，在国家统一的教育政策和特殊的民族教育政策保护下，澳大利亚的民族教育事业取得了很大的进步。1991至2001年间，各州和区的各级各类土著学生的人数有了显著的增加，其中新南威尔士和昆士兰州的土著学生入学人数增加最多，分别增加了15 597人和11 625人。此间，土著中小学生的数量从72 249人增加到115 465人，增幅为59%；接受高等教育的学生人数从4 807人增加到7 342人，增幅为53%。[②]

2. 制定国家教育目标

澳大利亚是一个联邦制国家，其教育事业基本上完全由各州

[①] 郑信哲：《澳大利亚的民族教育发展特色 [J]》，载《世界民族》2000年第3期，第33—36页。

[②] Year Book Australia 2003 Education and Training [EB/OL]. http://www.abs.gov.au/Ausstats/abs@.nsf/0/13fee1b5874dfbb5ca256cae0004f3f1 Open Document，2003.1.24/2004.5.26.）

政府负责，因此各州在考试制度、教学安排、课程设置和教学方法与措施方面存在着显著差异，这也造成各州教育发展的不平衡，很难进行全国统一的教育规划和评价。随着社会的发展和实践的需要，澳大利亚于1967年设立了联邦教育、科学和培训部，以谋求各州教育的平衡发展。同时，澳大利亚开始制定国家统一的教育目标，尤其强调土著学生应该享受与其他学生同样的教育过程和教育结果。

1989年，澳大利亚所有州和区与联邦政府一致通过了《土著民和托雷斯海峡岛民国家教育政策》。这是澳大利业关于土著民教育的国家政策，它包含了致力于提高土著民教育结果的21条国家目标。1997年3月，澳大利亚各州和地区教育部长就学生识字和算术方面的国家教育目标达成一致意见："每一个孩子在小学结束时都应达到一定程度的读、写和数学能力"；"从1998年开始接受学校教育的每个学生都要在4年内达到最低识字和算术标准"。[1]

1999年4月通过《21世纪澳大利亚学校教育国家目标》。该《目标》规定："学校教育应该充分发展所有学生的天赋和能力"；"学校教育应该具有社会公正性，从而使土著民和托雷斯海峡岛屿的学生拥有均等的入学机会和均等的教育过程，最终达到与非土著学生同样的学习结果"；"学校教育应该具有社会公正性，使所有学生理解和认可土著民和托雷斯海峡岛民的文化对澳大利亚社会的价值，拥有和受益于这些知识技能，并为此做出贡献，最

---

[1] The National Indigenous English Literacy and Numeracy Strategy [EB/OL]. http://www.dest.gov.au/schools/publications/2000/LNS.pdf, 2000.3.29/2004.6.11.

终使土著和非土著澳大利亚人之间达到和谐"。[①]

2000年3月,澳大利亚开始实施《国家土著民英语识字和算术发展战略》。该战略的目的是确保土著学生达到与其他澳大利亚学生相同的识字和算术能力,它通过提高学生出席率、解决影响土著学生学习的健康和营养问题、吸引和保留优秀教师、采取有效的教学方法等措施,为土著学生取得成功的教育结果规划了一个宏伟蓝图。

3. 加大民族教育投资

进入20世纪70年代以后,澳大利亚各级政府对土著民教育的日益重视,不仅体现在增加土著儿童的入学率和制定全国教育目标以保证土著学生的教育结果上,而且体现在把大量经费投入到土著学生的教育和发展上。各级政府不仅拨专款用以提高土著学生的入学率和教育质量,而且在进行教育拨款时向土著学生较多的州和地区倾斜。

1983—1984年度,联邦政府的土著事务部为土著学龄前儿童教育和中小学教育提供了1 400万澳元,每个学生平均每年可获得400—500澳元的教育费。学生免交学费,其费用从土著事务部拨给州政府的经费中支出。1985—1987年,政府制定了土著民参与计划,每年拨一定专款,资助部分土著民进入高等院校。到1987年,该计划总共资助了1 100个额外名额。此后,越来越多的土著民参与到该计划中来。

近年来,为提高土著儿童的受教育水平及其父母的教育参与度,澳大利亚联邦还制定了土著民教育直接资助规划。此计划有

[①] The National Indigenous English Literacy and Numeracy Strategy [EB/OL]. http://www.dest.gov.au/schools/publications/2000/LNS.pdf, 2000.3.29/2004.6.11.

三个组成部分：① 土著学生资助和父母参与计划。这项计划主要为提高土著儿童的教育结果和土著学生的父母参与教育决策提供资助。② 土著学生辅导帮助计划。主要为中小学、职业学校、大学和正规训练项目中的土著学生提供额外的学习辅导帮助，从而使土著学生取得与其他澳大利亚学生相同的学习结果。③ 土著人职业和教育引导计划。该计划主要资助那些帮助土著学生进行职业选择和深入学习的项目。

1998年的《高等教育资助法案》规定，联邦政府将设立土著民资助金，主要资助那些致力于提高土著人高等教育入学率和各种成功机会的活动。从1998年起，该项目分别以50%用于提高土著学生参与率，35%用于促进土著学生的学业进步，15%用于土著学生奖学金的比例分配给各高校。①2003年提供的资助经费为2.43亿美元，2004年为2.488亿美元，预计2005～2007年间的经费将增加1.04亿美元。②2000年《土著民教育法案》规定要为土著民教育战略行动规划提供经费资助，其中包括为幼儿园、中小学、职业教育和培训部门提供更多的人均经费；为使用土著语言的学生学习英语提供资助；个别短期的特殊项目资助；为提高土著青年学习的项目提供资助等六个部分。2004年4月5日，澳大利亚教育、科学和培训部部长宣布，在以后的4年中，将拨款2.1亿用于土著学前、中小学、第三级教育机构的教育；1.4亿用于提高土著学生的识字能力；1.79亿用于以学校为基础的学生辅导。③

---

① Indigenous Higher Education 2003 Budget Initiatives [EB/OL]. http://www.dest.gov.au/schools/indigenous/reforms.htm, 2003.4.26/2004.6.15.
② Indigenous Higher Education 2003 Budget Initiatives [EB/OL]. http://www.dest.gov.au/schools/indigenous/reforms.htm, 2003.4.26/2004.6.15.
③ Indigenous Education and Training 2005—2008 [EB/OL]. http://www.dest.gov.au/schools/indigenous/iet—2005—2008.htm, 2004.4.5/2004.6.11.

4. 加强土著教师的培训和专业发展

优秀教师能够促进学生的学习，帮助学生克服学习道路上的障碍和困难。在澳大利亚，师资是制约其民族教育发展的瓶颈，不仅数量不足，而且质量不高。这首先与土著人口的分布有关。由于环境、交通等原因，大部分教师一般选择去条件优越的城市学校，而不愿意到边远的土著学校任教。一份有关土著人教育的评估结果表明，一些地区、尤其是边远地区教师的转业率非常高。由于师资力量欠缺，许多学校根本无法正常运行。其次，许多土著学校教师没有接受过足够的专门教育。据悉尼大学估计，澳大利亚大约只有一半的大学把土著或原著人研究作为核心课程来传授。然而，不掌握一定的土著语言和文化是很难教好土著孩子的。一些教师承认，如果不接受专门的训练和充分的职业准备，就很难认可土著学生的文化，也很难对土著学生采取切实有效的教育教学方法。

无论在职业意识还是在职业能力，无论在数量还是质量上，澳大利亚土著教师的职前准备都远远不够，他们中的一些人既不热爱土著教育事业，也缺乏相应的文化、语言、教学方法及技能上的准备。为此，澳大利亚政府采取多种措施加强土著教师队伍建设，其中之一就是"土著教学辅助员制"，即经常组织教学辅助员观摩、学习有经验的非土著人教师讲课。在土著事务部的支持下，悉尼大学从1975年开始培训土著人教学辅助员，其教育系从1984年起开始培训土著教师。在北部地区，土著人教学辅助员在巴特切勒学院学习之后，进入达尔文学院再学习两年以获得全面的教学知识。[①]

1996年新南威尔士州制定的土著民教育政策提出，要招聘和培训土著教职员工为土著学生提供支援服务，要提高教职员工

[①] 郑信哲：《澳大利亚的民族教育发展特色》，载《世界民族》2000年第3期。

的技能以最大限度地满足土著学生的需要,同时要求所有任课教师掌握土著人的历史、文化和语言。为加强土著教师队伍建设,澳大利亚政府还制定了一些措施,对从事土著民教育的教师给予种种优惠,比如土著教师的年薪要比一般教师高 2 000~3 000 澳元;组织土著教师免费旅游等。

2000 年 3 月,澳大利亚开始实施《国家土著民英语识字和算术发展战略》,就"如何获得合格教师"提出了战略目标和具体措施。其中明确指出,要在师资力量最薄弱的地方安置优秀教师,并以高薪吸引他们长期任教。为达到此目标,具体开展如下工作:在大学教师学位项目中,把土著研究作为核心科目来充实职前准备,以提高教师的质量;改进教师的录用、安置和保留方法,并采取适当的激励措施;对土著学生教师进行专业发展的继续培训和再教育,确保国家高质量教学计划的实施;充分发挥校长在解决土著学生问题中的作用。

尽管在联邦、各州政府以及土著民领导和教育者的努力下,澳大利亚的民族教育已经取得了很大的进步,但是与非土著学生相比,土著学生的教育仍存在许多问题。比如,虽然土著学生的入学率提高了很多,但是均等教育结果的实现仍有很长的道路要走。1996 年国家英语识字能力调查的结果显示,大约有 70% 的三年级学生能够达到合格的识字标准,而土著学生能够达到英语读、写标准的比例分别为 20% 和 30%。五年级学生的调查结果也大致如此。[①] 另外,土著学生的留级率和辍学率也相当高。1998 年约有 83% 的土著学生接受 10 年级教育,到 12 年级就只剩下 32%,而非土著学生的相应比例为 73%;在这 32% 的土著

---

① The National Indigenous English Literacy and Numeracy Strategy [EB/OL]. http://www.dest.gov.au/schools/publications/2000/LNS.pdf, 2000.3.29/2004.6.11.

学生中,能够顺利完成12年级学习的只有25%,非土著学生的相应比例为50%。[①] 由此可见,澳大利亚要克服教育不平等的现象依然任重道远。

(四) 英国多元文化教育[②]

英国也在随后接受了多元文化的理念。政府通过颁布文件等措施,来引导和规范全国的多元文化教育的发展。1977年英国政府的文件《学校教育》指出:"我们的社会是一个多文化、多种族的社会,课程的设置应该反映出对于组成我们这个现存社会的不同文化和种族的深具同情的理解。"1981年政府的一份重要文件《学校课程》进一步阐明:"学校的教育内容以及教育方法必须恰当地反映我们社会的基本价值观念……学校的工作必须反映与学生的成熟必须达到的要求相关联的许多问题,学校和教师对于它们是很熟悉的。首先,我们的社会已经成为一个多元文化的社会,在学生和家长中现在存在着较多样的个人价值观念。"可见,英国已经明确承认自己的社会是一种多元文化的社会,在教育政策上开始奉行多元文化政策。

1976年颁布的《种族关系法》是迄今为止英国解决种族问题的基本依据。该法规定在就业、教育以及获得食物、服务、设施和房地产领域内的直接和间接的歧视均属非法行为。根据1976年的《种族关系法》,成立了一个独立的种族平等委员会。该委员会被授予广泛的权力和职责以消除种族歧视,确保机会平等,建立良好的种族关系,并审查种族关系法的执行情况。

教育权是平等权利中重要的部分,种族关系委员会对《种族

[①] The National Indigenous English Literacy and Numeracy Strategy [EB/OL]. http://www.dest.gov.au/schools/publications/2000/LNS.pdf, 2000.3.29/2004.6.11.

[②] 关于英国多元文化教育,以下主要参见高靓:《英国少数民族教育政策的特点分析》,载《民族教育研究》2004年第4期,第81—84页。

关系法》中与教育相关的部分进行了解释和说明,并写出《教育与种族关系法》一文。该文解释了直接歧视、间接歧视、教唆他人歧视等法律概念,说明了教育机构、地方教育当局、职业训练团体、慈善机构、就业、广告等与教育相关的部门在促进种族平等上的法律责任。

英国的官方语言为英语,威尔士北部使用威尔士语,苏格兰西北高地及北爱尔兰部分地区仍使用盖尔语。1967年英国通过了第一部威尔士语言法。该法案规定威尔士语与英语具有同等效力,其效力一直持续到《1993年威尔士语言法》颁布。《1993年威尔士语言法》的制定者为国会,因此它属于具有较高效力的成文法。它主要针对公共事业和司法机构中威尔士语的地位,仍强调威尔士语与英语的同等效力。同时该法规定建立威尔士语言委员会,其职责是促进和推动威尔士语的使用,促使公众团体拿出具体方案,来实现在公共事业管理和司法行政过程中平等对待英语和威尔士语的基本原则。

上面所述的是语言使用方面的立法。而语言学习方面,早在《1988年教育改革法》中就已经有明确规定。《1988年教育改革法》是英国教育史上最重要的教育法律之一。这次教育改革法中,英国第一次对课程进行了统一规定,实行国家课程,将课程分为三类,即核心课程、基础课程和选修课程。核心课程和基础课程最为重要,统称国家课程,由国家制定统一的课程标准。其中核心课程有:数学、英语和科学。特别规定威尔士地区的威尔士语学校里将威尔士语列为核心课程,而该地区的非威尔士语学校中,威尔士语被列入基础课程。国家课程在实行过程中,虽然前后有一些变动,但是至今仍然发挥作用。目前在作为基础课程的现代外语中包括了威尔士语、爱尔兰语和苏格兰盖尔语,而其他可供选择的外语还有将近20种。

第二节　大陆法系国家少数民族受教育权的法律保护

一、俄罗斯少数民族受教育权的法律保护[①]

俄罗斯境内有大大小小的民族100多个，在人口比例中作为主体民族的俄罗斯人占82%，鞑靼人占3.8%，乌克兰人占3%，车臣人占0.6%，摩尔多瓦人占0.7%，犹太人占0.4%，还有巴什基尔人、日耳曼人、印古什人、图瓦人、卡尔梅克人、楚克奇人、涅涅茨人、爱斯基摩人、吉卜赛人和朝鲜人等。错综复杂的民族关系是俄罗斯政府面临的最大难题之一。在教育领域，政府赋予少数民族教育以间接化解民族纠纷和民族矛盾的使命。

（一）俄罗斯联邦主要的民族教育立法

沙俄时期，教育属于贵族教育，平民子女受教育的机会很少。十月革命后，政府实行民族平等、民族团结的政策，颁布了一系列适用于少数民族的政策、法规，通过这些政策、法规确立了少数民族教育机会均等、大力发展少数民族教育、教育经费向少数民族倾斜、语言平等和自由、教育与宗教分离等原则。[②] 虽然这些立法原则并没有得到很好的贯彻实施，但它们作为先进的民族教育理念，在苏联解体后被苏联的继承人——俄罗斯联邦直接继承并进一步丰富和发展。

[①] 参考吴明海：《俄罗斯联邦少数民族教育立法的基本原则及其法源分析》，载《民族教育研究》2004年第4期，第78—80页。

[②] 吴明海：《俄罗斯联邦少数民族教育立法的基本原则及其法源分析》，载《民族教育研究》2004年第4期，第78—80页。

《俄罗斯联邦宪法》承认并保障公民的权利与自由，明确规定在俄罗斯联邦"公民不论其出身、社会和财产状况、性别、教育、语言、宗教信仰、所从事职业的种类和性质、居住地点及其他情况，在法律面前都是平等的。"在宪法上确立了法律面前人人平等的原则，说明少数民族与主体民族、少数民族与少数民族所拥有的公民权是平等的。平等的公民权是俄罗斯联邦少数民族教育立法的基石。

联邦宪法赋予少数民族以平等的公民权，也就同时赋予了少数民族平等的教育权，这主要体现在以下两点：

少数民族拥有平等的受教育权。《俄罗斯联邦教育法》第5条明确规定："俄罗斯联邦公民在其领域内的受教育权不受肤色、民族、语言、性别、年龄、身体状况、社会地位和财产、出身、居住地、宗教信仰和所属政治团体和是否受过司法审判等限制。"少数民族在俄罗斯联邦是享有平等公民权的公民，在其领域内自然拥有平等的受教育权。

少数民族拥有平等的语言自由权和语言教育权，尤其是有保留本族语和以本族语接受教育的权利，联邦予以必要的保障。关于语言权利问题，《俄罗斯联邦宪法》规定："每个公民有使用本族语权，有自由选择交际、教育、学习和创作的语言的权利。"《俄罗斯联邦教育法》第6条规定："俄罗斯联邦的公民有权利以自己的母语接受教育，并在教育体系提供的可能范围内选择其接受教育的语言。"关于语言权利保障问题，《俄罗斯联邦宪法》就此专门做了规定："俄罗斯联邦保障其各族人民保留本族语。提供对其进行研究和发展的条件。"与宪法相呼应，《俄罗斯联邦教育法》第6条规定："为保障公民用母语接受教育的权利，需建立必要数量的相应的教育机构、年级、班组，并为其发挥作用创造条件"；"国家支持俄罗斯联邦内不具备自己国家组织的民族为用自己母语实施教育过程而进行的人才培养。"

民族平等还意味着各民族文化上的平等。俄罗斯联邦实行文化平等与民族理解的教育。《俄罗斯联邦宪法》第6条规定:"禁止对社会、种族、民族、宗教信仰和语言优越感的宣传。"《俄罗斯联邦教育法》第14条规定:"教育内容应能促进不同肤色、民族、种族、宗教信仰和社会团体的人们彼此理解。"1996年该法重新修订,对俄罗斯民族文化和地区文化的发展提供了法律保障的依据:"教育的人道主义性质、全人类共有价值、人的生命与健康、个性自由发展的优先性,培养公民觉悟及对祖国的热爱;联邦文化、教育的一致性,在多民族国家的条件下捍卫体现民族文化和地区文化传统的教育体系;教育普及性、教育体系对受教育者、培养对象不同发展水平和修养特点的适应性;教育的自由和多元化;教育管理的民主性和国家—社会性、教育机构的自主性;教育内容应能促进不同肤色、民族、种族、宗教信仰和社会团体的人们彼此理解,能顾及到各种不同的世界观,促进受教育者实现其自由选择信仰和观点的权利。"

联邦政府尊重各共和国的教育自决权。《俄罗斯联邦教育法》第2条规定:"在民族国家的条件下捍卫体现民族文化的地区文化传统的教育体系。"《俄罗斯联邦教育法》第29条规定,俄罗斯联邦各共和国国家政权和最高管理机构及其边疆区、州、莫斯科和圣彼得堡市、自治州、自治区政权和管理机构,有权"根据本民族、本地区的社会、经济、环境、文化、人口和其他方面特点,制定并实施共和国的、地区性的教育发展纲要";并且规定,一般情况下作为上述权限问题,"联邦中央和部门性教育管理机构无权单独予以研究解决"。①

---

① 吴明海:《俄罗斯联邦少数民族教育立法的基本原则及其法源分析》,载《民族教育研究》2004年第4期,第76—77页。

2000年10月4日新一届总统普京召集政府有关部门的负责人和教育科学院院长等制定了国家基础性文件《俄罗斯国家教育论纲》。文件重申了教育在国家政策中的优先地位，也确立了教育发展的基本方向，指出加强教育和科学是现代俄罗斯社会发展的根本出路，并把促进多民族文化发展写入国策。文件在教育的战略目标、发展任务、国家的承诺等章节中都体现出重视民族文化发展的宗旨：

"论纲反映了多民族的俄国公民的利益，号召为全国公民普及义务教育创造条件，保证公民受教育的平等权利和每一个公民在一生中不断提高受教育水平的机会；俄罗斯的爱国主义教育，培养主权、民主国家的公民，使他们社会化。教育他们尊重个人权利和自由，具有高尚道德，对民族和宗教宽容，尊重其他民族的语言和传统文化；在青少年中形成全面的国际理解、现代的科学世界观、民族关系；民族与民族文化关系的和谐；保护并支持俄国各族人民民族和民族文化的独立性以及他们文化的人文主义传统；保护俄联邦所有民族的语言和文化；发展北部、西伯利亚和远东地区当地少数民族的教育与文化；俄罗斯联邦的所有公民不受种族、民族、语言、出身、居住地点、宗教、信仰、党派、年龄、健康状况、社会地位、财产状况和职位的限制，都保证享有以下权利：

免费的普及学前教育；免费的普及基础普通教育；免费的普及（完全）中等教育；免费的普及初等职业教育；竞试基础上的免费高等和中等职业教育；竞试基础上的免费高校后研究生、博士研究生教育。"[①]

值得一提的还有俄罗斯国家杜马于1996年6月通过的《民族文化自治法》对俄罗斯少数民族教育也有重要规范意义。

---

① 《俄罗斯国家教育论纲》，载《俄罗斯研究》2000年第6期。

它宣布尊重不同民族共同体公民的语言、文化、传统和习俗。公民有民族文化自治的一系列权利；国家对民族文化自治予以扶持。①

(二) 俄罗斯联邦多元文化教育的实践②

俄罗斯联邦多元文化教育，在教育机构和教育内容上较好的保障了少数民族平等的教育权利。

20世纪90年代俄罗斯涌现出大量的非公立学校。这些学校有社会团体办的，有企业办的，也有私人办的，结束了前苏联70多年学校全部为国立公立的历史。由于俄联邦《民族文化自治法》的颁布，众多的学习不同民族语言、历史、文化的非国立民族学校近年在莫斯科和圣彼得堡等大城市得到迅速发展。这些学校主要是居住在这两大城市的不同民族团体的代表们设立的，对母语的天然情感和本民族文化的凝聚力使这些代表们早有这种愿望，俄罗斯新的教育国策满足了这种需求。不同民族的代表们因经商、迁徙、移居等原因长期居住在莫斯科和圣彼得堡。1995年，涌现出数所民族学校，如俄罗斯—韩国学校、犹太学校、亚美尼亚学校、鞑靼学校、波兰学校、俄罗斯文化研究学校、美国佐治亚州学校。俄罗斯的教育体系注意教育学生尊重不同语言、文化和宗教，因为这是促使学生形成不同民族相互容忍、友好相处的基础。

俄政府和两市的地方政府对建立民族学校的需求做出了积极的回应，为每所学校提供一幢校舍。在几年的实践中各民族学校获得了一定的支持，学校权利的保护和认证、教师

---

① 以上有关俄罗斯联邦《民族文化自治法》，参见陈联碧：《俄罗斯民族理论和民族政策的现状》，载《民族法制通讯》1999年第2期，第38—40页。

② 以下关于这个问题的资料，主要参考安方明：《俄罗斯社会转型期教育改革中多元文化的体现》，载《民族教育研究》2002年第3期，第91—92页。

和学生资格的授予等建校初期的问题也得到较为顺利的解决。

尤其值得一提的是，从1994年开始实行的莫斯科教育现代化发展规划《莫斯科教育—1》、《莫斯科教育—2》、《莫斯科教育—3》中都对民族教育予以特别关注。1994年到1996年期间莫斯科教育体系采纳了民族学校发展计划，民族文化成为莫斯科学校教育内容中的一个组成部分，新的民族学校的教育内容和功能在国民教育体系中得到认可。莫斯科教育体系还计划开办公立民族学校。圣彼得堡市已开设德国学校、中国学校，不仅教授德语和汉语，校内环境具有浓郁的日耳曼族和汉族文化特色。在民族文化社团、协会的呼吁下，莫斯科市成立了吉卜赛、乌克兰、波兰、鞑靼等民族文化中心。当然，公立学校课程中民族文化部分不能超过20%，它给学生提供一个机会，确认自己是某种文化或传统的成员，了解本族文化并与其他民族文化相互交流；同时也给俄罗斯人了解其他民族创造了机会；有利于民族文化相互丰富，形成多元文化的宽广视野，推进教育全球化进程。

民族学校的办学形式也呈多样化发展，办学主体有公立、私立、企业、民族文化协会、社团等；教育机构类型有学前教育中心、普通教育学校、寄宿学校、职业技术学校、艺术学校、大学、民族文化中心、星期日学校、教育和培训中心等。它为不同民族、不同年龄、不同文化层次、不同教育需求的人们提供受教育的机会，体现出现代教育终身化、国际化、以人为本的特征。

按照莫斯科政府1997年5月20日377号令和1997年8月19日653号令的决议，民族—文化教育机构获得了独立的地位，教育体系在此过程中扮演着特殊的角色，它对防止民族冲突、维护国家安全、促进经济和贸易发展起重要作用。

教育法对教育内容的安排也贯彻了多元文化的精神，对课程政策的规定体现了多元化、自由化、人文化、个性化的指导方针。根据"保护民族文化和地区文化传统"的原则，教育内容实行国家规定部分占 60%，地区部分占 25%，学校自行选定部分占 15%。俄罗斯现行教学计划分为不变部分和可变部分，不变部分保证在全国领土上形成教育空间的统一；可变部分充分考虑到民族的、地区的文化特点和传统。

在俄罗斯这个有 100 多个民族的国家，尊重民族、地区文化传统首先是在教学语言方面。俄罗斯新的教育法对此体现了极大的灵活性，规定公民有权利以自己的母语接受教育，并在教育系统提供的可能范围内选择其接受教育的语言；教育机构有权根据自身特点选择教学语言；国家支持俄罗斯联邦境内不具备自己国家组织机构的民族用自己母语实施教育过程而进行的人才培养。

在教学语言多元化方针指引下，《语言和文学》类课程出现了三种结构方案：(1) 作为国语的俄语、本族语、本民族文学、文学、外国语；(2) 作为教学语言的俄语、共和国（边疆区、州）语言和文学、文学、外国语；(3) 作为教学语言的俄语、文学、外国语。至今，全俄罗斯联邦共有 73 种语言作为教学语言被使用。

同时，在艺术（艺术、音乐、世界文化艺术、反映地区特点和民族文化传统的综合课程）、社会学科（包括历史、国别史、地理、社会学、地方志、法律、现代文明基础、当代世界、世界经济等的综合学科）、自然学科等课程中都包含有反映地区特点和民族文化传统的内容。

二、西班牙的跨文化教育①

跨文化教育是近年来西班牙乃至欧洲和世界教育民主化发展的一种趋势。跨文化教育的概念是与教育平等、教育民主联系在一起的,是要促进理解人类间的差异,重视人权,尊重差异,承认文化差异的价值,促进理解不同的生活方式,主张融合共处。

跨文化教育的另一思想是批判主流统治文化,反对统一文化,主张多元共存,建立社会公正、机会均等,使社会更加人道。学校教育要理解和适应学生的文化、行为和学习方式,在课程设置和教学过程中必须要考虑到不同的文化特性。

在教育民主化的进程中,对学校中有越来越多来自不同国家儿童的现象,对于学生中多民族、多文化的特点,西班牙学校并不是采取"以我为主,同化他人"的策略,而是实施了"多元文化并存,开展跨文化教育"的政策。

西班牙的学校在开展跨文化教育中采取的主要措施有:

1. 树立儿童权利的意识

西班牙十分重视人权,尤其是儿童的权利。为了使学校能尊重每一个儿童的基本权利,学校通过正式课程或课外活动,在学校中大力宣传儿童的权利,努力让所有的儿童具有人的权利意识。

儿童权利的主要内容有:世界上所有的男女儿童都具有《儿童权利公约》中规定的拥有健康幸福生活的权利;所有的儿童都有上学的权利;成年人应倾听儿童的意见;任何儿童不因其肤色、出生地、性别、宗教信仰和观点而受到歧视,和成人一样,儿童也应受到尊重。

---

① 关于这个问题的资料,主要参考黄志成:《西班牙的多民族跨文化教育》,载《中国民族教育》2000年第10期,第42—44页。

2. 树立接纳理解移民的思想

随着西班牙的移民日益增多，西班牙学校的外国学生也越来越多。如何认识移民？怎样对待外国学生？西班牙的学校给学生分发了图文并茂的小册子。小册子的内容主要有：今日的学校是开放的学校，接纳来自各国的儿童；来自不同国家的儿童，带来了不同的语言、游戏、知识和愿望；学校所有的学生要相互理解，学会共存，共同创建一个团结公正的美好世界；移民就是离开其出生地或居住地，选择到另一个国家或地区去生活的人；移居另一个城市或国家与去度假不一样，是为了在另一个地方开始一种新的生活，并成为其社会的一员；移居另一个国家，有时是因为本国发生战争，有时是为了寻求更好的学习和工作的机会，当然也有的是为了爱情和为了了解或喜欢另一个国家；西班牙有着悠久的移民传统，从欧洲移民到美洲和世界各地；不管我们生活在多么遥远的地方，我们具有很多共同之处，我们可以共享共存，因为我们都是这个小小的地球村的村民；生活在同一地方的所有的人，我们都是邻居，我们具有共同的街道、小区、社团、市场、学校、工会以及权利和义务；你和我，差不多所有的人都可能在其一生中的某个时候成为移民。如果你的家庭离开农村来到城市，那么在城市，你就是移民，如果你到另一个国家去生活，那么在那个国家，你就是移民。但是，你以前生活的地方和你新生活的地方的许多事情，会对你产生很大的影响，如语言、饮食、朋友、环境等。我们共同创建一个团结幸福的美好世界。

通过多种形式的深入宣传，西班牙学生很早就有了接纳和理解移民的意识。

3. 树立跨文化教育的理念

西班牙学校通过正规的课程和课外活动，有意识地加强在学校中树立跨文化的理念。无论是在校园的墙壁上，还是在班级的黑板上；无论是在学校招生手册上，还是在家长联系册上，都可以看到这样的宣传：西班牙的学校是向世界开放的学校，在学校中所有儿童都要向别人学习；来自不同家庭、不同国家、不同城市、不同民族的儿童，可以在学校共同生活、共同学习、共同娱乐、共同构建一个新的社会；在学校中，我们共同拥有新的语言方式、新的欢乐方式、新的讲述历史的方式；我们有更多的歌曲、故事和游戏，我们有许多新的朋友，学会用另一种方式来看待世界；你可以是波浪式的卷发，你可以是各种不同的肤色，你可以是左撇子或右撇子，你可以是急性子或慢性子，你可以是很富有或很贫穷，但重要的是你要知道：你是独特的、唯一的、不同的人；你可以是一个能说会道的人，你可以是一个耳聪又懂手语的人，你可以具有像猞猁一样的眼光或像鼹鼠一样的近视，你可以像蜘蛛那样敏捷或像猫头鹰那样聪明，但重要的不是你在哪儿出生，重要的是你可以成为你想成为的那种人；你可以说三种语言或仅会说一种，你可以是身材高大或矮小，你可以住得很远或就住在街角，但重要的是你是一个有权利的人；你可以叫玛利亚、佩德罗，也可以叫王小三、李大力，但重要的是：世界上所有的儿童是不同的，是特殊的，所有的儿童都有相同的权利；在你的一生中，你将会碰到许多不同的人，有的你会爱她，有的会成为你的朋友，有的会告诉你很有意义的事情，有的会赠予你一段生活经历，有的会远离你身边而再也见不到，你会与不同的人交往，但重要的是：要相互尊重和热爱。

　　西班牙学校开展的跨文化教育形式多样，生动活泼。例如，当班级里来了一个新同学，同学们就用各国家的语言写出"欢迎"，以标语的形式贴在墙上。在班级里，挂了一幅很大的世界地图，标出了班级里所有同学来自的国家。定期进行一次"各国旅游"，依次选择一位学生的国家作为旅行地，探究这个国家的某种传统节日，并将这种传统节日在校历中标出，到时可以开展纪念活动。定期走访同学的家，认识他们的家庭成员，尝尝他的家人做的具有地方特色的食品,然后将这些情况再讲述给自己的父母听。

让班上的一位同学写一个故事的第一句,然后,让坐在他旁边的同学接下去写第二句,直到每个学生都能写上一句。这就是班上开展的写"友谊的故事"的活动。

要求学生的父母和兄弟姐妹写一些他们的生活经历,或写一些童年的美好回忆,并把这些文章汇编成一本"旅行者之书",在所有的学生家庭中传阅。最后,将其珍藏在学校的图书馆内。

收集世界各国的儿童游戏。让学生询问其父亲、母亲、叔叔、阿姨、奶奶、爷爷、外公、外婆,他们以前在家乡时玩些什么;如果他们不是生活在西班牙,那么就写信给他们,或发个电子邮件给他们,或打个电话给他们,问问他们世界上其他国家的孩子都玩什么样的游戏。

选择上学的某一天作为学校的节日,要求每个家长都参加,负责做好自己的准备工作,使这个节日过得更有意义。这就是学校的"团结友谊节"。

在校园的墙壁上可以让学生画一幅很大的壁画,表达学生的愿望。

可以画上学生的家及所在的生活小区和花园……可以边画边想:我们长大后将要做什么?让所有的学生写出学生之间5种不同的东西,同时再写出5种相同的东西。让每个学生学会其他人传授给他的知识和技能,也让其他人学到他传授的知识和技能。

可以在课堂上提出一些能引起学生思考的问题,让学生发表自己的意见。例如,为什么现在我们要讲很多有关移民的事?为什么我会离开自己的国家来到另一个国家居住?为什么要有边界?居住在别国的儿童是否有权进入当地的学校上学?是否能在该国上大学?为什么在招收各国儿童的学校,其学生要学会更好地与人和睦共处?什么是种族主义?为什么要与种族主义作斗争?在我的国家的学校里所学的东西,对我现在所在的新学校,是重要的吗?为什么大人很难回答我们的问题?你是怎样回答这些问题的?等等。

通过各种形式的跨文化教育的宣传活动,西班牙的学生很早就树立了尊重和分享多元文化、不同民族和睦共处、共同建构新生活的意识。

第三节 境外少数民族受教育权法律保护的启示与借鉴

一、树立少数民族平等受教育权的观念

平等是现代法律追寻的一个重要的价值之一。综观两大法系主要国家和地区的立法,无论是普通法系的美国、加拿大、澳大利亚、英国,还是大陆法系的俄罗斯和西班牙,目前对保障少数民族(族群)教育权益的立法和政策注重于实现少数民族与主体民族受教育权上的平等,不仅是形式上的平等,更重要的是实质上的平等。罗尔斯在《正义论》中所阐述的最一般正义观是:"所有的社会基本价值(或者说基本上)——自由和机会,收入和财富、自尊的基础——都要平等地分配,除非对其中一种或所有价值的一种不平等分配合乎每一个人的利益。"[①] 正是由于这些不平等的存在,因此,我们必须采取相应的措施来弥补这些不平等,对于不同的群体的人我们应该给予不同的待遇,即差别原则。差别原则强调补偿原则所提出的一些考虑。"补偿原则就认为,为了平等对待所有人,提供真正的同等的机会,社会必须更

[①] [美]约翰·罗尔斯著:《正义论》,何怀宏等译,中国社会科学出版社1988年版,第62页。

多地注意那些天赋较低和出生于较不利的社会地位的人们。这个观念就是要按平等的方式补偿由偶然因素造成的倾斜。"[1] 正是在这样的理论的支撑下，境外国家对少数民族受教育权寄予了平等的观念，从而消除在意识形态上的不平等。同时，这些国家都采取了对少数民族地区优惠的教育政策，落实对少数民族受教育权的平等的实现，如美国的肯定性计划。从肯定性行动计划的发展历程看，美国最初提出肯定性行动计划是为了消除长期存在的对黑人和妇女的歧视，使资历或业绩与白人男性相等的黑人、妇女能够得到同样的工作或晋升机会。但在实施过程中却发现，黑人等少数民族和妇女由于历史积淀的原因根本没有能力与白人、男性进行平等竞争。因此，肯定性行动计划逐渐变成一项补偿性计划，在升学、就业和晋升等方面给少数民族和妇女以某些照顾和优先，以补偿少数民族和妇女在竞争能力上的不足。在我国少数民族地区，从新中国成立至今，中国的民族教育事业在半个世纪的发展中取得了巨大的成就。但是，在少数民族教育发展的同时，也要看到教育发展的差距。造成少数民族教育不平等发展现象的原因是多方面的。一是自然历史条件所造成的教育的不公平。由于历史的原因，少数民族大多聚居在地域广阔、人口稀少、边远贫困的西部地区。人们大多居住在山区、高原、牧区、森林地带。自然状况的差异造成了少数民族教育的基础差，底子薄，这是与汉族地区教育相差甚远的主要原因。二是社会经济发展水平造成了教育的不平等。很明显，少数民族地区的经济发展显著落后于全国经济发展的平均水平。三是教育资源配置制度造成的民族教育的不公平。少数民族多聚集在边远地区，欠发达地区，人口居住分散，由于国家教育资源分配制度的障碍，造成城

---

[1] [美] 约翰·罗尔斯著：《正义论》，何怀宏等译，中国社会科学出版社1988年版，第101页。

乡教育资源的配置极端不均,以致城市集中了优势教育资源。民族地区教育经费的投入远远低于内地发达地区。因此,为了落实和完善我们国家少数民族受教育权平等的实现,也要树立少数民族受教育权平等观念,实施差别对待原则以实现实质上的平等。

二、贯彻多元文化的精神

这些国家都在某种程度上贯彻多元文化的精神,在教育内容上保障少数民族(族群)的传统文化得到传承,从而在教育内容上较好地保障了少数民族(族群)的教育平等权。而在由同化思想支配的教育政策和立法之下,少数民族(族群)几乎没有系统学习自己的文化和传统知识的权利,他们在学校里接受的是主体民族文化的教育,结果,不但对主体民族的语言和文化不能很好地掌握,还丢失了自己的传统文化。

多元文化主义的政策和实践起源于20世纪60—70年代的美国、加拿大等国,它不是解决族群文化和教育问题的万灵良药,目前在全球化、现代化浪潮下,也还面临着多元文化的社会共识基础、文化多元与国家的核心价值、文化多元的保存与少数民族社会流动等一系列的问题,困扰着多元文化教育的发展。[①] 但是,多元文化教育理念中无疑具有很多合理的成分,它在解决族群纠纷、满足少数民族(族群)的教育和文化权利渴望方面,几十年来一直发挥着重大作用。以多元文化思想指导课程结构的设计,满足少数民族对自己的文化、语言等方面的需求,既体现了民族平等的理念,保护了少数民族的认同,又缓解了族群之间的张力和矛盾。如美国的《不让孩子掉队法》。《不让孩子掉队法》贯彻了"学习型社会"理念,重视少数民族的继续教育和终身学

[①] 万明钢:《论多元文化教育的发展与面临的困境》,载《西北师大学报》2007年第1期,第59页。

习。少数民族因经济、地理环境等因素的影响,教育程度普遍偏低,其继续教育、终身学习受到限制。为全面提高少数民族素质,适应现代社会的需要,保障少数民族继续教育和终身学习的机会。在人类社会发展中,知识占有极为重要的地位,但知识并不是中性的,其内容及构成方式不仅受特定的政治、经济和社会关系的制约,也受到制造和传播知识的人的兴趣和立场的影响。教育是传播知识的重要过程,又是塑造公民群体的关键过程。因此,为了适应社会的多元化发展,我们也应该要追求教育的多元化发展。多元文化教育追求的理想目标是:促进文化多样化的特质与价值,促进人权观念和尊重个体之间的差异,促进每个人都有不同生活选择的机会,促进全人类社会公平与机会均等。在我国,由于少数民族地区一些宗教信仰以及传统文化上的差异,对我们国家少数民族受教育权的实现形成了极大的妨碍。所以,在我国的教育立法中,应加强对文化教育的多元化发展。尽管在我们现代教育中,在一些学校中都采用了双语教学,这些措施都极大地推动了少数民族受教育权的实现,但是,为了进一步更好的发扬这种多元化的教育,我们应该还要采取更多地措施来加强多元文化教育,从而推动我们少数民族受教育权的实现。

三、以民族身份确定教育优惠政策的合理性有待斟酌

美国肯定性行动计划是以种族身份为根据对黑人、西班牙裔人等少数民族在教育、就业领域实行特别优惠的措施,对于增加少数族裔的入学机会,功不可没。但是,从一开始该计划就充满了争议。30多年来,美国政府对待肯定性行动计划的态度也发生了很大变化,从最初的支持肯定性行动计划转变为反对肯定性行动计划,这从联邦最高法院对有关诉讼案的判决中就可以体现出来。在实施肯定性行动计划的最初的十几年里,美国政府一直在支持肯定性行动计划。在70年代发生的几起诉讼案(如奥德

加德诉德芬尼斯案、葛理吉斯诉杜克电力公司案、加州大学董事会诉贝克案、钢铁工会诉韦伯案等）的审理中，最高法院认为为了达到大学和工作场所的种族平衡，在招生、招聘时可以为少数民族截留一部分名额，给少数民族优先入学权或雇用权并不违宪。但是，在里根和布什执政时期，政府的政策基调是反对肯定性行动计划的，自80年代中期起，最高法院在审理肯定性行动计划诉讼案时开始退却。[1] 1986年3月，美国肯定性行动计划联合会在埃默芮大学召开研讨会，会上有些代表认为肯定性行动计划的实质就是配额制，因而是非法的。这种思想对最高法院在处理有关诉讼案时产生了很大影响。1986年6月，在审理金属片工会诉联邦合同管理办公室一案时，最高法院认为肯定性行动计划中的少数民族比例目标只能作为基点水准，而不是一个严格的配额。在1989年的马丁诉维尔克斯案时，最高法院认为在晋升时不应考虑种族因素。1989年最高法院在审理里士满市诉J·A·科罗森公司一案时，否定了里士满市为少数民族保留30%城市合同的做法。

进入90年代后，克林顿政府在肯定性行动计划上采取两面手法，一方面承认肯定性行动计划的基本原则和精神；另一方面又反对肯定性行动计划的一些具体做法。这种政策实际上助长了反对肯定性行动计划者的气焰。1996年11月5日，是肯定性行动计划历史上的一个重要日子，因为加利福尼亚州议会以54：46的微弱多数通过了209号方案（全称《加利福尼亚民权动议》），宣布在该州的公共就业、公共教育以及公共合同领域取消对少数民族和妇女的肯定性行动政策。该法案已于1997年8月生效，在美国人口第一大州的加州，肯定性行动计划寿终正寝。

---

[1] Mildred Garcia. Affirmative action's testament of hope [M]. Albany：State University of New York Press，1997. PP. 52—56.

同年（1996年），美国第五巡回上诉法院对得克萨斯州霍普伍德诉讼案进行裁决，禁止该州的公立大学在招生和财政资助时考虑种族因素，也给肯定性行动计划在教育领域划上了句号。该判例的有效范围为得克萨斯、路易斯安娜和密西西比三个州，在三个州内，不但公立学校不再执行肯定性行动计划，而且私立学校也可以沿用此法。1998年，地处西部沿海的华盛顿州对是否执行肯定性行动计划进行公民投票，结果59%的人同意取消肯定性行动计划。另外，科罗拉多、马里兰、密歇根、俄勒冈等州也先后通过法案或制定政策，限制在大学招生、财政资助和雇用上实施肯定性行动计划。在新旧世纪之交，肯定性行动计划已风雨飘摇。

从近几年的情况来看，取消肯定性行动计划的州越来越多，同时也有许多州酝酿取消肯定性行动计划。取消肯定性行动计划可能会激起少数民族的强烈不满，甚至可能引发新的种族冲突；而继续实行肯定性行动计划，则会引起越来越多的白人和在肯定性行动计划中利益受到伤害的亚裔人的反对。

双方斗争的结果很可能是达成一种妥协，出台一种新的计划，缩小对少数民族的照顾范围，并附加一些限定条件。现在，许多人建议参照贫困儿童早期教育计划（Head Start Program），以社会经济地位和个人的实际需要而不是种族作为优待的依据。由于反对肯定性行动计划的人特别反对在就业领域给少数民族以优待，因此也有人建议将修订后的肯定性行动计划仅仅限定在教育领域。[①]

在我国的中、高等教育中，入学资格方面也存在类似美国肯定性行动计划以民族身份而不是个人的实际需要确定特惠对象的

---

① Carol M. Swain. Race versus class: the new affirmative action debate [M]. Lanham: University Press of America, Inc. PP. 185-206.

情况，其制度化水平远甚于美国。这种特别优惠政策对相关的主体民族考生的不公平性已被部分学者揭露。并且，从全国范围来看，个别少数民族的平均受教育水平要比汉族高，对凡具有这种少数民族身份的考生都给予特别照顾，其合理性在哪里？现在应是我们开始检讨相关教育政策和制度的时候了。

在中国政治法律制度的语境中，少数民族是特惠对象。能否考虑在宪法和法律上确认"弱势者"或"弱势群体"的概念，以个体的实际需要为根据确定教育领域内的特惠对象？无疑，这样做在确认特定的个人是否属于"弱势者"或"弱势群体"时会产生一些新的困难，甚至会为操守不佳的行政官员扩大自由裁量和谋私的空间，但追求公平总得付出一定的代价。

第八章 我国少数民族受教育权保护法律制度的完善及其发展趋势

第一节 我国现行少数民族受教育权保护制度

一、从保护的视角看我国的少数民族受教育权的内涵

受教育权是我国宪法明确规定的公民所享有的基本权利之一。宪法第19条规定，国家发展社会主义的教育事业，提高全国人民的科学文化水平。国家举办各种学校，普及初等义务教育，发展中等教育、职业教育和高等教育，并且发展学前教育。国家发展各种教育设施，扫除文盲，对工人、农民、国家工作人员和其他劳动者进行政治、文化、科学、技术、业务的教育，鼓励自学成才。国家鼓励集体经济组织、国家企业事业组织和其他社会力量依照法律规定举办各种教育事业。国家推广全国通用的普通话。第46条规定，中华人民共和国公民有受教育的权利和义务。国家培养青年、少年、儿童在品德、智力、体质等方面全面发展。

对受教育权概念的理解，学者们见仁见智。其中比较有代表性的，如有学者认为，受教育权是指公民享有从国家获得接受教育的机会和获得接受教育的物质帮助的权利[1]。也有学者认为，受教育权是指公民享有的在国家和社会提供的各类学校和机构中

---

[1] 周伟：《宪法基本权利：原理·规范·应用》，法律出版社2006年版，第310页。

学习科学文化知识的权利。从广义上讲,受教育权包括公民向国家提出要求请求国家提供受教育机会的请求权,还包括公民按其能力平等地接受教育的平等权;从狭义上讲,受教育权是指公民享有的平等接受教育的权利[①]。

我们认为,为受教育权下定义更多的只是一种学理上的思考,而概念的生命则在于对客观实践的指导价值。因此,相对于定义而言,受教育权的内涵更加具有实践价值,因为这决定了受教育权保护制度所作用的客体的范围。一般说来,我国公民的受教育权主要包括如下四点内容。其一,学习的权利,即以适龄儿童和少年为主体的权利主体享有接受教育并通过学习而在智力和品德等方面得到发展的权利。保障学习的权利,必然要求国家和社会提供合理的教育制度以及适当的教育设施等条件。其二,义务教育的无偿化,即在一定的教育期限内实现免费教育。目前世界上许多国家实行了免费的义务教育制度[②]。我国目前实行九年义务教育制度。《义务教育法》第 10 条规定,国家对接受义务教育的学生免收学费,并设立助学金,帮助贫困生就学。其三,受教育的机会均等,这要求任何权利主体均不得在教育上受到不平等的对待,但这并不妨碍允许根据不同权利主体的不同的适应性和能力施以不同内容的教育,否则将无法真正实现教育的机会均等[③]。以上三点内容属于受教育权的一般内容,其具体到少数民

[①] 陆平辉:《散居少数民族权益保障研究》,中央民族大学出版社 2008 年版,第 303 页。

[②] 事实上,在许多西方国家,义务教育制度都有着较为悠久的历史。如法国 1791 年宪法第一篇即规定:"应行设立和组织为全体公民所共有的公共教育,一切人所必需的那部分教育应当是免费的,此类教育机会应按王国区划的配合渐次分布之。"1918 年德国魏玛宪法第四章"教育及学校"对义务教育也作了较为细致的规定。

[③] 这三点内容同样可参见陆平辉:《散居少数民族权益保障研究》,中央民族大学出版社 2008 年版,第 303—304 页。

族受教育权的领域后，本质上并无变化，只是程度有所加深。除此外，少数民族受教育权还应包含另一项极为重要的内容，即学习本民族传统语言文化的权利。在当今中国，由于汉民族作为中华民族主体民族的核心地位，汉语言文化也在全国范围内占据主流，各少数民族为了顺应历史发展潮流，也自然而然地向汉民族的语言文化靠拢，这种趋势虽然加速了民族的融合和交流，但同时也极大挤占了许多优秀的少数民族传统文化的生存与发展空间，许多具有悠久历史的民族语言和文化正在逐渐消亡。为了巩固、繁荣并发展中华民族的文化多元性，为了保障少数民族的传统文化得到良好的传承，我们应当将学习本民族传统语言文化的权利纳入到少数民族受教育权的内涵之中来。这也正好契合了宪法第 4 条"国家保障各少数民族的合法权利和利益"的原则性要求。但需要指出的是，我国有许多少数民族有全民信教的传统，那么在传承民族传统文化的过程中，对于深嵌其中的宗教内容又应当如何对待？我国实行民族教育与宗教教育相分离的原则，《宪法》、《民族区域自治法》、《教育法》等法律对此均有明确规定。因此，"在实践中，应当鼓励宗教界爱国人士在信教群众中宣传党的教育方针和科教兴国战略，动员适龄儿童入学，调动信教群众支持办好国民教育的积极性。同时，对各族师生应进一步加强无神论和唯物主义的教育，弘扬科学精神、传播科学思想、倡导科学方法、普及科学知识、树立科学世界观，不断增强各族师生自觉抵御封建迷信和邪教影响的能力"[①]。

二、我国少数民族受教育权的保护制度

从本质上而言，少数民族受教育权是一项具有综合性特征的

[①] 参见吴宗金、张晓辉主编：《中国民族法学》，法律出版社 2004 年版，第 329—330 页。

宪法权利，属于宪法未列举权的范畴①。之所以称之为宪法权利，是因为少数民族受教育权横跨公民的受教育权、民族平等权以及儿童相关权利等数个已被我国宪法所明确列举的公民权利，属于宪法所保障的公民基本权利的题中之义；之所以称之为未列举权，是因为虽然我们能够从现行宪法条文合理推演出少数民族受教育权的内容，但它毕竟没有在宪法关于公民基本权利保障的有关章节中被正式提及，无论从法律地位还是保障现状来看都不能和既有的宪法已列举权同日而语。因此，从更为精确的角度来看，少数民族受教育权属于宪法的"非真正未列举权"。

从宪法权利保障的一般理论而言，一项特定宪法权利的保护制度可以分为政治保护制度、政策保护制度和法律保护制度三类②。

第一，政治保护制度。从成文宪法国家的情况来看，宪法权利的政治保障措施主要是政治宣示。政治宣示主要有两种形式。其一，在宪法中进行政治宣示。宪法中的政治宣示主要表现在一些政治色彩较浓的宪法权利条款上。这种政治宣示性保障，一般都含有"权利内容"和"国家义务"两方面内容，而在具体表述上，都采用"国家保护"、"国家培养"、"国家帮助"、"国家发展"、"国家创造……的条件"等用语③。现行宪法序言中关于民族团结的规定、第 4 条关于总的民族政策的规定、第 19 条关于国家发展教育事业的规定等，都可以视为关于少数民族受教育权

---

① 关于宪法未列举权的相关问题，可参见王广辉：《论宪法未列举权利》，载《法商研究》2007 年第 5 期。

② 参见郑毅：《宪法权利刑事法律保障研究》，中央民族大学法学院宪法与行政法专业 2009 级硕士学位论文。值得注意的是，为了更加契合语境，原文中的"行政保护制度"在本文被表述为"政策保护制度"。

③ 对宪法条文表述上的归纳，参见郑贤君：《权利义务相一致原理的宪法释义——以社会基本权为例》。中国法学会宪法学研究会 2007 年年会的提交论文。

的政治性宣示。其二，在执政党的党纲党章中进行政治宣示。例如《中国共产党章程》总纲第 17 段规定："大力发展教育、科学、文化事业，弘扬民族优秀传统文化，繁荣和发展社会主义文化。"第 20 段规定："中国共产党维护和发展平等团结互助和谐的社会主义民族关系。"这也可以视为关于少数民族受教育权的政治性宣示。

第二，政策保护制度。本书的主题是少数民族受教育权的保护，但是大部分篇幅却仅侧重于对相关法律制度的研究、借鉴和探讨。诚然，少数民族受教育权更多的时候是作为一项法律权利出现在世人面前的，其保护制度也必然应更多地从法律的层面入手。但是，这并不意味着我们可以忽略政策保护制度的重要作用。从理论上来说，一方面，民族问题的特殊性质规定了适当的政策性手段作为调整方式的重要意义；另一方面，当前相关民族立法的严重滞后和缺失更加凸显了政策性手段作为一种暂时性的替代、补充方式所具有的特定价值。从现实来看，当前我国在保护少数民族受教育权的制度实践中，政策性手段实质上占有举足轻重的地位，甚至很多时候超越了法律手段的实际调整效能，成为保护少数民族受教育权的主要方式。据不完全统计，近年来我国关于保护少数民族受教育权的主要政策措施可归纳为如下几点：双语教育；高考加分录取以及普通高校民族班、预科班政策；在内地开办西藏班（校）、新疆班；对口支援；西部地区"两基"攻坚计划；义务教育工程；中小学危房改造工程；"两免一补"和农村义务教育经费保障新机制；农村寄宿制学校建设工程；西部农村现代远程教育；少数民族高层次人才培养计划；师资队伍建设与提高等等[1]。可见，许多现实生活中我们耳熟能详

---

[1] 参见孙百才、张善鑫：《我国发展少数民族教育的重大举措与主要经验》，载《西北师大学报》（社会科学版）2009 年第 1 期。

的惠及少数民族受教育权的重大举措，实际上都是源自于政策而非法律层面的体恤与关怀。

第三，法律保护制度。从依法治国的价值角度而言，法律保障应当是少数民族受教育权的核心保障方式。这也是学界及本书对少数民族受教育权保护的研究重点落在法律制度之上的主要原因。从目前我国少数民族受教育权法律保护的立法实践来看，主要体现出如下特点。其一，全国的框架性体系初步建立。纵观我国目前的立法实践，不但在宪法层面对民族平等权、公民的受教育权、儿童所应当享有的权利等与少数民族受教育权相关的宪法已列举权利作了明确规定，也在法律层面①对少数民族受教育权做了较为具体的规定，还在行政法规②的层面对有关的具体操作作了必要的涉及。其二，体现各地实践特点的地方性立法正在有条不紊地展开。民族自治地方纷纷通过自治条例、单行条例的形式对相关问题作了规制，而非民族自治地方的省、直辖市也在其制定的保障散居少数民族权益的地方性法规和规章中涵盖了相关内容③。其三，当前的法律规定原则性强而完整性、操作性不足。一方面，现有的相关规定效力范围有限，并不能涵盖少数民族受教育权的全部内容，许多重要事项的规制尚付阙如；另一方面，在已有的规定中，以原则性内容为主，缺乏较好的实际操作性，使得既定的规制目标在实践过程中大打折扣。

---

① 从全国性的教育立法而言，主要包括《义务教育法》、《高等教育法》、《律师法》等等；从全国性的民族立法而言，主要是 2001 年新修正的《民族区域自治法》；从全国性的程序保障立法而言，《行政诉讼法》、《民事诉讼法》等法律的相关条文也对少数民族受教育权的司法救济提供了一定程度的保障。关于该问题，下文还有详细的论述。

② 如国务院制定的《民族乡行政工作条例》、《城市民族工作条例》、《关于进一步加强贫困地区、民族地区女童教育工作的十条意见》等等。

③ 参见陆平辉：《散居少数民族权益保障研究》，中央民族大学出版社 2008 年版，第 307—308 页。

在提及少数民族受教育权的时候,不能不涉及的是某些少数民族的习惯法对于受教育权的影响。由于大多数少数民族在历史上一直处于经济、文化较为落后的状态,因此,时至今日,许多代代传承的习惯法内容事实上是与现行法律的规定背道而驰的,对于受教育权的实现而言也是更多地表现出消极的作用。例如,云南西双版纳地区的傣族全民信仰南传上座部佛教,把佛寺不仅当成宗教的活动场所,而且当成教育机构和学习文化的场所,甚至认为宗教教育重于学校教育。按照宗教传统,傣族男孩到了七八岁时都要进入佛寺几年接受佛寺教育,主要学习佛经和傣族语文。男童进入佛寺后,社会角色也随之发生了巨大变化。他们被视为佛的使者,只接受佛爷的管教,父母都变成为他的信徒,得向他跪拜受礼,因而也容易对其是否接受学校教育采取放任自流的态度;同时,这样的学生难以理智区分佛寺的和尚角色与学校的学生角色,容易将优越感带入学校,或完全以和尚的角色替代学生角色,导致其接受学校教育的观念和意识较弱,行为也与学校学习的要求格格不入。此外,傣族的宗教节日很多,佛寺一有宗教活动,这些学生大多数要回寺念经,傣族男生也要参加相关的活动,所以,傣族男生请假、旷课的情况较为普遍,将学校教育放在无足轻重的位置[①]。因此,可以预见的是,在保障少数民族受教育权的过程中,势必会遇到来自于传统习惯法的重重阻力,如何妥善协调个中关系,是亟待进一步研究的。

---

① 罗爽、苏金燕:《西部少数民族地区受教育权利意识的现状、问题与对策》,载《中国教师》,2009年3月。

第二节 我国现行保护少数民族受教育权的法律制度的成就与不足

一、当前保护少数民族受教育权的主要法律规范

首先，从宪法层面来说，原则性地界定了对少数民族受教育权进行保护的有关内容。如宪法第19条规定，国家发展社会主义的教育事业，提高全国人民的科学文化水平。国家举办各种学校，普及初等义务教育，发展中等教育、职业教育和高等教育，并且发展学前教育。国家发展各种教育设施，扫除文盲，对工人、农民、国家工作人员和其他劳动者进行政治、文化、科学、技术、业务的教育，鼓励自学成才。国家鼓励集体经济组织、国家企业事业组织和其他社会力量依照法律规定举办各种教育事业。国家推广全国通用的普通话。第46条规定，中华人民共和国公民有受教育的权利和义务。国家培养青年、少年、儿童在品德、智力、体质等方面全面发展。

其次，在法律的层面，我国主要通过民族类法律、教育类法律、未成年人权利保障类法律和其他通用类法律四个方面对少数民族受教育权的保护作了初步的规定。其一，民族类法律的规定以《民族区域自治法》为核心，该法第37条规定，民族自治地方的自治机关自主地发展民族教育，扫除文盲，举办各类学校，普及九年义务教育，采取多种形式发展普通高级中学教育和中等职业技术教育，根据条件和需要发展高等教育，培养各少数民族专业人才。民族自治地方的自治机关为少数民族牧区和经济困难、居住分散的少数民族山区，设立以寄宿为主和助学金为主的公办民族小学和民族中学，保障就读学生完成义务教育阶段的学业。办学经费和助学金由当地财政解决，当地财政困难的，上级

财政应当给予补助。招收少数民族学生为主的学校（班级）和其他教育机构，有条件的应当采用少数民族文字的课本，并用少数民族语言讲课；根据情况从小学低年级或者高年级起开设汉语文课程，推广全国通用的普通话和规范汉字。第71条规定，国家加大对民族自治地方的教育投入，并采取特殊措施，帮助民族自治地方加速普及九年义务教育和发展其他教育事业，提高各民族人民的科学文化水平。国家举办民族高等学校，在高等学校举办民族班、民族预科，专门或者主要招收少数民族学生，并且可以采取定向招生、定向分配的办法。高等学校和中等专业学校招收新生的时候，对少数民族考生适当放宽录取标准和条件，对人口特少的少数民族考生给予特殊照顾。各级人民政府和学校应当采取多种措施，帮助家庭经济困难的少数民族学生完成学业。国家在发达地区举办民族中学或者在普通中学开设民族班，招收少数民族学生实施中等教育。国家帮助民族自治地方培养和培训各民族教师。国家组织和鼓励各民族教师和符合任职条件的各民族毕业生到民族自治地方从事教育教学工作，并给予他们相应的优惠待遇。其二，教育类法律对少数民族受教育权的保护一般是通过个别具体条文实现的。如《教育法》第9条规定，中华人民共和国公民有受教育的权利和义务。公民不分民族、种族、性别、职业、财产状况、宗教信仰等，依法享有平等的受教育机会。《义务教育法》第5条规定，各级人民政府及其有关部门应当履行本法规定的各项职责，保障适龄儿童、少年接受义务教育的权利。适龄儿童、少年的父母或者其他法定监护人应当其按时入学，接受并完成义务教育。依法实施义务教育的学校应当按照规定标准完成教育教学任务，保证教育教学质量。社会组织和个人应当为适龄儿童、少年接受义务教育创造良好的环境。《职业教育法》第7条规定，国家采取措施，发展农村职业教育，扶持少数民族地区、边远贫困地区职业教育的发展。《高等教育法》第8条规定，国家根据少数民族的特点和需要，帮助和支持少数民族地区发展高等教育事业，为少数民族培养高级专门人才。其三，未成年人权利保障类法律主要以《未成年人保护法》为主体，该法第3条第二款规定，未成年人享有受教育权，国家、社会、学校和家庭尊重和保障未成年人的受教育权。其四，其他通用类法律主要是通过个别条文的规定从救济的角度保护少数民族的受教育权。目前已有学者对此进行了较为深入的研究①。

第三，行政法规的层面，主要是国务院颁布的几个涉及少数民族受教育权保障的法规。如1993年经国务院批准、由国家民委发布施行的《城市民族工作条例》第9条规定，城市人民政府应当重视发展少数民族教育事业，加强对少数民族教育事业的领导和支持。城市人民政府应当采取适当措施，提高少数民族教师队伍的素质，办好各级各类民族学校（班），在经费、教师配备方面对民族学校（班）给予适当照顾，并根据当地少数民族的特点发展各种职业技术教育和成人教育。地方招生部门可以按照国家有关规定，结合当地实际情况，对义务教育后阶段的少数民族考生，招生时给予适当照顾。又如1993年由国务院颁布的《民族乡行政工作条例》第14条规定，县级以上地方各级人民政府应当在师资、经费、教学设施等方面采取优惠政策，帮助民族乡发展教育事业，提高教育质量。

第四，地方性立法的层面。这又可以分为两个方面。一是非民族自治地方对于保护少数民族受教育权的规定，主要是通过规章的方式予以实现。如1996年修改的《黑龙江省城市民族工作

---

① 比较典型的研究成果如梁荣根：《论受教育权的行政诉讼救济》，载《广东广播电视大学学报》2004年第6期；又如盛劲松、李华耕：《受教育权的民事救济》，载《希望月报》2007年12月，等等。但是这类研究成果一般是以普遍意义上的受教育权为视角的，尚待向少数民族受教育权领域的进一步细化和渗透。

条例》第 20 条规定，各级教育行政部门应设民族教育管理机构或指定专人负责民族教育工作。城市人民政府应重视发展城市民族教育，办好民族中学、小学和学前教育、职业教育、成人教育，改善办学条件，提高教育学质量；少数民族较聚居的城市应建立单独的少数民族幼儿园。城市民族工作部门和教育行政部门对各项民族教育补助专款，不得挪用或替代正常教育经费。第 21 条规定，教育、人事部门在分配师范院校毕业生时，应优先照顾少数民族学校。师范院校和教师进修院校应招收一定比例的少数民族学生和教师。各类院校在招生时，对少数民族考生应按有关规定给予照顾。又如《四川省〈城市民族工作条例〉实施办法》第 11 条规定，城市人民政府应当重视民族教育工作，加强对民族学校的领导，制定优惠政策，改善办学条件。城市民族学校的教职员工中，应当配备适当数量的少数民族人员。城市人民政府对民族学校校办企业给予扶持，并根据国家有关规定在资金、场地等方面给予优惠。第 12 条规定，各类学校录取新生时，应当按照国家有关规定对少数民族考生给予照顾。各类学校应当关心民族班和散读的少数民族学生，可以适当提高其助学金、奖学金和生活补助的标准。二是民族自治地方对于保护少数民族受教育权的规定，这主要是通过自治条例和单行条例来实现的。典型的自治条例如《丽江纳西族自治县自治条例》第 52 条规定，自治县的自治机关根据国家的教育方针，制定自治县的教育规划及各级各类学校的设置、学制、办学形式、教学内容、教学用语和招生办法。自治县的自治机关积极进行教育改革，根据各乡（镇）的经济文化发展状况，有计划、有步骤、分阶段地实行九年制义务教育。办好高中教育。搞好中等教育结构改革，加速发展职业技术教育。同时积极发展幼儿教育。自治县的自治机关鼓励企业、事业单位和其他社会力量，举办各级各类学校或者自愿捐资助学，继续开展勤工俭学，努力改善办学条件。第 53 条规定，自治县的自治机关重视发展民族教育事业。对经济困难、居住分散的少数民族山区采取寄宿制、半寄宿制、助学金、奖学金和免费入学等特殊措施；设立民族小学、民族中学；在有条件的中学设立民族班；逐步形成从基础教育到中等教育的结构和层次，加速培养少数民族的现代化建设人才。在不通晓汉语的农村小学低年级，可以采用民族文字课本，并实行双语教学。各级各类学校都要推广普通话。自治县的自治机关要抓好成人教育，开办各种形式的成人学校和开辟各种进修渠道，鼓励自学成才。积极采取措施扫除文盲，在有民族文字的地区，可以用民族文字扫盲。典型的单行条例如《楚雄彝族自治州民族教育条例》，共8章49条，对于少数民族受教育权的保护作了较为细致的规定，这在全国范围内也是不多见的。

二、现行保护少数民族受教育权法律制度的主要成就

纵观我国少数民族受教育权保护制度的发展，期间所取得的诸多成就灿若繁星，归纳而言，主要有如下三点最为突出。

首先，目前相关法律制度的保障客体已经基本覆盖了少数民族受教育权的完整内涵。前文所归纳的四个方面的要点，在现行法律规范中都能够或多或少地寻到踪影。其一，学习的权利。我国自宪法以下都对此作了明确规定，并且常常与义务教育制度的规定相融合。值得一提的是，受教育权是我国宪法所规定的基本权利中少数几个兼具权利与义务性质的基本权利之一。"权利与义务相统一"的法理学一般教义在受教育权上体现得可谓淋漓尽致。一方面，对于受教育者本身而言，学习既是他们的权利，也是他们的义务；另一方面，对于受教育者和其监护人而言，学习是受教育者的权利，同时也是监护人的义务。这种权利诱导性和义务强制性的双重作用，再加上民族平等的重要理念，就构成了我国现行法律制度保障少数民族学习权利的核心内涵和重要基

础。其二，义务教育的无偿化。具体到少数民族的义务教育无偿化而言，又可从两个不同的角度分别切入。一是贯彻义务教育制度的方面，以《义务教育法》为核心，对义务教育的主要制度和重要事项作了框架性的规定，构成了少数民族义务教育实现的制度基础；二是实现少数民族接受国家物质帮助的层面，以《教育法》为核心[①]，规定国家有义务对少数民族实施具体帮助，促进其义务教育的实现，这构成了少数民族义务教育实现的上层建筑。这两个方面互相依存，相互为用，共同保障了少数民族义务教育无偿化的落实与实现。其三，受教育机会均等。少数民族受教育权的中心问题在于少数民族与汉族受教育权实现的机会均等。这一地位在现行法律规范体系中也体现的较为明显，主要表现在，凡是规定了少数民族受教育权的法律规范，基本都涉及了少数民族受教育权机会的均等问题。从《宪法》到《民族区域自治法》，从《教育法》到《义务教育法》到《未成年人保护法》，再到以《民族乡行政工作条例》、《城市民族工作条例》为代表的行政法规，最后到各个地方性立法，无一例外地把受教育机会均等摆在了保护少数民族受教育权的核心地位。可以说，该内容是当前对少数民族受教育权的保护最为全面、保护力度最大的组成部分。其四，接受本民族语言文化教育的权利。我国《宪法》、《民族区域自治法》、《教育法》赋予了少数民族使用和发展本民族语言文字的权利。例如，《教育法》第12条规定，汉语言文字为学校及其他教育机构的基本教学语言文字。少数民族学生为主的学校及其教育机构可以使用本民族或当地民族通用的语言文字进行教学。1992年国家教委颁布的《全国民族教育发展与改革指导纲要》（试行）也对此做了类似规定。此外，《民族区域自治

[①] 《教育法》第10条规定，国家根据少数民族的特点和需要，帮助各少数民族地区发展教育事业。

法》第 36 条、《民族乡行政工作条例》第 14 条、《吉林省散居少数民族权益保障条例》第 10 条、《辽宁省散居少数民族权益保障规定》第 17 条也有"少数民族有权接受本民族语言文化教育"的规定。目前,我国少数民族已经基本实现了"以汉语授课为主,加授民族语"、"以民族语授课为主,加授汉语"和"以民族语授课为主,逐步过渡到以汉语授课为主"的三种实践模式①。

其次,基本形成了从中央立法到地方立法、从宪法到法律到法规再到其他规范性法律文件的一套完整的法律体系。对于这一点可以分别从两个维度进行衡量。其一,从宪法到法律的维度。在宪法学领域内,提到宪法权利的保障问题,最直接相关的就是宪法权利的保障模式问题。从目前各国的实践来看,存在直接保障模式和间接保障模式的区分②。所谓宪法权利的直接保障模式,简言之就是以宪法本身具有的机制对宪法权利进行保障,即宪法层面的保障。这种机制实现的基础,在于赋予宪法权利规范以直接的法律适用效力。所谓间接保护模式,是指宪法权利的保障职责由位于宪法之下的各部门法来完成,这是一种部门法层面的保障方式。目前世界上采用间接保障模式的国家并不多见,其

---

① 陆平辉:《散居少数民族权益保障研究》,中央民族大学出版社 2008 年版,第 308 页。据了解,目前这三种模式中以第二种"以民族语授课为主,加授汉语"所受到的挑战和阻力最大。这主要是由于汉语言文化的比较强势地位所造成的。如内蒙古自治区的蒙语学校招生规模逐年萎缩,家长从未来升学、就业、发展诸多综合性因素考量,都更愿意让孩子进入汉语学校就读。这对于蒙语言文化的传承和发展无疑是极为不利的,而单纯的政策性强制显然又不可取。我们认为只有使就业发展与民族语言的教学构成良性互动机制,才能从根本上引导"以民族语授课为主,加授汉语"的模式走出目前的困境。对于这一点,在下文中还会有详细的论述。

② 胡肖华教授曾对这些制度进行了较为详细的归纳总结,参见胡肖华:《宪法诉讼原论》,法律出版社 2002 年版,第 103—106 页。另外,湘潭大学的欧爱民副教授也采用了类似的分析方法。参见欧爱民:《破译宪法的实践密码》,法律出版社 2006 年版,第 85—92 页。

中以我国最为典型。依照我国的实践,在"公民权利——国家权力"关系中,主要依靠行政法律(即行政法和行政诉讼法)来调整;在"公民权利——公民权利"关系中,主要依靠民事法律(即民法和民事诉讼法)来调整;不论是在"公民权利——国家权力"关系中还是"公民权利——公民权利"关系中,只要某违法行为后果的严重性达到一定程度,则以刑事法律(即刑法和刑事诉讼法)进行最后的控制。可见,影响间接保障模式现实效果的关键,在于宪法权利向法律权利的充分转化。所谓充分,一方面是指一国的法律权利能够完全覆盖宪法权利所涉及的范围,另一方面是指这些法律权利的内涵能够充分还原宪法权利条款的原意。因此,对于采用间接保障模式的国家而言,倘若某一宪法权利能够得到法律的充分确认、细化和还原,那么该权利的现实保障效果就能得到一定程度的保证。反观我国的少数民族受教育权,既得到了宪法层面的基础性支持,又得到了法律层面的制度性支撑,虽然尚有许多细节有待改进,但至少从结构上而言已经初具雏形了。其二,从中央立法到地方立法的维度。就普遍性的角度而言,我国法律对某项权利的保护一般是由宪法作原则性、指向性的规定,进而由法律作进一步的细化和补充,最后由地方性立法进行操作性的完善或变通性规定。可以说,在权利保护的过程中,中央和地方的立法在主旨上内在统一,在分工上互有侧重,在效力层级上高低有别,在重要性上均不可或缺,而少数民族受教育权的法律保护实践则正好契合了这样一种应然的状态。就特殊性的角度而言,我国幅员辽阔,少数民族众多,各地、各民族的客观情况差异较大,除了普遍的原则性要求之外,我们不能强求在中央立法的层面能够针对全国各地的情况一一作出详细的规制,因此,地方性立法在中央立法意旨、原则的指导下结合本地方实践作出切合客观现实的规定,是确保各地灵活、有效、充分地保护少数民族受教育权的重要条件。此外,我国少数民族的分布呈现聚居和散杂居两种状态,这也需要通过从中央到地方的"一条龙式"的立法实现个体差异的细节性均衡。

最后,现行的少数民族受教育权保护法律制度收到了一定的积极效果①。第一,加强对少数民族教育的管理和指导,健全民族教育体系。1981年,教育部恢复了民族教育司,随后民族教育迅速恢复并获得了长足发展。截止2002年,全国已有民族学院(大学)12所,全国各级普通学校少数民族学生达1991万,专任教师98万,其中普通高校中的少数民族学生达54.1万人,占普通高校在校学生总数的5.99%。第二,通过设立教育资金,拨出教育专款扶持少数民族的教育。由于各方面因素的综合影响,我国少数民族教育发展水平十分落后,普遍面临校舍、师资、资金等多方面的困难。自1985年起,国家每年拨出1亿元作为普及小学教育基建专款,帮助少数民族地区解决办学经费不足的困难。从1990年起,国家每年拿出2000万元设立少数民族教育补助经费,用于扶持民族地区发展教育事业。相关法律中关于"帮助少数民族地区教育发展"的规定在现实中得到了良好的遵守和践行,也使得少数民族受教育权得到了切实贯彻和落实。第三,对少数民族学生实行特殊的优惠政策。例如,在招生录取上对少数民族学生既实行择优录取又实行适当比例的照顾。目前我国高校的招生采取了根据当地的实际情况适当降分录取或同等分数优先录取的方法。此外,一些省市还采取了"定向招生、定向分配"的方法解决边远地区少数民族学生受教育问题②。第四,创办各种类型的民族学校和民族班。十一届三中全会以来,

---

① 这部分内容参见陆平辉:《散居少数民族权益保障研究》,中央民族大学出版社2008年版,第309—312页。

② 在高端人才的培养上,全国部分高校还实施了"民族骨干计划",对于报考民族骨干计划的硕士生、博士生实行降分录取、免学费、提供补助等优惠政策。

我国既在少数民族人口集中的地区恢复设立了一批民族中小学，还在人口稀少、居住分散、交通不便的散居少数民族的牧区和山区发展了寄宿制、半寄宿制的民族中小学。目前，寄宿制的民族中小学已成为我国少数民族牧区和山区的主要办学形式。从20世纪80年代中期开始，还采取了异地办学的形式帮助西藏地区的教育发展。另外，在高等教育的层面，除了兴办民族大学[①]之外，还在内地高校开设民族班各民族预科班，为少数民族教育事业的发展和人才的培养作出了突出的贡献。

三、现行保护少数民族受教育权法律制度的不足

探讨少数民族受教育权保护法律制度的完善和发展，其前提是明确现有制度的不足。对于这一点，本书第四章的部分内容曾作了较为详细的分析。现仅以"保护少数民族受教育权法律制度"的不足为着眼点，归纳总结一下相关的问题和结论，为"完善"和"发展"部分的展开提供有力的基础支撑。本部分仍然按照法律位阶由高到低的思路展开。

1. 宪法的层面

从理论上来说，少数民族受教育权属于宪法权利。目前我国宪法的权利分为已列举权和未列举权。前者是指在我国宪法第二章"公民的基本权利和义务"中得到明确表述的那部分权利，如平等权、选举权和被选举权等。后者是指没有被宪法文本明确列举的权利，又可以分为非真正未列举权、半真正未列举权和真正

[①] 目前，全国性的民族大学共有6所，地方性的民族学院还有更多。

未列举权①。根据一般理论和实践，从已列举权到非真正未列举权再到半真正未列举权最后到真正未列举权，其被保护的力度和效果是依次递减的，也就是说，倘若目前身为非真正未列举权的少数民族受教育权能够上升为已列举权的话，无疑对于该权利的保护具有重大意义。于是，宪法层面的第一个问题便应运而生：少数民族受教育权是否有必要在修宪过程中明确列入宪法第二章，从而成为已列举权呢？我们认为，目前尚不需要如此，原因有二。其一，少数民族受教育权的客体指向是少数民族群体，并不涉及全体公民。而宪法第二章中已列举的诸权利的客体绝大多数指向的是全体公民，可见客体的普遍性是成为已列举权的重要条件之一。当然，现有的已列举权中也有部分权利的客体是特定的易处于弱势地位的公民群体，如第 48 条关于妇女的权利、第 50 条关于华侨归侨的权利等，但是这类权利的内涵广泛，普遍涉及相关权利主体社会生活的方方面面，而少数民族的受教育权涉及的仅是少数民族群体的诸多社会权利中的一项——受教育权，因此不能与妇女、华侨、归侨的权利同日而语。其二，虽然目前少数民族受教育权并未列入已列举权的行列，但是其宪法层面的依据仍然比较充分，原因就在于该权利处于现有的数项已列

---

① "非真正未列举权利"是指当人们主张某项应当受宪法保障的基本权利时，该项基本权利虽未规定在宪法列举的基本权利之中，但可以从宪法明确规定或所列举的基本权利之中引申出来，或者包含在已经列举的基本权利的保护范围论宪法未列举权利内，或者在已经列举的基本权利的"有效射程"之内。"半真正未列举的权利"是指某项所谓的基本权利的部分内容已经在列举的基本权利的保护范围之内，但却不能将其完全涵盖其中，需要由宪法中的基本权利概括条款提供进一步的补充保护时，该基本权利就属于半真正未列举的基本权利。"真正未列举权利"是指当人们主张某项应当由宪法保障的基本权利，而该基本权利既没有为宪法明确列举，也没有为宪法的概括条款所规定，更不能由宪法已经列举的基本权利之中推衍出来。参见王广辉：《论宪法未列举权利》，载《法商研究》2007 年第 5 期。参考以上定义，本书所探讨的少数民族受教育权实际上属于"非真正未列举权"。

举权相互交叉的中心地带。宪法序言中明确规定了平等、团结、互助的社会主义民族关系；第 33 条规定的平等权明确了民族平等的问题；第 46 条的受教育权明确了接受教育尤其是义务教育的问题。可见，虽然并没有明确提出"国家保障少数民族受教育权"，但事实上这一思想和方针已经是现行宪法的题中之义，其现实保障效果并未因没有被明确列举而打折。综上，少数民族受教育权目前不必在宪法中明确加以列举以提高其保障效能。

宪法层面的第二个问题，是少数民族受教育权的宪法保障问题。本章前文已经指出，我国对于宪法权利的保障采用间接保障模式，即通过宪法权利向法律权利的转化而实现保障效果。毋庸置疑，间接保障模式具有诸多优点。第一，它将宪法置于一国法律体系的顶端，所有的具体法律规范都在宪法的指导下展开，最大限度地维护了宪法的权威。第二，对于宪法文本不可避免的抽象性、概括性，间接保护制度最大限度地发挥了宪法的立法指导作用——以宪法条文为基本原则，进而通过相对应的部门法或次部门法将该条文的意旨具体展开，最终形成一套较为系统、严谨、有效的法律制度。更为重要的是，这种法律对宪法展开的工作也是由立宪机关完成的，不论在权限上还是内容上都能最大限度地保障宪法原义的正当体现。然而，间接保障模式也有某些自身难以克服的缺陷。第一，保障范围难以周延，即并非所有的宪法权利都能够转化为法律权利而成为部门法保护的对象。一方面某权利由于其极端重要性被作为根本大法的宪法所确认，另一方面该权利又由于没有得到部门法的保护而在被侵害时无从救济，这种悖论构成了对间接保障模式的最大嘲讽①。第二，法律法规制定主体的非单一性，一方面，使得宪法权利在具体化的过程中，不同立法主体对同一宪法权利作出不同的解读，不可避免导致出现曲解宪法权利原意的情形；另一方面，对于一些政治背景复杂的宪法权利，立法主体往往退避三舍而不愿意立法，致使宪法权利保障中的立法不作为现象经常出现。虽然我国曾在保护公民受教育权的领域出现过以宪法为直接依据的判例，但从目前情况来看，这种"宪法司法化"式的权利保障方式的发展举步维艰②，对于少数民族受教育权的保护而言，无疑是极为不利的。也就是说，虽然目前难以实现，但从最大限度保护少数民族受教育权的角度而言，得到宪法的直接保护却是非常重要的。

2. 法律的层面

按照法理学的一般观点，一项法律制度的最终实现要经历法律的制定和法律的实施两个重要环节。纵观我国当前关于少数民族受教育权保护的法律规范，在制定和实施两个方面都或多或少地存在问题。

---

① 郑毅认为："一国的法律规范结构在理论上呈现正金字塔型，宪法处于该结构的塔尖，总领其他一切法律规范；各级法律、法规等规范性文件按照各自的法律位阶依次纵向排列，最后在金字塔的底部完成理论对实践中可能出现的一切法律关系的周延性覆盖。但是当部门法在某一法律关系的调整上结构性缺失时，只有位于最高层次的宪法进行'越级的关怀'，才可能在一定期间内、一定程度上继续维持对于实践中的一切法律关系的周延性覆盖。"这实际上是认为应当采用"以间接保障模式为主，以在必要情况下赋予宪法规范直接适用性作为有效补充"的权利救济模式设计。参见郑毅：《浅析宪法对公民基本权利保护之完善——从界定准违宪责任的视角》，载《法制与社会》2007年第8期。

② 2008年12月中下旬，最高人民法院废除了部分司法解释，其中对被誉为"中国宪法司法化第一案"的"齐玉苓案"所做的司法解释赫然在列，学界普遍认为这或许意味着中国的宪法司法化之路"一夫不返"。与此同时，全国人大常委会也以非正式的方式叫停学界关于宪法司法化问题的研究，持续近十年的关于"中国宪法直接适用问题"的研究戛然而止，不禁令人扼腕唏嘘。

首先，在立法的方面存在诸多可以改进之处。第一，现有法律对于少数民族受教育权的规定过于笼统。不论是少数民族权益保障角度的《民族区域自治法》，还是受教育权保障角度的《教育法》、《义务教育法》、《职业教育法》，对于少数民族受教育权的涉及往往只有一两个条文，而且这些条文大同小异，无非是规定少数民族的平等受教育权、地方各级政府的扶持和援助义务等，原则纲领性规定趋同，细节操作性规定缺位。或许从立法分工的角度而言，在全国通行的法律层面本不必对于这些问题作细化的规制，因为这一任务更适宜由地方立法承担，但是当我们反观地方相关立法时，却发现除了极少数的关于少数民族受教育权的单行条例之外[①]，绝大多数的地方立法仍只是简单地照抄照搬全国性法律中这本就单薄的几条规定，根本没有细化的效果可言。因此，以上几部重要的全国性法律对于少数民族受教育权的规定应当有所细化和扩充。第二，对享有少数民族受教育权的群体过多集中在聚居少数民族（尤其是实施区域自治的少数民族）上面，忽略了散杂居少数民族的受教育权保障。我国少数民族的分布向来有"大杂居、小聚居、交错杂居"的特点，可分为聚居少数民族和散杂居少数民族两类。前者以民族区域自治制度为制度主体，通过《民族区域自治法》进行规制，其权益能够得到较为充分的保障。而散杂居少数民族由于民族成分复杂、居住分散，在统一的管理和权益保障上存在诸多困难，没有全国统一的法律，而往往是通过地方性立法加以规制[②]。这些地方性法律规范普遍存在着效力等级低、地区间差异巨大导致同权不同享等问

[①] 例如前文提到的《楚雄彝族自治州民族教育条例》，共8章49条，对于少数民族受教育权的保护作了较为细致的规定，但这在全国范围内却是比较少见的。

[②] 如广东省、北京市、上海市、重庆市、吉林省、云南省等均出台了《散居少数民族权益保障条例》，在效力等级上均属于省级政府规章。

题，而散杂居少数民族受教育权的保障更是这一系列问题中的突出一项，体现出聚居少数民族（尤其是实行民族区域自治的少数民族）与散杂居少数民族间在受教育权保护问题上的严重不均衡性。第三，缺少一部专门对少数民族受教育权进行针对性规制的法律。从本书对少数民族受教育权的研究中可以看出，少数民族受教育权的保护问题看似有限，实际上牵涉甚广——政治、经济、法律、社会等各方面的问题都有涉及，而且还常常与党和国家相关的政策互相牵连，其中任何一个实体或协调环节出现差池，都将直接影响权利保障的最终效果。要理顺如此一批综合性强、牵涉广泛、错综复杂的关系，单靠纯粹的民族类立法或者教育类立法都显然难以胜任。因此，有必要出台一部专门针对少数民族受教育权的法律，对这一权利进行全方位的细致保护。目前，已经有学者认识到这一问题并进行了初步的探讨，但仍有许多问题尚待厘清。[1] 值得一提的是，除去立法的内容不谈，统一的《少数民族教育法》与现行的《民族区域自治法》、《教育法》等法律中相关条文的关系如何理顺，也是一个比较重要并应给予妥善解决的技术问题。第四，法谚有云"无救济则无权利"，可见一项权利能否实现，其中关键问题之一就在于救济途径是否通畅、救济方式是否有效，少数民族受教育权的救济也不例外。在法治社会，权利救济的最有效方式莫过于司法救济，亦即通过司法机关对纠纷的介入达到定纷止争的效果。目前我国的司法救济共有三种途径，即民事诉讼、行政诉讼和刑事诉讼。利用这三类

---

[1] 如有的学者提出制定一部《少数民族高等教育法》，参见胡建川：《中国少数民族高等教育法立法初探》，载《高等教育与学术研究》2008年第9期。我们认为，这一建议只涉及少数民族高等教育法制化，忽略了少数民族义务教育、少数民族高职教育等其他领域，从统筹协调立法资源的角度来看，还是制定一部统一的《少数民族教育法》更为适宜。当然，该论文的观点仍不失为一次对于少数民族受教育权保护法制化问题的有益探索。

诉讼方式救济少数民族受教育权似乎都有法可依。如《教育法》第九章关于"法律责任"的规定中，民事责任、行政责任和刑事责任都赫然在列。但通过分析可以发现，刑事责任一般是针对比较严重（即达到"犯罪程度"）的侵害受教育权的行为进行惩治，而行政责任则更多地被表述为"行政处分"（如第74—76条、第78条、第79条），似乎更加倾向于被认定为一种内部行政处理而排斥了司法审查的可能性。因此，《教育法》中所规定的对于侵害少数民族受教育权的惩治方式更多的是一种民事责任[1]。然而，在很多情况下，侵害少数民族受教育权的行为主体往往是具有行政主体资格或者应当适用行政法予以规制的，统一适用民事责任的做法无疑使这一部分主体的侵权行为游离于司法审查之外。[2] 因此，对于少数民族受教育权的司法救济问题，尚待进一步的探讨。

其次，实施环节中的诸多方面尚不尽如人意。第一，法律对于少数民族受教育权的保护规定并没有得到下位法的良好贯彻。在量上，下位法并没有根据法律的相关规定厘定少数民族受教育权的内涵和外延，造成该权利从概念到制度的无端虚化。而上述法律作为少数民族受教育权保护的原则和纲领，也由于没有得到下位法的有效支持而沦为徒具原则、纲领外壳的空架子，更遑论在实践中产生既定的效果。在质上，上述法律对于少数民族受教

---

[1] 这一点在《教育法》中也有较为明确的规定，该法第81条规定："违反本法规定，侵犯教师、受教育者、学校或者其他教育机构的合法权益，造成损失、损害的，应当依法承担民事责任。"

[2] 事实上，近来在我国各地纷纷出现的在校学生状告母校的案件已经说明了这一问题的严重性，虽然我国的《行政诉讼法》并未将这部分案件纳入行政诉讼的受案范围，但是随着行政法学中"特别权力关系"理论的崭新发展以及我国司法实践的需要，这类案件已经成为我国行政诉讼制度中一类重要的研究对象。有学者也曾对此进行过专题研究，参见湛中乐：《高等教育与行政诉讼》，北京大学出版社2003年版。

育权的规定缺乏实际操作性，看上去与宪法条文的宣示状态并无本质差别，更未规定相关的法律责任与之相适应。试问如此一批既难以操作又无有效制裁条款对实施予以保障的法律条文，如何担当实现少数民族受教育权全方位保护目标的重任？第二，有些条文的规定脱离实际，根本难以贯彻。如《民族区域自治法》第37条规定："民族自治地方的自治机关自主地发展民族教育，扫除文盲，举办各类学校，普及九年义务教育，采取多种形式发展普通高级中学教育和中等职业技术教育，根据条件和需要发展高等教育，培养各少数民族专业人才。民族自治地方的自治机关为少数民族牧区和经济困难、居住分散的少数民族山区，设立以寄宿制为主和助学金为主的公办民族小学和民族中学，保障就读学生完成义务教育阶段的学业。办学经费和助学金由当地财政解决，当地财政困难的，上级财政应当给予补助。"一方面，虽然规定了民族自治地方的自治机关有义务发展本地的民族教育，但是我国民族自治地方大多经济发展落后，财力有限，如何能够切实贯彻该条的要求？另一方面，虽然规定了当地财政紧张时上级财政的补助责任，且不提上级财政是否有能力进行补助，即使有能力，那么具体的补助标准、补助程序、补助分配规则又为何？可见，即使是有限的这几条保护少数民族受教育权的条文，在实践中也颇难真正实现。

3. 行政法规的层面

前文曾经提到了几个关于少数民族受教育权保障的行政法规，通过分析其内容就可以直观地发现，其内容间的趋同性严重，且都体现出比较宽泛、空洞的特点，可以说，现行的行政法规中关于少数民族受教育权的规定根本没有起到将法律加以细化、确认和完善的应有效果。因此，从广度上而言，行政法规的规定范围有限，更多的是对相关法律条文的"依样画葫芦"；从深度上而言，现行的行政法规也未从内容具体化、规范操作化等方面完成与相关法律进行良好衔接的立法任务。况且,非但在内容上与法律趋于雷同,其效力又低于法律,这种行政立法的实施现状,的确令人堪忧。

行政法规层面的另一个问题,在于行政法规法律化的问题。由于位阶上高低有别,倘若行政法规的规定能够上升为法律,那么对于少数民族受教育权的保护无疑是十分有利的。问题是,是否所有关于少数民族受教育权的行政法规都需要法律化？这需要进一步的分析。《立法法》第56条第二款对行政法规的使命(或者说功能)作了明确规定:"行政法规可就下列事项作出规定:(一)为执行法律的规定需要制定行政法规的事项;(二)宪法第八十九条规定的国务院行政管理职权的事项。"可见,第一项的内容既包括对法律的细化规定也包括对执行法律的规定,而后一项属于国务院的既有职权。因此,第一项中关于对法律进行细化的内容和第二项的内容,在重要性达到一定的程度后,国务院是可以申请全国人大及常委会以既有的行政法规为基础制定相关法律的,亦即具有"行政法规法律化"的必要与可能,而对于第一项中为了便于执行法律而制定的行政法规,从立法的投入产出比来看则并不一定要上升为法律。回到少数民族受教育权保护的问题上,对于以上的规范类型实际上均有涉及。因此,不应笼统地强调"保护少数民族受教育权的行政法规法律化"的问题,而是应当具体情况具体分析。

4. 地方性立法的层面

前文已经指出,我国的少数民族分布可以分为实行民族区域自治地方的少数民族和散杂居少数民族两类。这两类少数民族受教育权的保护因影响因素的差异而体现出诸多不同。因此,有必要分别予以分析。

首先,实行民族区域自治的少数民族受教育权的保护。实行民族区域自治的少数民族受教育权的保护的最大优势,在于能够利用自治条例、单行条例等法律形式进行集中、细致的规制。而目前利用自治条例和单行条例保护少数民族受教育权的现状却难以令人满意。第一，自治区一级的自治条例至今仍尚付阙如。纵观我国自治区自治条例的制定历程，虽然持续达几十年之久，但至今仍未有一部自治条例出台，究其原因，多种多样，但有一点是可以肯定的——自治区自治条例的迟迟难产，严重阻碍了民族自治地方诸多工作的展开和深入，其中就包括少数民族受教育权的保护问题。虽然目前五大自治区普遍采用地方性法规、地方政府规章等方式试图替代自治条例的规制内容，但是这些通用性立法形式与自治条例相比难以突出民族区域自治与实行民族区域自治制度的少数民族相关权益的保护。因此，在适当时候重启自治区自治条例的制定工作对于实行民族区域自治的少数民族的受教育权的保护具有重要意义。[①]第二，自治区一级的教育单行条例已取得相当的发展，如广西壮族自治区 1992 年通过的《广西壮族自治区教育条例》。而宁夏回族自治区则在这一方面走在了兄弟自治区的前列，出台了一系列关于教育的单行条例，对本区的少数民族受教育权作了全方位的保护，如 1993 年颁布的《宁夏回族自治区义务教育条例》、2001 年颁布的《宁夏回族自治区民族教育条例》、2004 年颁布的《宁夏回族自治区教育督导条例》等。但是，尚有部分自治区没有关于民族教育的单行条例，这无疑是需要填补的空白。第三，自治州、自治县一级的自治条例虽然大多涉及了少数民族受教育权的保护问题，然而相关条文的规定过于笼统，缺乏实际操作性，大多是上位法甚至是其他民族自治地方相关规定的翻版，难以实现切实的保护作用。第四，自治

[①] 国家民族事务委员会已经有计划地重启自治区自治条例制定工作的先期调研，2008 年由中央民族大学法学院陆平辉副教授承担的国家民委课题《自治区自治条例制定过程中的问题研究》（GY—2008—077）就对此展开了细致的调研和论证。

州、自治县一级的单行条例较为发达，不但覆盖面广，而且能够根据本自治地方的客观情况进行较为细致的规定，具有良好的可操作性。自治州层面的如 1994 年的《延边朝鲜族自治州朝鲜族教育条例》、2003 年的《黔西南布依族苗族自治州教育条例》、1997 年的《甘肃省临夏回族自治州教育条例》、1999 年的《云南省红河哈尼族彝族自治州民族教育条例》等。自治县层面的如 1995 年的《大厂回族自治县教育条例》、1999 年的《甘肃省东乡族自治县教育条例》等。综上，在地方性立法层面实行民族区域自治的少数民族的受教育权的保护问题主要集中在自治区自治条例的制定和自治区教育单行条例的完善上面。

其次，散杂居少数民族受教育权的保护问题。前文已经涉及，这类立法主要是各省市制定的《城市民族工作条例》（如《黑龙江省城市民族工作条例》）或对国务院制定的《城市民族工作条例》的具体实施的规定（如《四川省〈城市民族工作条例〉实施办法》）。与民族自治地方对于少数民族受教育权的保护制度相比，散杂居少数民族受教育权的保护至少在如下方面处于劣势。第一，由于不像民族区域自治地方那样拥有全国统一的《民族区域自治法》这样一种基本法律，使得散杂居少数民族的权益保障问题一直呈现位阶低、散而杂的特点。这对于散杂居少数民族受教育权的保护无疑是非常不利的。因此，虽然基层立法比较充分，但只是量有余而质不足，难以真正实现对散杂居少数民族受教育权的良好保护。第二，从内容上看，现行的散杂居少数民族的受教育权保护制度基本脱胎于国务院的《城市民族工作条例》，这只是一部笼统地对全国各城市的民族工作予以规定的行政法规，且不说效力等级偏低，更重要的在于它并不是一部专门规定散杂居少数民族受教育权的规范性法律文件。因此，将该条例进行细化规定的过程中对散杂居少数民族受教育权保护问题的涉及的深度和细度也就可想而知了。第三，由于缺乏统一的全国性立法的指导,各地对于散杂居少数民族受教育权的保护制度千差万别,虽然这是由于各地的客观实际造成的,但是却在事实上造成了同样的散杂居少数民族受教育权在各地所得到的保护广度和程度均不平等的状态,这无疑不利于我国少数民族受教育权实现均衡发展之最终目标的实现。

四、造成当前少数民族受教育权保护制度不足的原因分析

一般说来,受教育权的保护涉及主体有三,即国家(包括立法机关、教育机构、用人单位)、受教育者和受教育者的监护人,而对于造成当前少数民族受教育权保护制度不足的原因分析,至少也应当从以上三个方面入手。此外,我们还将从其他因素的角度作一简要分析。

1. 国家法制作为的不足

首先,立法上的欠缺。通过前文的分析可以清楚地发现,目前立法的不完善是我国少数民族受教育权法律保护所面临的最大问题所在。不论是中央立法还是地方立法,不论是原则纲领性立法还是实际操作性立法,都或多或少地存在一些不尽如人意的地方。这主要是由如下原因导致的。第一,对少数民族受教育权进行法律保护的理念偏差。我国对于民族工作的规制长期以来是按照政策手段为主、法律手段为辅的思路展开的,这在特定的历史条件下契合了对民族工作灵活性的要求,但也在另一方面造成了民族政策饱受变化过于频繁且权威性不足的困扰。改革开放以来,尤其是现行《宪法》和《民族区域自治法》出台之后,这一现象得到了逐步扭转。国家也逐渐认识到民族工作法制化是在新时期维护民族团结、促进民族交流、实现各民族共同发展的根本手段,于是一批各个层级的民族立法纷纷出台,从客观上促进了民族工作法制化进程的实现。但是从目前的情况来看,有关的法律规定仍然较为抽象,许多对少数民族受教育权的发展产生过重

大影响的举措仍是以相关的政策、文件为依托的。可见，民族工作法制化的进程依然"路漫漫其修远"。第二，少数民族受教育权的法律保护研究不足，直接导致立法实践的滞后。纵观坊间的既有研究成果，虽然有部分关于少数民族受教育权的论文，但数量仍然十分有限，质量仍然有待提高。而关于少数民族受教育权的专题式的著作，似乎也当推本书为开创先河之作。理论研究的滞后必然为实践的发展带来消极影响。第三，我国关于少数民族受教育权既有立法十分单薄，完善工作量大任重。因为前期"欠债"过多，必然会加大完善性工作的规模和难度。第四，我国的立法技术有待提高。我国立法技术粗糙，与法治发展水平、立法体制、立法人员水平等诸多因素息息相关，除了少数民族受教育权之外，在其他各门各类立法中几乎都有明显的印记。立法技术的提高显然也不是一朝一夕能够实现的，而是需要经历一个漫长的积累和转变过程。

其次，司法上的欠缺。这主要体现为在侵犯受教育权的案件中司法介入严重不足。第一，《教育法》所规定的对侵害受教育权的行为进行的司法救济主要与民事责任相对应，而且更多地被限定在人身权和财产权的范围内，因此实际的保护作用十分有限。因此，对于受教育者影响更为巨大的教育行政机关、高等学校侵害受教育权的案件的司法救济还需要行政诉讼的介入。虽然目前尚未出现具有重大影响的侵害少数民族受教育权的行政诉讼，但"田永诉北京科技大学案"、"刘燕文诉北京大学案"等一系列关于受教育权行政诉讼救济的案例无疑已经为我们找到了一条切实可行的实践之路。可以预计，缺少行政诉讼的加入，少数民族受教育权的保护的目标将难以实现。第二，即使是进入行政诉讼程序的受教育权案件也由于相关司法制度的缺位而面临"同案不同判"的尴尬境地。可见，相关司法制度的迅速完善是确保少数民族受教育权免受侵害的又一有力屏障。

2. 受教育者意识有待提高

随着社会主义法治建设事业的不断向前迈进，我国公民的权利意识已经极大觉醒，公民自觉维护自身合法权益免受侵害的案例也越来越多。毋庸置疑，对于一项法律制度的进步而言，完善的立法、妥当的执法、有效的司法都是外源性的推动力，而只有权利人个人权利意识的本质提高，才是决定该制度进步能否产生飞跃效果的内源性动力。虽然我国公民权利意识觉醒与提高的趋势不断发展，但是由于地处偏僻、文化水平有限、经济不发达、信息交流不通畅等诸多因素的共同影响，我国少数民族群体的权利意识还在很大程度上落后于发达地区甚至全国平均水平。在受教育权的论域中，一方面表现为受教育者自己不愿意接受教育[1]，另一方面表现为当自己的受教育权面临非法侵害的时候，大多数少数民族公民未能建立良好的权利维护意识，这就导致他们往往缺乏能动地同侵害权利的行为相斗争以维护自己的受教育权。这一点在少数民族地区女童受教育权的实现所面临的问题上表现得尤为突出。许多少数民族传统的生产、生活方式和落后的观念习俗，培养了女性的弱化人格和低水平的认知。在人格上，农村女孩从呱呱落地时起，就不断受到亲朋、邻里以及社会各方面的暗示——女不如男，且耳闻目睹并亲身体验到因性别不同而受到的不公平待遇，并不断加深了女童对女不如男的认识，逐步形成自卑心理。心理上的自卑导致自我期望值低下和自我肯定

---

[1] 如有学者曾对这一问题进行了田野调查，在访谈中深化了了解——有老师反映："我们这儿的学生很喜欢在外面游荡，每天都会有学生不来上课，跑出去玩摩托车，家长不管，老师也管不了。""也有一些学生，其实他家里还是能供得起上学的，但是还是观念上觉得读书无用，就不来上学。""曾经有个学生考上了一所本科大学，却因为路途遥远，放弃了去上大学的机会。类似的情况还不少。"参见罗爽、苏金燕：《西部少数民族地区受教育权利意识现状、问题与对策》，载《中国教师》2009年3期。

意识弱化。这些不良心理潜移默化地感染并麻痹着女童,成为她们上学的严重心理障碍。[①] 可见,少数民族受教育者权利意识普遍低下的现状,的确令人忧虑。

3. 受教育者监护人的观念尚须进步

众所周知,受教育者(尤其是义务教育阶段的受教育者)能否实现其受教育权,很大程度上取决于其监护人。然而,在许多少数民族受教育者的监护人的观念中,是不大支持受教育者接受教育的。当然其中一部分是由于家庭经济不堪重负,而除此之外,还有许多其他因素值得深思。

首先,"读书无用论"的影响。在少数民族群体中很多传统观念认为读书无用,送孩子去读书是浪费时间和金钱,远不如习得一技之长更有价值。[②] 因此,很多适龄少数民族受教育者逐渐疏远了正规教育。根据最近的报道,由于就业压力空前巨大,社会上更是弥漫着一种"毕业即失业"的悲观论调,直接导致今年高考报名人数大幅下滑,许多应届高中毕业生放弃高考而另求生路,其中以西部地区尤为严重。而在放弃了高考的毕业生大军中,又有相当一部分比例是少数民族学生。虽然放弃高考并不意味着必然放弃受教育权,但是"读书无用论"的影响可见一斑。

其次,少数民族地区"重男轻女"的落后观念根深蒂固,导致大量少数民族女生的受教育权被剥夺。女性是社会的主体结构之一,没有了女性,整个社会及其发展必然会失衡。由于我国传统的性别教育歧视,尤其是西部少数民族特有的文化习俗以及少数民族认识水平的影响,西部地区少数民族女童一生下来就处在

---

① 陈化育、陈中蕾《西部少数民族贫困地区女童教育的艰难与抉择》,载《青海民族学院学报》(社会科学版)2009年第2期。

② 罗爽、苏金燕:《西部少数民族地区受教育权利意识现状、问题与对策》,载《中国教师》2009年3期。

家庭和社会的边缘。在很多人的意识中,女孩是别人家的人,没有必要操心,任其自然成长。女性的社会功能和作用被定格为繁衍种族,而且要以生下男孩为荣,其余的社会化问题统统被搁置,受教育的问题也就无法提到议事日程上。在这种认识的影响下,许多女孩只要懂得一些简单家政即可,会生孩子、会操持家务、会服侍自己的男人成了她们一生全部的教育内容。即便是被送到学校里,其目的也只是为认识几个字而已,所以受教育的生命极其短暂。①

最后,如前文所述,许多民族的传统宗教理念制约了少数民族受教育权的发展。

4. 其他因素分析

除了上述主要的因素之外,一些客观因素的存在也是导致少数民族受教育权的法律保护难以实现的重要原因。这里仅以经济因素和自然因素为例。

首先,经济因素。少数民族大多分布在比较偏僻的地区,经济落后、交通不便已成为少数民族地区的代名词。这一方面导致当地政府的财政十分紧张,即使法律明文规定各级财政要对本地的教育给予足够的支持,但当地政府只能是"心有余而力不足";另一方面,地域经济的落后导致人民收入有限,客观上也严重阻碍了少数民族受教育权的保障与实现。在地方财政捉襟见肘的情况下,国家的教育类补贴也就显得杯水车薪。教育经费不足,教学设施、师资力量等诸多重要方面也就必然会受到冲击。因此,探索新的教育财政解决方案以充实少数民族地区的教育经费,才是从根本上解决经济落后的少数民族地区受教育权保护问题的关键。

---

① 陈化育、陈中蕾:《西部少数民族贫困地区女童教育的艰难与抉择》,载《青海民族学院学报》(社会科学版)2009年第4期。

其次，自然因素。第一，某些环境因素对人体本身的影响阻碍了少数民族受教育权的实现。如自然环境因素对受教育权意识的影响在云南西双版纳地区表现尤为明显。西双版纳地区属热带季风气候，因此该地区居民普遍成熟得较早。在这种情况下，尚处在受教育阶段的学生特别是女生的性意识萌发较早，早婚现象突出，故而学生常常会因为结婚而放弃学业。[①] 第二，恶劣的自然条件对少数民族受教育权的影响。在广大的山区和牧区，人口相对稀少，少数民族群众居住分散，往往方圆几十公里乃至上百公里内的适龄学生需要在一个学校里就读，这就使得求学之路极为艰辛。虽然许多地方通过兴办寄宿制学校来缓解这一问题，但是紧张的资金又使得该方案的具体施行举步维艰，更何况对于一些年龄比较小的学生而言，过早的住校生活又会加剧他们对于上学的抵触情绪，形成恶性循环。

第三节　我国少数民族受教育权法律保护制度的完善

我国少数民族受教育权保护法律制度的完善问题是一项系统而庞杂的研究课题，牵涉范围广，影响因素复杂。因此，在此难以对其作全面而细致的探讨。我们拟根据如下思路进行展开。一是我国少数民族受教育权法律保护制度自身的完善，这又可分为法律意识和法律制度两个方面；二是相关保障制度的完善，这主要是关于确保主体法律制度得以良好实现的边缘制度的问题。前者是完善少数民族受教育权保护的主要方面，后者则是为完善目

---

① 罗爽、苏金燕：《西部少数民族地区受教育权利意识的现状、问题与对策》，载《中国教师》2009年第3期。

标的实现保驾护航的必要条件。

（一）我国少数民族受教育权法律保护制度自身的完善

1. 少数民族受教育权法律意识的进化

在谈到某一法律制度的完善的时候，法律意识的进化与变革往往被人们所忽略。事实上，制度本身只是一纸文字，需要人们发挥主观能动性加以利用才能真正获得生命力，因此，相当的法律意识可以说是某项法律制度的生命，是法律规范"从纸上走到地上"的关键因素，更是完成从"法的实施"向"法的实现"转化的钥匙。少数民族受教育权法律意识的进化，主要可从国家、少数民族受教育者、少数民族受教育者的监护人三个方面着手。

首先，国家内涵下各主体的少数民族受教育权法律意识。

第一，国家的法制机关应当端正对于少数民族受教育权的态度，在立法、司法两方面切实提高自己的相关法律意识。在立法上，要深刻理解少数民族教育立法的重要意义和巨大影响，提高对少数民族教育立法的重视程度。我国正处于经济社会的转型时期，社会生活各方面都面临前所未有的挑战，传统的观念意识和既有的法律规范在面对这种大变革的时候已显得力不从心。因此，一大批代表崭新观念、调整崭新关系的法律规范亟待制定实施。然而，立法资源从来都是极为有限的，如何利用有限的立法资源最大限度地发挥法律调节的效果，是长期以来摆在立法机关面前的头号难题。"立法无小事"，如何将立法任务有序完成？牵涉广泛，难以抉择。回顾我国的立法历程，在改革开放之初，随着经济的迅速转型与发展，民商事立法和经济立法获得了长足发展；随后由于依法治国、依法行政等先进理念的引入，行政立法也迎来了崭新的繁荣时代。然而，时至今日，我国的民族立法却依然屈指可数，除了本世纪初对于《民族区域自治法》的修订之外，近十年来再难找出全国范围大规模的民族立法活动。立法的滞后已经严重阻碍了民族法制的进步与发展。综合性民族立法尚且如此,更遑论具有专门性的少数民族受教育权立法。当前对于民族立法的错误认识有二,一是认为当前的重中之重在于保障经济的发展和广义上的社会主义法治建设,民族立法的重要性和迫切性均有限;二是认为民族关系错综复杂,变化繁复,比较法律而言,更适宜采用政策性手段加以调整。因此,必需切实转变立法上对于民族立法乃至少数民族教育立法的认识误区,切实实现我国少数民族受教育权保护制度的法制化。在司法上,不仅是对于少数民族受教育权的保护,即使是对宽泛意义上的受教育权的保护都存在比较明显的司法消极主义倾向[1]。前文已经提及,司法审查对于宪法权利的保障具有至关重要的意义,司法消极主义的蔓延对于少数民族受教育权保护事业的打击无疑也是致命的。而司法权对少数民族受教育权保护制度的完善,又在很大程度上仰仗于立法(实体法和程序法)的完善。但从意识角度而言,司法机关应当深刻体会到受教育权对于受教育者尤其是少数民族受教育者的重大意义,更多地以"救济权利"的心态而不是"裁决纠纷"的心态[2]受理相关的诉讼案件。

第二,教育行政机关与其他有关机关对于少数民族受教育权保护意识的提高。前文已经指出,目前少数民族受教育权的保护制度更多地是仰仗各类政策来实现的。虽然从政策的随意性、弱权威性等方面而言其并不适于作为调整民族问题的主要手段,但

---

[1] 虽然近年来"齐玉苓案"、"田永诉北京科技大学案"、"刘燕文诉北京大学案"等一系列教育类诉讼被广大媒体热炒,但我们必须理智地认识到,这些案例之所以被热炒,恰恰由于它们是众多教育类诉讼中少数几个判决学生胜诉的案例。而更多的教育类诉讼事实上要么被拒之于法院大门之外,要么被裁定驳回起诉,要么被判决败诉。即使是少数原告方胜诉的,也往往是基于宪法上受教育权之外的其他理由(如被诉学校在开除学生的过程中违反程序等)而作的判决。

[2] 前一种心态更多地倾向于司法机关对被侵害的弱势权利的救济与恢复,而后一种心态则是指法院严格依照"居中裁判"的理念机械判决。在很多情况下,法院能否摆正自己的位置,对于权利保障本身具有重要的影响。

是一方面从我国已经以政策为主要手段的现实来看，最实际的方式莫过于在不断优化相关政策的基础上再逐步实现法制化；另一方面，在法律规定具体实现的过程中，政策手段也确实具有法律手段所不具备的作用。因此，在制定有关少数民族受教育权的政策的时候，制定机关必须提高认识，认清政策手段的本质价值：对于目前尚属法律空白的问题及时以适宜的政策加以补充，对于已经有法律规制但实施性欠缺的问题也要及时做出具体的规定和安排，为少数民族受教育权法律保护制度的真正实现保驾护航。此外，切实理解少数民族教育事业的发展对于全体中华民族实现伟大复兴的重要意义，摒弃那种认为发展少数民族教育是对少数民族地区和群众的"恩惠"、兴办少数民族教育阻力重重又得不偿失等错误观念，真心实意地通过各种方式使少数民族教育事业的发展产生质的飞跃，从而保护少数民族受教育权的实现。第三，用人单位要努力克服就业过程中对少数民族人员的歧视，引导少数民族教育健康、良性地发展。其一，在当今社会，虽然民族平等已经被写入宪法，民族平等的意识已经有了极大的提高，但是对少数民族的歧视事件仍时有发生。这一点也体现在少数民族群众就业的过程之中。2007年通过的《就业促进法》第28条明确规定"各民族劳动者享有平等的劳动权利。用人单位招用人员，应当依法对少数民族劳动者给予适当照顾。"首次将少数民族的平等就业权正式写入了法律文本。虽然《就业促进法》涵盖了就业过程中的民族平等问题，但其法律责任仅有一条简单的规定："违反本法规定，实施就业歧视的，劳动者可以向人民法院提起诉讼。"具体应提起何种诉讼？又应承担何种责任？诸多重要问题语焉不详，这对于就业过程中民族歧视观念的转变是极为不利的。其二，对于学历种类、学位高低的歧视会间接影响少数民族群众的就业，进而阻碍少数民族受教育权的发展。目前有的招聘单位对学历种类和学位高低的问题要求颇高，远远超出相关招聘岗位的实际需求,从而产生了大量的歧视案件①。更重要的在于,由于基础教育的长期滞后,少数民族群众的文化水平普遍不高,拥有正规大学学历和高学历的少数民族群众更是少之又少,这种对于学历种类和高低的歧视,影响了少数民族群众的正常就业,反过来又阻碍少数民族受教育权的保护与实现。

其次,少数民族受教育者要切实提高自己的权利意识,认识到受教育权不但是宪法赋予的权利,在义务教育阶段更是宪法设定的义务。

宪法第46条明确规定,中华人民共和国公民有受教育的权利和义务。第一,从个人角度来说,受教育权是个人实现发展的关键性权利,必须认真对待。在少数民族受教育权的保护问题上,这种意识主要体现在与读书无用论、重男轻女思想甚至某些民族习惯法相对抗的层面上。从社会发展的角度而言,受教育权需要被极大张扬;而从民族传统思维的角度看,受教育权又常常被惯例所窒息。因此,少数民族受教育权意识的培养和发展绝不仅仅是几部法律、几项优惠政策所能实现的,更主要的在于少数民族群体自身权利意识和法律意识的进步——首先把接受教育视作一种权利,进而为了该权利的实现而与传统观念相抗争。第二,从整个中华民族的角度来说,少数民族教育事业的发展是各民族共同进步的不可或缺的环节,保护少数民族受教育权是实现中华民族伟大复兴的重要保障。因此,应当从各种角度、采用各种方式引导少数民族落后教育观念的转化。

---

① 如,2003年12月3日,重庆市人事局与市政府办公厅在其发布的招录秘书的启事中要求学历为普通高校大学本科以上学历。2004年1月5日,市人事局在媒体上刊登2004年报考国家公务员录用简章,只针对普通高校应届本科以上毕业生。梁衡与其他自考生认为,政府机关、人事部门对自考生的歧视行为将对自考生在社会上产生不良的影响。2005年重庆市取消了该规定。参见周伟:《宪法基本权利:原理·规范·应用》,法律出版社2006年版,第311页注释。

最后，少数民族受教育者的监护人有关意识的培养和提高。作为对少数民族受教育者影响最大、最直接的群体，少数民族受教育者的监护人落后的教育意识，已经在事实上成为少数民族受教育权实现的重要阻碍之一。前文曾对少数民族受教育者的监护人几种主要的落后思想类型作了分析。从实践的角度来看，这些思想的阻碍作用在高等教育阶段和职业教育阶段显得更为突出。正如少数民族受教育者自身权利意识的养成和发展一样，少数民族受教育者的监护人对于被监护人受教育权利的认识是一个漫长的渐进过程：首先认识到受教育权是宪法和法律赋予被监护人的神圣权利，进而认识到自己有义务协助被监护人实现其受教育的权利。当然，意识的转变同诸多客观条件分不开，所以外界的主要作用就在于提供尽可能适宜的教育环境促成少数民族受教育者的监护人对于被监护人受教育权的认识实现合理、合法的转变。

2. 少数民族受教育权保护法律制度的完善

法律手段是保护少数民族受教育权的主要方式。目前的相关法律制度，不论从质上还是量上，不论从范围上还是深度上都存在巨大的完善与发展空间。按照位阶的高低，可从如下方面切入。

首先，宪法的层面。作为一项宪法权利，对少数民族受教育权进行保护，效果最直接的莫过于在宪法层面的直接救济。对于宪法权利的宪法救济，在宪法学界曾经展开了持续数年的大讨论，期间出现了宪法的司法化、违宪审查、宪法诉讼、宪法权利诉讼等诸多观点[1]，并对具体的制度建构作了较为深入的研究。

---

[1] 这些观点的代表性著作为：王磊：《宪法的司法化》，中国政法大学出版社2000年版；莫纪宏：《违宪审查的理论与实践》，法律出版社2006年版；胡肖华：《宪法诉讼原论》，法律出版社2002年版；陆平辉：《宪法权利诉讼研究》，知识产权出版社2008年版。

虽然宪法权利的直接保障模式具有直接而显著的效果，但是这一模式与中国施行的宪政模式却处处显得格格不入，最终，最高人民法院和全国人大在 2008 年底叫停了相关的研究。我们认为，应当正确对待直接保障模式的价值和地位。其一，从本质上而言，直接保障模式在宪法权利的保护效果上无疑要远强于当前实行的间接保障模式。① 其二，从现有客观情况来看，我国在短期内难以建立有效的直接保障制度，因此应当在现有间接保障模式的基础上，切实完善相关法律制度的构建。对于少数民族受教育权而言，虽然并没有被宪法第二章明确列举，但实际上是作为宪法非真正未列举权存在的，其效力与宪法已列举权并无本质区别。因此，要切实将少数民族受教育权作为一项重要的宪法权利对待。

其次，法律的层面。根据间接保障模式的要求，宪法权利保障的实现至少分为两个阶段，一是宪法权利能够被完整地转化为法律权利，准确地还原立宪原意，这主要对应的是立法过程；二是被转化的法律权利被很好地实施和保护，促使其真正实现，这主要对应的是司法的过程。在这两点中，立法的完善无疑占据着核心地位。这又可以分为既有法律的完善和新的法律的制定两个方面。就现有制度的完善而言，根据前文的分析，最主要的问题莫过于法律条文的规定原则性过强，实际操作性过弱。这与我国的法制大环境相关，更是我国当前立法的一个通病。其原因多种多样，既包括立法规模范围过大，又包括立法技术有限；既涉及立法观念落后，又涉及立法定位偏差。虽然我们不能指望全国层

---

① 事实上，在实行直接保障模式的国家往往兼有间接保障模式。典型的如德国。德国宪法所规定的公民权利一方面被大量的法律具体化，转化为法律权利而进入一般诉讼。但是当这一途径无法实现权利保障的最终效果，即《德国宪法法院法》所谓的"穷尽其他一切救济"时，权利人则可以宪法权利为依据直接提起宪法诉讼。因此，宪法层面的保障实际上是作为法律权利保障的补充而存在的。

面的法律对每项有关少数民族受教育权的制度都作出具体的操作性规定，但从立法分工的情况来看，法律一级的规范性文件应当尽量周延少数民族受教育权的基本内涵范围，为下级立法的补充和细化提供依据。就新法律制度对少数民族受教育权的补充与完善而言，又可分为民族类立法和教育类立法两个方面。

第一，民族类立法的补充和完善。依前所述，我国的少数民族人群大致可以分为聚居实行民族区域自治的少数民族和散杂居少数民族两种。虽然目前民族区域自治地方的民族立法仍有许多疏漏，但是由于《民族区域自治法》的重要地位和指导性作用，对于民族自治地方少数民族权利的保障力度仍然远大于对散杂居少数民族权利的保障。一方面，在立法上这是极不平衡的。目前涉及散杂居少数民族权益集中保障的最高法律文件只是行政法规[①]。规范效力层级过低直接影响了散杂居少数民族群众受教育权的实现效果。另一方面，在现实中，散杂居少数民族受教育权的保护较之实行民族区域自治的少数民族更加复杂和困难，也就更需要统一的、有效的法律保护。综上，应当在适当的时候制定《散杂居少数民族权益保障法》，将散杂居少数民族权益的保障提升到一个崭新的高度。当然，在谋求散杂居少数民族权益的保障立法实现巨大突破的同时，也不能忽略民族区域自治立法的进一步发展。可以说，实施民族区域自治的少数民族权利保障和散杂居少数民族权益的权利保障是发展我国少数民族权利保障的"飞天两翼"，两者各有侧重，不可偏废。

第二，教育类立法的补充和完善。"虽然我国已在《宪法》、

---

① 虽然有学者从宪法和法律的相关条文中引申出散杂居少数民族权利的保障，但一来这些内容并没有明确出现在宪法和法律文本之中，二来这些规范过于分散，缺乏规模效益，难以实现切实的保障效果。有关内容可参见陆平辉：《散居少数民族权益保障研究》，中央民族大学出版社2008年版，第98—104页。

《民族区域自治法》、《教育法》、《义务教育法》等法律中对民族教育问题进行具体规定，但目前仍缺乏专门针对少数民族教育的法律和法规，就使得法律在保障少数民族教育时变得软弱无力，并且出现了许多立法空白。"① 目前学界有制定《少数民族教育法》和《少数民族高等教育法》两种主张。虽然这两部法律都对少数民族教育事业的发展至关重要，但将它们同步制定出台显然是不现实的。这就出现了两个问题，一是在立法资源极为紧张的情况下优先制定何者的问题；二是制定的新法与既有法律规范相互衔接的问题。对于先制定哪部法律问题，我们不妨审视一下现有教育立法的制定历程。我国现行主要教育立法有四部，即《义务教育法》（1986年）、《教育法》（1995年）、《职业教育法》（1996年）和《高等教育法》（1999年）。从内容上来看，《教育法》肩负将受教育权从宪法权利法律化的重任，而义务教育、职业教育、高等教育作为我国教育制度的三大主要分类可以视为是对《教育法》的具体深化，即形成了以《教育法》为纲，其他三部分类教育法为内容的法律体系；从制定时间上来看，除了《义务教育法》由于特定历史时期的需要而提早出台外，其他的部类教育法均在《教育法》颁布之后陆续出台。综上，我们认为，不论从理论关系还是实践需要，都应当首先制定《少数民族教育法》，从而构建起我国民族教育制度的主框架，进而再陆续制定《民族高等教育法》②、《民族义务教育法》等民族类教育法，最终形成民族教育立法的完整架构。对于新制定的法律与既有法律规范相互衔接的问题，实际上并不复杂。因为既有的法律大多只

---

① 陆平辉：《散居少数民族权益保障研究》，中央民族大学出版社2008年版，第318页。

② 有学者曾对《民族高等教育法》的立法问题进行了细致的研究，参见胡建川：《中国少数民族高等教育法立法初探》，载《高等教育与学术研究》2008年第9期。

是规定了民族教育的纲领原则，且各部法律之间的内容趋同，可以视为民族教育立法的本质定位，新制定的法律就在既有纲领和原则的基础上对相关制度进行细化与完善。

再次，行政法规的层面。虽然《立法法》对行政法规的立法任务作了多元化的规定，但是从保护少数民族受教育权的视角来看，行政法规的主要任务还是在于对法律进步完善和细化两个层面上，也就是说，行政法规在少数民族受教育权保护问题上更多地是充当权宜性、过渡性立法的角色。我们在此无意对如何进行相关行政法规制定的问题作细化探讨，但是有一点需要特别提到，即作为中央人民政府，国务院既是行政法规制定的主体，又是行政政策制定的主体。这就产生了对于某项具体的少数民族受教育权保护问题而言，究竟是选择行政法规还是行政政策作为具体手段的问题。或许许多人认为这并不是一个问题，因为行政法规的权威性、稳定性与行政政策的灵活性、时效性各有利弊，完全可以依照实际情况作出适当的选择。在可能的情况下，国家在调整有关少数民族受教育权关系时应当有意识地选择行政法规作为意志表达途径，以契合少数民族受教育权保护法制化的趋势。

最后，地方性立法的完善。地方性立法是整个少数民族受教育权法律制度与实践的接合面，因此地方性立法的完善对于少数民族受教育权的保护效用也就最为直接。从目前地方性立法对少数民族受教育权的保护来看，其范围、深度、细致性、可操作性都要高于中央立法的层面，但是仍有许多尚待完善之处。第一，就民族自治地方而言，主要是民族自治立法的进一步完善。在自治区的层面，虽然有的自治区已经出台了关于民族教育的单行条例，但自治条例尚付阙如。从法律制度上来看，自治条例可谓一个自治区的"小宪法"，其统领全区立法结构、树立全区立法原则的作用是任何其他法律文件都无法代替的。"蛇无头则不行"，自治区自治条例的缺位导致自治区相关立法结构的分散与紊乱，不利于少数民族受教育权系统保护的开展。此外，自治区由于兼具自治条例制定主体和地方性法规、地方政府规章的制定主体的双重身份，在立法实践中产生了许多普适的地方性立法对自治条例的不合理替代，这也是在保障少数民族受教育权过程中需要注意的方面。在自治州、自治县的层面，关于少数民族受教育权保护的立法已经取得了长足进步，与自治区层面的相关立法相比，自治州、自治县的立法虽然效力层级较低，但是更完善、更具体、更具操作性。因此，该级立法的完善主要是从协调州际、县际立法差异，加强少数民族受教育权保护力度的角度入手。第二，就散杂居少数民族受教育权保障的地方性立法而言，应把主要精力集中在空白制度的填补上。前文已经反复提及，对于散杂居少数民族受教育权的法律保护，不论从中央还是从地方来说都有相当大的完善空间。更重要的在于，即使是地方性立法，对于散杂居少数民族受教育权的保障也距民族区域自治地方的相关立法程度和水平落后甚多。如果说对于聚居在大城市中某一区域的少数民族的受教育权的保障相对容易，那么对于完全分散在非民族地方的各少数民族受教育权的保护则更加任重道远。因此从某种意义上说，对于散杂居少数民族受教育权的保障比民族自治地方少数民族受教育权的保障更加重要，也更加急迫。

（二）保证少数民族受教育权法律制度顺利实施的其他方面的完善

前文已经指出，少数民族受教育权大致可分为学习的权利、义务教育的无偿化、受教育机会均等以及接受本民族语言文化教育四个方面。除了法律的规定外，以上四方面的实现还有赖于其他一些因素的影响。其中最主要的就是政策因素和财政因素。

首先，政策因素。前文涉及了许多少数民族受教育权保护领域内政策和法律之间的关系的论述。但是切入的角度往往是政策与法律内在的衔接与补充关系。这里想强调的是政策对于法律实现的外在保障关系。如，我国长期以来坚持贯彻落实普法教育的政策，随着普法教育在少数民族群众中的深入展开，少数民族对受教育权的认识不断提高并产生了质的变化——他们逐步认识到受教育权既是宪法赋予的权利又是宪法规定的义务，既是宪法权利又是法律权利，既是我国规定的权利又是国际人权公约规定的权利，既是受教育者所享有的实现的权利又是受教育者的监护人负担的帮助实现的义务。又如，正在进行的"国家贫困地区义务教育工程"，是我国有史以来规模最大的基础教育工程。为此，中央财政投入较多的资金，以支持贫困地区、民族地区发展义务教育。一期工程中央和地方投入资金共 125 亿元，实施范围集中在 852 个贫困县。一期工程取得了巨大效益，再投入中央专款 50 亿元，实施二期"义教工程"。通过这 过程，极大地改善了西部地区特别是西部少数民族地区中小学的办学条件，缓解了家境贫穷的少数民族学生上学的后顾之忧，促进了少数民族教育的快速发展。[1] 再如，国家实行的对于少数民族考生的高考加分政策，《国务院实施〈民族区域自治法〉若干规定》明确要求：各类高等学校面向民族自治地方招生时，招生比例按规模同比增长并适当倾斜。对报考专科、本科和研究生的少数民族考生，在录取时应当根据情况采取加分或者降分的办法，适当放宽录取标准和条件，并对人口特少的少数民族考生给予特殊照顾。多年来，各地、各高等学校在招生、录取过程中，对少数民族和民族地区的学生一直实行这一倾斜政策，对少数民族高等教育的发展产生了积极的作用。[2]

---

[1] 参见孙百才、张善鑫：《我国发展少数民族教育的重大举措与主要经验》，载《西北师大学报》（社会科学版）2009 年第 1 期。

[2] 参见孙百才、张善鑫：《我国发展少数民族教育的重大举措与主要经验》，载《西北师大学报》（社会科学版）2009 年第 1 期。

其次，经济因素。"巧妇难为无米之炊"，虽然法律上规定了诸多保障少数民族受教育权的制度和措施，但是由于我国少数民族地区的经济发展普遍落后，地方财政异常紧张，往往导致各级部门面对入不敷出的财政而"望法兴叹"，许多家境贫困的少数民族学生也由于学费负担过重而被迫辍学。地方经济的发展和财政收入的增加是一个漫长的过程，应当在地方财政之外谋求新的教育资金筹集方式，以保障少数民族受教育权的切实实现。为解决好西部农村特别是西部少数民族地区适龄儿童的就学问题和"留得住"的问题，2003 年《国务院关于进一步加强农村教育工作的决定》提出，争取全国农村义务教育阶段家庭经济困难学生都能享受到"两免一补"（免除学杂费、免费提供教科书和补助家庭经济困难寄宿生生活费[①]），努力做到不让学生因家庭经济困难而失学。早在 2005 年初就开始在一些少数民族地区开展试点，然后逐步推向西部地区乃至全国。2005 年底，国务院决定深化农村义务教育经费保障机制改革，从 2006 年春季学期开始，免除西部地区农村义务教育阶段学生学杂费，2007 年春季学期扩大至全国所有农村义务教育阶段学生。同时，继续对义务教育阶段家庭经济困难学生免费提供教科书，并补助寄宿生生活费。这一政策对少数民族地区基础教育发展意义重大，具有里程碑的作用。2005 年有 1633 万农村儿童包括少数民族、民族地区儿童

[①] 事实上，我国的《义务教育法》并未对"义务"的范围除了免除学杂费之外是否还涉及免除书本费用以及学费补助的问题进行规定，"两免一补"政策的施行无疑起到了很好的补充作用。这一点是有国外经验可以参照的。如日本宪法第 26 条第二款规定："义务教育无偿实行之"，虽然一般理解为"不征收学费之意"，但自 1963 年以来，依据《关于义务教育诸学校之教科书免费措施的法律》的规定，教科书均是免费发放的。参见［日］芦部信喜著、高桥和之增订：《宪法》（第三版），林来梵、凌维慈、龙绚丽译，北京大学出版社 2006 年版，第 240 页。我国也有学者对学费制度引发的宪法问题作了深入的探讨，参见欧爱民：《破译宪法的实践密码——基本理论·分析方法·个案考量》，法律出版社 2006 年版，第 247—268 页。

享受了这一政策,2006年有4880万农村义务教育阶段学生免除了学杂费。与此同时,免费提供教科书的政策也是先在少数民族地区开始实施并逐步扩大到全国的。2005年全国1797万中小学学生享受了这一政策,其中西部少数民族地区的大部分学生都享受了这一政策,目前,全国义务教育阶段的学生都开始享受免费教科书这一政策。另外,为了支持家庭经济困难的寄宿制学生的学习,中央还实行了寄宿生生活补助政策,目前大部分少数民族寄宿学生都享受了这一政策。[1]可见,这类政策的实行对于少数民族受教育权的保护起到了重要而积极的作用。此外,少数民族教育资金缺口也可以通过吸收民间资本甚至境外资本的方式来补足。如《职业教育法》第21条规定:"国家鼓励事业组织、社会团体、其他社会组织及公民个人按照国家有关规定举办职业学校、职业培训机构。境外的组织和个人在中国境内举办职业学校、职业培训机构的办法,由国务院规定。"这个思路完全可以扩大到少数民族教育的其他领域进行变通适用。当然,具体的操作方式还有待进一步的深入研究。

第四节　我国少数民族受教育权法律保护制度的发展趋势简述

一、少数民族受教育权保护规范化

虽然现今我国少数民族受教育权的保护已经走出了一条具有鲜明中国特色的制度道路,但这条路的各方面的质量还有待进一步提高,其中一个突出的方面就体现在规范性的欠缺上。

---

[1] 参见孙百才、张善鑫:《我国发展少数民族教育的重大举措与主要经验》,载《西北师大学报》(社会科学版)2009年第1期。

首先,对少数民族受教育权法律保护事业的发展缺乏系统性的规划。就目前我国的少数民族受教育权立法实践而言,对立法规划的重视程度十分有限,即使作了一定的规划,也往往以短期规划为主,缺少长期的、通盘的考量。于是我们经常看见立法机关在面对某一情况时"手忙脚乱"地开始制定法律,然而当制定工作完成的时候,由于法的时滞效应作祟,新出台的规范往往已经落后于实践需要。可见,规范立法规划的相关工作,是少数民族受教育权法律保护的重要前提。

其次,对某项少数民族受教育权进行保护的手段选择缺乏规范标准。当前我国对少数民族受教育权进行保护的现状可以归纳为"政法并立,政法不分"。所谓"政法并立",是指政策手段和法律手段并用。从两种手段所具有的不同特点和侧重来看,这本是一种较为科学的模式。然而我国在实践中偏偏又存在"政法不分"的现象,即何种事项采用法律手段规制,何种事项又选择政策手段调整,几乎没有固定的规范性标准可言。由此一来,政策和法律两种手段之间互相配合、互为补充的和谐的内在统一关系被打破,对少数民族受教育权的具体保障方式就自然呈现紊乱状态。因此,亟待制定一整套具有较强操作性的手段选择规则,来规范少数民族受教育权保护的制度构架建设。

最后,进一步规范少数民族受教育权进行保护的程序性事项。这主要是指关于少数民族受教育权保护的具体法律和政策在实施过程中的程序规范性问题。学界普遍认为,正当程序是法律的生命。但是我国目前的少数民族教育立法对于具体规定的实施程序的规制几乎空白,这十分不利于这些法律规范的具体实现。另外,相关政策的具体实施程序也至关重要。举例来说,目前许多关于少数民族受教育权的保护政策都涉及中央财政资金的转移支付,如果缺乏具体的程序规制,不但易于滋生新的腐败,更重要的在于这将使中央对少数民族受教育现状的改善效果大为削弱，进而阻碍少数民族教育事业的发展。

二、少数民族受教育权保护法制化

前文对于该问题已经有所涉及。需要指出的是，这里强调的是"法制化"而非"法律化"。"法律化"的内涵较为单纯，仅指有关少数民族受教育权保护的制度都应该以法律作为唯一的载体和表达方式，这显然是一种过于绝对的观点。而"法制化"的内涵则科学得多，它强调少数民族受教育权保护手段应尽可能地以法律为主，但也不排除其他调整方式的合理使用。具体说来有如下几点。

首先，少数民族受教育权保护的制度构架应以法律规范为基础。也就是说，主要的原则、趋向、模式的规定应尽量实现法律保留。这是依法治国的本质要求，也是顺应少数民族受教育权保护发展的趋势。

其次，举措重大、影响范围广泛、意义深远的新制度建立应当采用法律的形式，或者暂时无法进行立法的，也应当在替代性政策实施之后尽快开展立法的工作。

最后，少数民族受教育权保护法制化并不排斥政策手段的合理运用。因为政策具有灵活性、及时性、补充性等诸多法律手段无法具备的优点，对于法律手段失灵的特定问题往往会产生意想不到的积极效果。因此，能否准确把握少数民族受教育权保护法制化的内涵，能否科学顺应少数民族受教育权保护法制化的趋势，将是我国少数民族受教育权的发展与完善程度的关键因素。

三、少数民族受教育权保护多元化

当今社会是一个多元化的群体，各种社会关系调整方式的发展也呈现多元化趋势，少数民族受教育权的保护也不例外。一般说来，少数民族受教育权的保护主要在如下方面呈现多元化的发展趋势。

首先，保护方式的多元化。法律虽然是少数民族受教育权保护制度的主体，但这并不妨碍保护手段多元化的发展趋势，除了法律手段之外，政策规定、利益诱导等多种方式也都在少数民族受教育权的保护过程中发挥了富有成效的作用。前文对此屡有涉及，此处不赘。

其次，少数民族受教育权保护制度构成主体的多元化。从宪法理论来看，少数民族受教育权属于公民的社会权利，这类权利的一大特点就在于往往需要国家的积极作为而实现。因此，在传统的少数民族受教育权保护过程中，规制的重点经常被集中在国家的兴办教育和帮扶义务上。诚然，国家对少数民族教育事业的投入是决定少数民族受教育权实现程度的关键，但这并不意味着我们可以忽略其他对少数民族受教育权实现息息相关的主体的规制。国家和学校只是教育的提供者，而学生作为教育的接受者、学生的监护人作为对学生受教育权的实现具有重要的影响者，都是长期以来被我们忽视的重要方面。前文曾对这两类主体作了较为深入的分析，可以说正是在少数民族受教育权保护多元化趋势的影响下所作的全新尝试。

最后，少数民族受教育权保护制度关注主体的多元化。我国的少数民族有聚居和散杂居两种，但是由于宪法和法律对民族区域自治制度"格外垂青"，在提到少数民族受教育权的保护问题时，更多考虑到的是民族区域自治地方少数民族受教育权的保护，而忽略了散杂居少数民族受教育权的保障问题。这种注意力上的偏差也体现在现行的民族教育立法之中。我们说，较之民族区域自治地方的少数民族而言，散杂居少数民族受教育权利的保护更加复杂、更加艰巨、更加薄弱，也更加急迫。因此，可以预见，在今后相当长的一段时期内，我国少数民族教育立法将先倾向于散杂居少数民族受教育权保护制度的集中强化，最终实现散杂居少数民族和民族区域自治地方少数民族受教育权保护的均衡发展。

四、少数民族受教育权保护国际化

随着我国加入 WTO，我国法律制度与境外相关制度、经验之间的联系更加紧密，互动更加活跃。我国已经加入了《世界人权宣言》和《经济、社会、文化权利国际公约》，作为当今全球两个主要的人权保护公约，其间诸多关于民族平等权、受教育权的条款对于我国少数民族受教育权法律保护制度的完善具有重要的借鉴和指导意义。① 如《国际人权宣言》第 2 条规定："人人有资格享受本宣言所载的一切权利和自由，不分种族、肤色、性别、语言、宗教、政治或其他见解、国籍或社会出身、财产、出生或其他身份等任何区别"；第 7 条规定："人人有权享受平等保护，以免受违反本宣言的任何歧视行为以及煽动这种歧视的任何行为之害"；第 26 条规定："人人都有受教育的权利，教育应当免费，至少在初级和基本阶段应如此。初级教育应属义务性质。技术和职业教育应普遍设立。高等教育应根据成绩而对一切人平等开放。"而《经济、社会、文化权利国际公约》第 13 条也规定："本公约缔约各国承认人人有受教育的权利。它们同意，教育应鼓励人的个性和尊严的充分发展，加强对人权和基本自由的尊重，并应使所有的人能有效地参加自由社会，促进各民族之间和各种族、人种或宗教团体之间的了解、容忍和友谊，和促进联合国维护和平的各项活动。"

除此外，少数民族受教育权保护国际化的趋势还体现在我国对于外国相关领域的法律制度与实践经验的借鉴上面。一方面，

---

① 另外，我国也已经加入了《公民权利和政治权利国际公约》，该公约也对少数民族受教育权的保障有极大的借鉴意义，但目前该公约尚未在我国生效。

民族平等权与受教育权已经被普遍列入各国宪法的保障范围，有大量的国外制度可资借鉴；另一方面，许多为多民族的西方发达国家的人权保障历史都远较我国悠久，期间积累的大量经验更是我国少数民族受教育权法律保护制度发展的充盈养分。

　　当然，在少数民族受教育权保护国际化的趋势下，有些问题也是我们需要注意的。首先，必须严格从我国的客观实际出发，有选择地对国际上先进的理念、制度予以借鉴。在法的移植过程中最常见的问题就是移植后的法律制度"水土不服"，这是一味引进而忽略本国实际的典型体现。要避免这种情况的发生，就必须坚持以我国的客观情况为依据和标准，可以说，这一过程更多地应体现为"嫁接"而非"移植"。其次，坚持以我国自有的少数民族受教育权保护制度为主体，力图在学习、借鉴境外经验的基础上逐步建立有中国特色的少数民族受教育权保护制度。最后，除了"引进来"之外，我们还应关注"走出去"，即将我国少数民族受教育权保护过程中的经验与心得有意识地向境外传递，在各种制度模式相互交流的过程中实现自我完善与飞跃。

后　　记

本书是中央民族大学"985 工程"课题《少数民族受教育权研究》的最终成果，经过课题组一年多时间的集体攻关，终于顺利完成。

本书的撰写分工如下：

第一章　郑爱林　胡献旁

第二章　张步峰　毛希彤

第三章　邹敏

第四章　郑齐猛

第五章　陈兴巧　李晓果

第六章　廖敏文

第七章　郭有旭

第八章　熊文钊　郑毅

本书由熊文钊负责统稿，张步峰参加了统稿工作。民大法学院宪行专业研究生隋秀栋、杨丽、孔元、马玉林、肖兴兵、刘婉、谢丽娜、罗平八位同学对全书进行了认真的文字校对，在此表示衷心感谢。本书是国内首部关于少数民族受教育权的专门研究著作，限于时间和水平，书中的疏漏错讹之处在所难免，诚望海内外方家批评指正。

本书得以出版，得到中央民族大学民族法学研究中心"985 工程"项目计划的大力资助，在此特表由衷谢意！

熊文钊

2009 年 8 月于中央民族大学